ITALIENISCH KOCHEN
Die Kunst des Einfachen

ITALIENISCH KOCHEN

Die Kunst des Einfachen

Rezeptfotos: Michael Brauner

INHALT

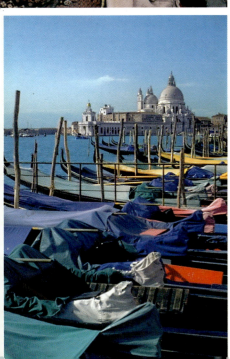

La cucina italiana: Die Kunst des Einfachen — 7

Antipasti e pizze
Wunderbarer Anfang – Antipasti für zwischendurch
oder als Auftakt des italienischen Menüs — 10

Primi piatti
Warme Vorspeisen: von Zuppa und Minestra über
Risotto zu Gnocchi und Polenta — 48

Primi piatti: pasta
Teigwaren in allen Variationen: Spaghetti, Ravioli,
Tortellini — 86

Secondi piatti: pesce
Reichtum der Meere und Küsten: verführerische
Rezepte mit Fisch und Meeresfrüchten — 116

Secondi piatti: carne
Herzhaft und edel: italienische Rezepte mit Kalb, Rind,
Schwein, Geflügel, Lamm und Wild — 154

Contorni e verdure
Beilage oder Hauptgericht? Ein Spaziergang durch die
Jahreszeiten der italienischen Gemüseküche — 202

Dolci
Süßes Laster – Cassata, Panna cotta und Co. zum
»Dolce far niente« — 236

Der Wegweiser zum richtigen Wein — 270
Wissenswertes über Nudeln — 273
Glossar — 274
Typische Menüzusammenstellungen — 278
Rezept- und Sachregister — 283

LA CUCINA ITALIANA: DIE KUNST DES EINFACHEN

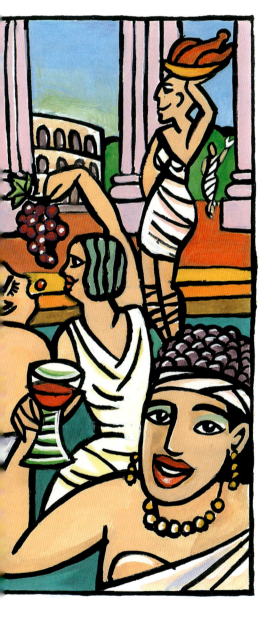

Italia - amore mio!!! Wer sehnt sich nicht danach, an lauen Spätsommernachmittagen den warmen Sand eines italienischen Strandes unter seinen Füßen zu spüren, sich auf ein Glas einfachen Landwein in der nächsten Trattoria zu freuen und den Sonnenuntergang mit einem Teller würziger Antipasti zu feiern. Wer liebt es nicht, dieses Land im Süden Europas, wo die Lebenslust zu Hause ist, wo mit mehr Tempo gelebt wird als in den Ländern jenseits der Alpen, aber dennoch „Streß" ein Fremdwort zu sein scheint. Wo die Menschen dem Gast herzlicher und liebenswerter entgegenkommen als im rauhen Norden, wo die Kunst des Genießens zur Lebensart gehört. Zum Genießen gibt es auch allen Grund, gilt doch die italienische Küche international den meisten als die beste Küche der Welt. Kaum ein Land bietet uns so köstliche Gerichte wie Italien. Dabei hat jede Provinz ihre Küchentradition, die Speisen spiegeln die ländliche und urbane Kultur der Menschen wider. Jede Region hat ihre eigene Küche entwickelt, als natürliche Folge einer vielschichtigen Entwicklung. Will man die kulinarische Kultur der einzelnen Regionen betrachten, muß man im Geist weit zurückgehen, in die Zeit vor 1860, als der heutige Staat Italien aus einer Vielzahl politisch eigenständiger Stadtstaaten und Regionen bestand. Jeder auch noch so kleine Partikularstaat hatte seine eigene Geschichte, seine unverwechselbare Landschaft, seinen individuellen Volkscharakter und natürlich seine typische Küchentradition. Neben der kulturellen und historischen Entwicklung haben besonders die Formen der Landwirtschaft die kulinarischen Traditionen geprägt. So kannte man in den nördlichen Gebieten Italiens lange Zeit keine Tomaten, denn wie viele Gemüse stammen sie aus Südamerika und wurden zuerst im Süden Italiens kultiviert. Früher bereicherten die Pomodori, die „goldenen Äpfel" vor allem die Pizzaküche Neapels. Auch der große wirtschaftliche Unterschied zwischen dem industrialisierten Norden und dem ärmeren Süden schlug sich in der Ernährungsweise nieder. Und da bekanntlich Not erfinderisch macht, entstanden z.B. im kargen Kalabrien besonders phantasievolle Rezepte. Der reiche Norden kochte dafür verschwenderischer und üppiger.

Die Alpengebiete

(Aostatal, Piemont, Nördliche Lombardei, Südtirol, Trentino und Friaul-Julisch-Venetien). Die Küche im Alpenraum ist sehr vielgestaltig. Fast jedes Tal hat eine eigene Tradition entwickelt. Allen gemeinsam ist eine unverfälschte, gehaltvolle Küche, der die typischen Produkte der Almwirtschaft zugrunde liegen. Grundnah-

La cucina italiana

rungsmittel sind Polenta, Brot, Butter, Speck und Käse, z.B. der berühmte Fontina. Beliebt und bekannt sind auch Knödel oder Schupfnudeln aus Kartoffelteig. Von besonderer Qualität in Friaul sind die Schweinefleischprodukte, weltberühmt unter ihnen der edle Schinken von San Daniele.

Die Po-Ebene

Die ausgedehnte, fruchtbare Landschaft der südlichen Lombardei, in Venetien und in der Emilia-Romagna ist die Domäne der Risotti. Die weiten Reisfelder liefern den Rohstoff für viele Varianten des beliebten Gerichts. Die intensive Weidewirtschaft (vor allem in der Emilia-Romagna) ist Basis für so bekannte Spezialitäten wie Mortadella (Bologna), Parmaschinken und Coppa. Gerichte wie Ossobuco alla Milanese haben längst Feinschmecker aller Welt erobert. Genauso wie der edle Aceto balsamico, der Balsamessig aus der Gegend um Modena. Aber auch die Pastagerichte haben in der Emilia-Romagna ihre Heimat: Lasagne, Tortellini und Tagliatelle stehen hier auf jeder Speisekarte.

Ligurien

Die schmale Küste Liguriens ist zerklüftet und steigt rasch zum Gebirge an. Die kleinen Terrassen und winzigen Gärten werden intensiv für den Obst- und Gemüseanbau genutzt. Die Küche ist deshalb sehr auf Gemüse ausgerichtet, „di magro" wie die Italiener sagen. Außerdem prägen Fischfang, Olivenanbau und vor allem die wilden Kräuter der Berge die Küche Liguriens. Aus dieser Region stammt auch der Pesto, die aromatische Paste aus Basilikum, Pinienkernen, Parmesan, Olivenöl und Knoblauch.

Über den schmalen bunten Häuserfassaden von Portovenere (Ligurien) thront eine alte Burg der Genuesen.

La cucina italiana

Toskana, Umbrien und die Marken

Herzhaft und bäuerlich, aber auch einfach und edel ist die Küche dieser Gebiete. Im Gegensatz zu den Alpengebieten und zur Po-Ebene wird mit Olivenöl statt mit Butter gekocht. Als Antipasti serviert man Schinken und Wurst. Tomaten und getrocknete Bohnen oder andere Hülsenfrüchte sind hier beliebter Bestandteil der Gerichte. In der Toskana sind die weißen Chianina-Rinder zu Hause, deren riesige saftige Steaks auf dem Holzkohlengrill zubereitet werden.

Latium und Sardinien

Die Region Latium ist wirtschaftlich auf Rom ausgerichtet. Die römische Küche schätzt das Kräftige und Gehaltvolle, Schweineschmalz und Speck bilden die Grundlage für einfache traditionelle Gerichte. Beliebt sind Fleischgerichte, vor allem das zarte Milchlamm-Abbacchio genannt. Mit Latium gemeinsam hat Sardinien die Vorliebe für Produkte aus Schafmilch: Pecorino und Ricotta. Die Küche Sardiniens ist sehr einfach, sie basiert auf nur wenigen Grundzutaten: Milch, Schafkäse, Fleisch und vor allem Brot.

Abruzzen, Molise, Apulien

Gemeinsames Merkmal dieser Regionen sind die Schafherden, von denen Fleisch und Käse (Caciocavallo, Scamorza, in Öl eingelegter Pecorino) kommen. Aber auch Olivenöl und die scharfen Peperoncini, kleine Pfefferschoten, sind typisch für die einfache, ursprüngliche Küche. Eine lange Küstenlinie begünstigt den Fischfang, der die Zutaten für die berühmte apulische Fischsuppe liefert, die auf geröstetem Brot serviert wird.

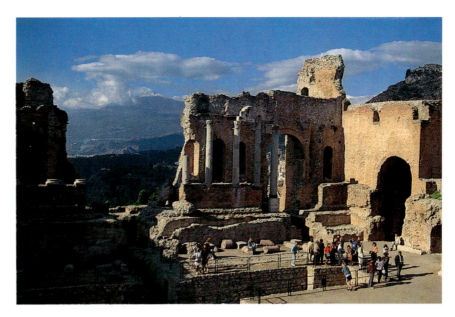

Kampanien und Basilicata

Würzig, schlicht und einfallsreich ist die typische Küche der beiden Provinzen. Beispielhaft ist hier die neapolitanische Pizza. Vielfältig ist in Neapel auch das Angebot an Pastagerichten. Gemüse, Tomaten und Käse gehören zu jedem Essen. Die Basilicata hat eine Vorliebe für Schweinswürste, die hier wie die einfachen Gerichte der Region verschwenderisch mit Peperoncini gewürzt werden.

Kalabrien und Sizilien

An den Küsten fangen die Fischer Schwertfisch und Thunfisch, die so charakteristisch für die südliche Küche sind. Im Binnenland werden Schafe, Ziegen und Schweine gehalten. Auberginen und Tomaten sind die wichtigsten Gemüse des tiefen Südens. Aber besonders typisch, vor allem für Sizilien, sind weltbekannte Süßspeisen wie Cassata oder Cannoli, die starken arabischen Einfluß zeigen. Auch Zimt und Rosinen in pikanten Gerichten verraten orientalischen Einfluß. Nach diesem Exkurs über die italienischen Provinzen und ihre Küche können wir Ihnen nur eines wünschen: A tavola e buon appetito!

Im griechisch-römischen Amphitheater (3. Jh.v.Chr.) von Taormina (Sizilien) finden den ganzen Sommer über Konzerte und Opernaufführungen statt.

La cucina italiana 9

Pinzimonio

Toskana · Vegetarisch **Gemüserohkost**

Zutaten für 6 Portionen:
je 1 rote und gelbe Paprikaschote
2 kleine feste Zucchini
2 mittelgroße aromatische Fleischtomaten
½ Staude Bleichsellerie
2 junge Fenchelknollen, schlanke Sorte
4–6 Frühlingszwiebeln
1 kleiner Radicchio
1 Staude Chicorée
bestes Olivenöl, kaltgepreßt
aromatischer Weinessig
Salz
weißer Pfeffer, frisch gemahlen

Zubereitungszeit: 45 Min.

Pro Portion: 470 kJ/110 kcal

1 Paprikaschoten halbieren, Stielansätze, Kerne und weiße Rippen entfernen, Schotenhälften waschen, abtrocknen und längs in schmale Streifen schneiden.

2 Von den Zucchini Blütenansätze und Stielenden entfernen. Früchte waschen, abtrocknen und ungeschält längs vierteln. Die Viertel einmal quer durchschneiden.

3 Tomaten waschen, längs halbieren, Stielansatz, Kerne, inneres Fruchtfleisch und Saft entfernen. Tomatenhälften längs in Streifen schneiden, zum Abtropfen auf Küchenpapier legen.

4 Sellerieherz in Stangen teilen, waschen, falls nötig die Fäden abziehen. Die Stangen abtrocknen.

5 Stiele und Wurzelansatz der Fenchelknollen zurückschneiden. Harte Außenblätter großzügig entfernen. Knollen waschen, abtrocknen und längs in Viertel oder Sechstel teilen.

6 Von den Frühlingszwiebeln den Wurzelansatz und schlechte Außenblätter entfernen. Die grünen Blätter um ein Viertel zurückschneiden.

7 Vom Radicchio und vom Chicorée unansehnliche Außenblätter entfernen. Salate in einzelne Blätter zerlegen, nach Sorten getrennt waschen und trockenschleudern.

8 Olivenöl und Weinessig in Karaffen, einen Salzstreuer und eine Pfeffermühle bereitstellen. Jeder Gast erhält ein Schälchen, in dem er sich nach seinem Geschmack eine Salatsauce mixen kann. Man wählt sein Lieblingsgemüse, dippt es in diese Sauce und knabbert das Ganze zusammen mit knusprigem Weißbrot.

Wein: Trinken Sie dazu einen Vernaccia di San Gimignano.

Info: Chicorée stammt aus Belgien, ist aber auch in Italien bekannt. Die weißschimmernden Stauden sind das ganze Jahr über erhältlich. Chicorée von guter Qualität erkennt man an makellos festverschlossenen Stauden, deren Blattspitzen hellgelb sind. Lockere Stauden mit leicht grünlichen Blattspitzen sind preiswerter und schmecken genausogut. Chicorée hat viele Vitamine und Mineralstoffe und dabei nur etwa 15 kcal pro 100 g. Chicorée immer lichtgeschützt lagern, sonst wird er bitter. Man bewahrt ihn am besten in Papier im Gemüsefach auf, wo er sich bis zu 10 Tagen hält. Bevor man ihn zubereitete, entfernt man den bitteren Kern an der Wurzel mit einem scharfen Messer.

Carpaccio del Cipriani

Venedig · Gelingt leicht

Mariniertes rohes Rinderfilet

Zutaten für 4 Portionen:
200 g Rinderfilet (evtl. schon vom Metzger in hauchdünne Scheiben schneiden lassen)
8 EL Olivenöl, kaltgepreßt
Saft von 2 Zitronen
100 g frische Steinpilze oder Egerlinge
50 g Parmesan am Stück · Salz weißer Pfeffer aus der Mühle
½ Bund Petersilie

Zubereitungszeit: 20 Min.
(+ 1 Std. Anfrieren,
+ 15 Min. Marinieren)

Pro Portion: 1200 kJ/290 kcal

1 Rohes Rinderfilet am Stück in Frischhaltefolie einwickeln, ins Tiefkühlfach legen und kurz anfrieren lassen (1 Std.).

2 Filet mit einem sehr scharfen Messer hauchdünn aufschneiden. Scheiben auf einen Servierteller verteilen, mit 4 EL Olivenöl und dem Saft von 1 Zitrone beträufeln, bedeckt etwa 15 Min. marinieren lassen.

3 Pilze putzen und kurz waschen, gut abtropfen lassen, in dünne Scheiben schneiden und über das Fleisch verteilen. Den Parmesan in feine Scheibchen hobeln und über das Fleisch geben.

4 Mit Salz und grobem Pfeffer würzen und das Carpaccio mit dem Saft von 1 Zitrone und 4 EL Olivenöl übergießen. Petersilie waschen, trockenschütteln, Blättchen abzupfen und über das Carpaccio streuen. Olivenöl und Salz auf den Tisch stellen, damit jeder nach Gusto nachwürzen kann. Dazu reicht man Weißbrot.

Wein: Ein leichter frischer Weißwein, z.B. ein Franciacorta Bianco aus der Lombardei schmeckt gut dazu.

Insalata di funghi

Lombardei · Schnell

Pilzsalat

Zutaten für 4 Portionen:
600 g frische Champignons (oder Egerlinge)
Saft von 2 Zitronen
Salz
1 Lorbeerblatt
100 ml Olivenöl, kaltgepreßt
weißer Pfeffer aus der Mühle
1 Bund Petersilie
1 Knoblauchzehe
nach Belieben 1 Chilischote

Zubereitungszeit: 30 Min.
(+ 2 Std. Marinieren)

Pro Portion: 1100 kJ/260 kcal

1 Pilze putzen, kurz überbrausen, gut abtropfen lassen. 1 l Wasser mit dem Saft einer Zitrone und etwas Salz in einem Topf zum Kochen bringen. Pilze mit Lorbeerblatt darin etwa 5 Min. sprudelnd kochen lassen.

2 Pilze auf einem Küchentuch gut abtropfen lassen, mit Küchenpapier trockentupfen, in etwa ½ cm dicke Scheiben schneiden und in eine Servierschüssel geben. Olivenöl und Saft von 1 Zitrone darüber gießen. Mit Salz und Pfeffer abschmecken.

3 Petersilie waschen, trockentupfen und fein hacken. Knoblauch schälen und in Scheibchen schneiden. Nach Belieben Chilischote längs aufschlitzen, von den Kernen befreien und in feine Streifen schneiden. Alles unter die Pilze mischen.

4 Pilzsalat an einem kühlen Platz (nicht im Kühlschrank!) mindestens 2 Std. marinieren lassen. Am nächsten Tag schmeckt er noch besser.

Wein: Ein leichter Prosecco Frizzante aus Venetien schmeckt gut dazu.

Variante: Funghi sul crostini
(Pilze auf Weißbrot)
8 Scheiben Weißbrot (2 cm dick) auf einem Backblech verteilen. Jeweils 1 EL Pilzsalat auf die Brotscheiben geben. Im vorgeheizten Backofen bei 200° (Gas Stufe 3) etwa 10 Min. backen.

Antipasti e pizze

Mozzarella e pomodori

Kampanien · Ganz einfach **Mozzarella mit Tomaten**

Zutaten für 4 Portionen:
4 feste, aber reife Fleischtomaten
250 g Mozzarella aus Büffelmilch oder Mozzarella aus Kuhmilch
Salz
1 TL getrockneter Oregano
1 Bund Basilikum
schwarzer Pfeffer aus der Mühle
1 TL Kapern
8 schwarze Oliven
4 EL Olivenöl, kaltgepreßt

Zubereitungszeit: 10 Min.

Pro Portion: 1200 kJ/290 kcal

1 Tomaten waschen und in etwa ½ cm dicke Scheiben schneiden. Die Stengelansätze entfernen. Mozzarella gut abtropfen lassen und ebenfalls in dünne Scheiben schneiden.

2 Tomaten- und Mozzarellascheiben auf einer großen flachen Servierplatte abwechselnd schuppenartig anordnen. Mit Salz würzen und mit Oregano bestreuen.

3 Basilikum waschen, abtropfen lassen und die abgezupften Blätter über den Käse und den Tomaten verteilen. Pfeffer darüber mahlen.

4 Das Antipasto mit Kapern und Oliven garnieren und Olivenöl darüber träufeln. Sofort servieren, dazu Weißbrot reichen.

Variante: Mozzarella al forno (Überbackener Mozzarella)
1 Mozzarellakugel in Scheiben schneiden und jeweils 1 Scheibe Mozzarella auf 1 Scheibe Weißbrot legen. Den Käse salzen und pfeffern. Mit Oregano würzen. Gutes Olivenöl darüber träufeln. Im vorgeheizten Backofen bei 200° (Gas Stufe 3) 6–8 Min. backen, bis der Käse zu schmelzen anfängt. Heiß als Vorspeise oder als Brotzeit servieren.

Info: Mozzarella aus Büffelmilch hat einen kräftigeren Geschmack als der Mozzarella Fior di latte aus Kuhmilch, der normalerweise in kleinerer Form hergestellt wird und milder und sahniger schmeckt.

Olive piccanti

Sizilien · Schnell Oliven sizilianische Art

Zutaten für 4 Portionen:
250 g schwarze Oliven
1 Stange Bleichsellerie
2 Knoblauchzehen
3 Schalotten oder Frühlingszwiebeln
1 frische Chilischote
5 EL Olivenöl, kaltgepreßt

Zubereitungszeit: 10 Min.

Pro Portion: 1400 kJ/330 kcal

1 Die Oliven mit Küchenpapier gut abtrocknen und in eine Schüssel geben.

2 Grüne unansehnliche Blätter des Bleichselleries abtrennen, die Stange waschen, entfasern, auf etwa 10 cm Länge kürzen und in ½ cm breite Stücke schneiden. Knoblauchzehen schälen und fein hacken. Schalotten oder Frühlingszwiebeln schälen und in feine Ringe schneiden. Stielansatz der Chilischote abbrechen und die Schote abbrausen. Die Schote mit einem scharfen Messer längs halbieren, die Samen herausschaben, die Rippen entfernen und die Schotenhälften in Streifen schneiden.

3 Gemüse, Knoblauch und Zwiebeln mit den Oliven mischen.

4 Chilistreifen über den Oliven verteilen. Alles mit Olivenöl begießen.

Wein: Entweder einen Aperitif oder einen leichten Rotwein aus der Lombardei, z.B. einen moussierenden Bonarda dazu servieren.

Variante: Olive con buccia d'arancio
(Oliven mit Orangenschale)
400 g schwarze Oliven mit 1 TL Zucker und der geraspelten Schale 1 unbehandelten Orange vermischen. Das Ganze in ein luftdurchlässiges Stoffsäckchen geben und verschließen. Das Säckchen 3–4 Tage in die Nähe einer Wärmequelle hängen, ab und zu leicht schütteln, bis die Oliven das Orangenaroma angenommen haben.

Insalata di frutti di mare

Kalabrien · Braucht etwas Zeit
Meeresfrüchte-Salat

Zutaten für 4–6 Portionen:
400 g frische oder küchenfertige tiefgekühlte Tintenfische
Saft von 2 Zitronen
4 cl Rotweinessig
Salz
1 kg frische Miesmuscheln (nur geschlossene Muscheln verwenden)
300 g Garnelen oder kleine Scampi, mit der Schale

Für die Marinade:
1 Bund glatte Petersilie
3 Knoblauchzehen
1 rote Chilischote
Saft von 1 Zitrone
6 EL Olivenöl, kaltgepreßt

Zubereitungszeit: 1 Std.
(+ 2 Std. Marinieren)

Bei 6 Portionen pro Portion:
1200 kJ/290 kcal

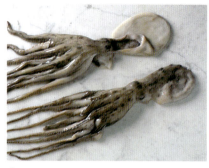

1 Tintenfische säubern. Kopf und Tentakel vorsichtig aus dem Tintenfischmantel herausziehen. Tintenbeutel entfernen. Fangarme öffnen, Kauwerkzeuge herausdrücken, abschneiden und wegwerfen. Kopf und Innereien von Tentakeln trennen und entfernen. Körperbeutel unter fließendem Wasser gründlich waschen und dabei umstülpen.

2 In einem Topf 1 l Wasser mit dem Saft von 1 Zitrone, dem Rotweinessig und ½ TL Salz aufkochen. Geputzten Tintenfisch hineingeben und zugedeckt bei mittlerer Hitze etwa 20 Min. (tiefgekühlte Tintenfische etwa 10 Min.) weich köcheln und im Sud abkühlen lassen.

3 Miesmuscheln unter fließendem Wasser abbürsten und mit dem Messerrücken entbarten. ¼ l Wasser zum Kochen bringen, Miesmuscheln zugedeckt bei starker Hitze darin dämpfen, bis sich die Muscheln geöffnet haben (je nach Größe 5–10 Min.). Muscheln, die jetzt noch geschlossen sind, wegwerfen. Das Muschelfleisch mit einem Messer aus den Schalen lösen und mit dem Saft von ½ Zitrone beträufeln.

4 Garnelen mit Panzer waschen und in kochendes Salzwasser mit dem Saft von ½ Zitrone geben. Garnelen 5 Min. aufkochen und durch ein Sieb abgießen. Abkühlen lassen. Garnelen auslösen. Mit einem Einschnitt am Rücken den Darm (dunkler Faden) entfernen. Die Garnelen mit lauwarmem Wasser abspülen.

5 Tintenfische abgießen und gut abtropfen lassen. Tintenfischmantel in feine Ringe, Tentakeln in etwa 1 cm dicke Stücke schneiden. Mit den Miesmuscheln und Garnelen in einer Schüssel mischen.

6 Petersilie waschen, trockenschütteln und sehr fein hacken. Knoblauchzehen schälen und ebenfalls hacken. Chilischote längs halbieren, die Samen herausschaben, die Rippen entfernen und die Schotenhälften in Streifen schneiden. Das Ganze unter die Meeresfrüchte mischen.

7 Den Saft von 1 Zitrone über den Meeresfrüchten verteilen. Mit Olivenöl übergießen und alles gut mischen. Frutti di mare kühl stellen (nicht in den Kühlschrank!) und mindestens 2 Std. durchziehen lassen. Weißbrotscheiben dazu reichen.

Wein: Ein trockener Weißwein, wie z. B. ein Tocai aus Venetien oder ein Trebbiano d'Abruzzo, paßt gut dazu.

Antipasti e pizze

Frittata di carciofi

Toskana · Gelingt leicht **Artischockenomelett**

Zutaten für 4 Portionen:
Saft von 1/2 Zitrone
4 junge, zarte Artischocken
5 EL Olivenöl
Salz
weißer Pfeffer, frisch gemahlen
1 EL Mehl
4 Eier
einige Tomatenachtel
zum Garnieren

Zubereitungszeit: 30 Min.

Pro Portion: 860 kJ/200 kcal

1 Eine kleine Schüssel mit Wasser füllen, den Zitronensaft dazugießen. Von den Artischocken die holzigen äußeren Blätter entfernen. Die Spitzen der übrigen Blätter stark zurückschneiden. Artischocken achteln, mit einem Messer das Heu entfernen. Artischocken sofort in das Wasser geben, damit sie ihre Farbe behalten.

2 In einer Pfanne 4 EL Olivenöl stark erhitzen. Artischocken aus dem Wasser nehmen, gut trockentupfen. Salzen, pfeffern und mit Mehl bestäuben, dann in dem Öl goldbraun braten. Aus der Pfanne nehmen und auf Küchenpapier gut abtropfen lassen. Eier in einer großen Schüssel mit etwas Salz und Pfeffer verquirlen.

3 Artischocken in die Eimasse geben und verrühren. In gesäuberter Pfanne restliches Olivenöl erhitzen. Artischocken-Eier-Masse hineingießen. Glattstreichen, Unterseite bei mittlerer Hitze in 5–8 Min. goldgelb backen, dabei die Pfanne mehrmals rütteln.
Das Omelette auf einen Deckel gleiten lassen und wenden. Bei milder Hitze fertig backen. Als warme Vorspeise, nach Belieben mit Tomatenachteln garniert, servieren.

Wein: Zur Frittata schmeckt ein weißer Elba bianco ausgezeichnet.

Tip! Nehmen Sie für dieses Rezept 2 Eier und 2 Artischocken mehr und bieten Sie das Omelette als leichtes sommerliches Hauptgericht an.

Asparagi alla parmigiana

Emilia-Romagna **Grüner Spargel mit Butter und Parmesan**

Zutaten für 4 Portionen:
1 kg grüner Spargel
Salz
80 g Butter
weißer Pfeffer, frisch gemahlen
50 g Parmesan, frisch gerieben

Zubereitungszeit: 45 Min.

Pro Portion: 1000 kJ/240 kcal

1 Vom Spargel weiße, holzige Enden abschneiden, falls nötig das untere Drittel dünn schälen. Stangen auf gleiche Länge schneiden, waschen und mit Küchengarn zu 4 Bündeln zusammenbinden.

2 In einem schmalen hohen Topf 3 l gesalzenes Wasser zum Kochen bringen. Spargelbündel aufrecht so in das kochende Wasser geben, daß die Spitzen nicht bedeckt sind. Spargel zugedeckt je nach Dicke 10–15 Min. »al dente« kochen.

3 Butter in einem kleinen Topf hellbraun werden lassen. Abgetropften Spargel auf Teller verteilen, Küchengarn entfernen. Spargel mit Salz und Pfeffer würzen, mit Käse bestreuen, heiße Butter darüber gießen, sofort servieren.

Wein: Zum Spargel gehört ein leichter weißer Trebbiano.

Varianten: Asparagi alla toscana
(Spargel in Öl-Zitronen-Sauce)
Den gekochten, gut abgetropften Spargel mit reichlich kaltgepreßtem Olivenöl und Zitronensaft anmachen, lauwarm oder ausgekühlt servieren.

Antipasti e pizze

Peperoni all'olio

Piemont · Pikant
Marinierte Paprikaschoten

Zutaten für 4 Portionen:
2 grüne, 1 rote, 1 gelbe Paprikaschote
1 Bund Petersilie
2 Knoblauchzehen
nach Belieben 1 kleine Chilischote
Salz
200 ml Olivenöl, kaltgepreßt

Zubereitungszeit: 30 Min.
(+ 1 Std. Kühlen)

Pro Portion: 2100 kJ/500 kcal

1 Grill einstellen oder Backofen auf 250° (Gas Stufe 5) vorheizen.

2 Paprikaschoten waschen, trockenreiben und auf den Grill oder im Backofen auf den Rost legen. Paprikaschoten 10–12 Min. rösten, bis die Schale leicht verbrannt ist und Blasen wirft. Schoten aus dem Ofen nehmen und heiß in eine Glasschüssel mit Deckel legen, damit sich durch die Dampfeinwirkung die Paprika nach dem Abkühlen besser häuten lassen.

3 Petersilie waschen, trockenschütteln und fein hacken. Knoblauch schälen und ebenfalls fein hacken. Nach Belieben Chilischote längs aufschlitzen, von den Kernen befreien und in feine Streifen schneiden. Chilistreifen und etwas Salz mit 2 EL Olivenöl mischen.

4 Paprika aus der Glasschüssel herausnehmen und die Haut mit einem Schälmesser abziehen. Schoten halbieren, Kerne und Rippen entfernen. Innen gut abtrocknen.

5 Paprikaschoten in $\frac{1}{2}$ cm dicke Streifen schneiden und nach Farben getrennt auf einer Platte anrichten. Mit Knoblauch bestreuen und restlichem Olivenöl übergießen, gehackte Petersilie darüber verteilen, und eventuell noch mit Salz abschmecken. Eingelegte Chilistreifen nach Belieben daruntermischen oder dazu reichen.

Olivenöl

Oliven werden in Netzen geerntet.

Die besten Ernten gibt der Olivenbaum im Alter von 25–100 Jahren. Bei der Olivenernte zwischen Anfang November und Februar werden je nach Region grüne und schwarze, reife Oliven von den Ästen geschüttelt oder geschlagen und in Fangnetzen gesammelt oder von Hand gepflückt. Die früh geernteten grünen Oliven ergeben Öle der Extraklasse. Das Zermahlen der Oliven geschieht in einer einzigen kalten Pressung (daher die Bezeichnung »kaltgepreßt«). Aus dem Olivenbrei wird Olivenöl gewonnen, das je nach Anbaugebiet, Art der Frucht, Jahrgang und Reifegrad einen eigenen Charakter hat. Farbe, Geruch, Geschmack und Konsistenz sind weitere Qualitätsmerkmale. Die Farbe eines Öls sagt aber nichts über seinen Geschmack aus. Ganz junges Öl leuchtet saftig grün. Ältere Öle nehmen gold- bis zartgelbe Farbtöne an. Man unterscheidet drei Kategorien: Das hochwertige »Native Olivenöl extra«, das etwas weniger edle »Native Olivenöl« und »Olivenöl«. Diese minderste Qualität ist eine Mischung aus raffiniertem mit nativem Öl. Spitzenöle sind reich an einfach ungesättigten Fettsäuren, an Mineralstoffen, Spurenelementen und an Vitamin E. Stets dunkel bei 10–16° lagern.

Maccu

Sizilien · Vegetarisch
Püree aus dicken Bohnen

Zutaten für 4 Portionen:
300 g getrocknete Dicke Bohnen
(Saubohnen)
1 kleine Fenchelknolle
1 TL Fenchelsamen
Salz
schwarzer Pfeffer, frisch gemahlen
5 EL Olivenöl, kaltgepreßt

Zubereitungszeit: 45 Min.
(+ 12 Std. Einweichen
+ 1 Std. Garen)

Pro Portion: 990 kJ/240 kcal

1 Die Bohnen in einem Sieb abspülen und in einer Schüssel mit reichlich lauwarmem Wasser bedeckt über Nacht einweichen. Am nächsten Tag von der Fenchelknolle das harte Außenblatt abschneiden sowie die harten Stengelspitzen und den Wurzelansatz. Fenchel waschen, vierteln und in dünne Streifen schneiden, Fenchelgrün hacken und im Frischhaltebeutel aufheben.

2 Die Bohnen abgießen, die dunklen Außenschalen abstreifen. Die Kerne mit 400 ml kaltem Wasser in einem Topf offen aufkochen, die Bohnen abschäumen. Dann bei schwacher Hitze zugedeckt etwa 1 Std. garen, bis die Kerne zerfallen. Fenchelsamen im Mörser zerstoßen. In der Hälfte der Garzeit Fenchel und Fenchelsamen dazugeben, gelegentlich umrühren.

3 Die Bohnen leicht abkühlen lassen und mit dem Pürierstab pürieren oder durch ein Sieb drücken, mit Salz und Pfeffer abschmecken, 2 EL Olivenöl unterrühren. Püree auf eine kleine Platte geben, mit dem restlichen Öl beträufeln und mit dem beiseite gelegten Fenchelgrün bestreut servieren.

Variante: Capriata
(Bohnenpüree auf apulische Art)
Die Bohnen wie eben beschrieben zubereiten, jedoch ohne Fenchelsamen und -knolle. Dafür 200 g wilde Zwiebelchen, Cipudazzi, ersatzweise Schalotten schälen, in 2 EL Olivenöl bei schwacher Hitze 5–6 Min. dünsten, mit Salz, Pfeffer und einigen Tropfen Zitronensaft würzen und auf dem Püree anrichten.

Torta Tarantina

Apulien · Gut vorzubereiten
Kartoffelkuchen aus Tarent

Zutaten für 8 Portionen, für ein
rundes Blech oder eine Springform
von 28–30 cm Ø:
1 kg Kartoffeln, festkochend
1 Ei
5 EL Olivenöl, kaltgepreßt · Salz
schwarzer Pfeffer, frisch gemahlen
600 g gut reife Tomaten
300 g Mozzarella
8 Anchovisfilets
1 TL getrockneter Oregano

Zubereitungszeit: 30 Min.
(+ 45 Min. Backen)

Pro Portion: 2200 kJ/520 kcal

1 Die Kartoffeln waschen, in einen Topf geben, mit Wasser bedeckt zum Kochen bringen und bei mittlerer Hitze, je nach Dicke zugedeckt 25–30 Min. garen. Kartoffeln abgießen, mit kaltem Wasser abschrecken, pellen und durch ein Sieb drücken. Das Ei, 2 EL Öl, Salz und Pfeffer unterrühren.

2 Den Backofen auf 200° vorheizen. Die Tomaten mit kochendheißem Wasser übergießen, kalt abschrecken und häuten. Tomaten in Stücke schneiden, dabei die Stielansätze entfernen. Die Stücke mit etwas Salz bestreuen und zum Entwässern in ein Sieb geben.

3 Das Blech oder die Form mit 1 EL Öl einpinseln und die Kartoffelmischung gleichmäßig darauf verteilen. Mozzarella in Scheiben schneiden und auf die Kartoffeln legen. Die Anchovis abtropfen lassen, grob hacken und darüber streuen.

4 Die Tomatenstücke ausdrücken, auf dem Kuchen verteilen, alles mit Oregano bestreuen und mit den restlichen 2 EL Olivenöl beträufeln. Den Kuchen etwa 45 Min. im Backofen (Mitte, Umluft 180°) backen und warm oder kalt servieren.

24 Antipasti e pizze

Pomodori ripieni in insalata

Piemont · Schnell Gefüllte Tomaten

Zutaten für 4 Portionen:
8 große, mittelreife, feste Fleischtomaten
Salz
4 EL Olivenöl, kaltgepreßt
150 g Thunfisch in Öl (Abtropfgewicht)
150 g Mozzarella
1 Bund Basilikum
8 grüne Oliven ohne Stein
3 in Öl eingelegte Sardellenfilets
4 hartgekochte Eier
schwarzer Pfeffer aus der Mühle
4 große schwarze Oliven

Zubereitungszeit: 40 Min.

Pro Portion: 2200 kJ/520 kcal

1 Tomaten waschen, jeweils den Deckel abschneiden, Kerne und Fruchtfleisch vorsichtig mit einem Teelöffel herausheben. Fruchtfleisch fein würfeln. Kerne entfernen. Tomaten innen leicht mit Salz bestreuen. Mit der Öffnung nach unten stellen, damit überschüssige Flüssigkeit abfließen kann. Ausgehöhlte Tomaten innen mit 3 EL Olivenöl beträufeln.

2 Thunfisch gut abtropfen lassen und in kleine Stücke teilen. Mozzarella klein würfeln. Basilikum waschen, trockentupfen und die Hälfte davon fein hacken. Grüne Oliven in Ringe schneiden. Sardellen abtropfen lassen und zerkleinern. Eier schälen und würfeln. Diese Zutaten mit den Tomatenwürfeln in einer Schüssel locker vermischen. Mit Salz und Pfeffer aus der Mühle abschmecken.

3 Die ausgehöhlten Tomaten mit der Masse füllen und auf einzelnen Tellern anordnen. Schwarze Oliven halbieren und Fruchtfleisch von den Steinen lösen. Gefüllte Tomaten mit den Olivenhälften und den restlichen Basilikumblättern garnieren. Mit 1 EL Olivenöl beträufeln und als Beilage oder als Vorspeise servieren.

Variante:

Statt Thunfisch können Sie für die Füllung auch 8–10 EL gekochten Reis nehmen. Der Reis wird statt mit Basilikum mit 1 TL getrocknetem Oregano und gehackter Petersilie vermischt. Alle anderen Zutaten bleiben wie im Rezept auf dieser Seite beschrieben.

Tomaten

Tomaten trocknen unter der sengenden Sonne Süditaliens.

Vor langer, langer Zeit war die Tomate eine tropische Wildpflanze in den Anden Perus und Equadors. Später wurde sie von den Azteken kultiviert und angebaut und erreichte schließlich mit Kolumbus Europa. Die Pomodori, wie die Tomaten in Italien heißen, zu deutsch die »Goldäpfel«, sind heute aus der italienischen Küche nicht wegzudenken. Die Tomaten werden unterteilt in runde Tomaten, Fleischtomaten, Kirschtomaten und ovale bis längliche Sorten. Die länglichen Eiertomaten, San Marzano, gedeihen vor allem im Süden Italiens. Die köstlichsten Tomaten, Pachino genannt, wachsen in Kalabrien. Wenn die Erntezeit beginnt, treffen sich die Frauen Siziliens noch heute, um gemeinsam den Tomatenüberfluß zu konservieren. Jede Familie legt sich einen Vorrat an gepellten, in Gläser eingekochten, passierten oder in Flaschen haltbar gemachten Tomaten zu. Beliebt sind in Italien auch runde, besonders dickschalige Cocktailtomaten, Pomodori a grapolo, die an den Stielen aufgefädelt und bis in den Winter hinein kühl und luftig aufgehängt werden. Getrocknete Tomaten, Pomodori secchi, schmecken unvergleichlich würzig in Olivenöl.

Fiori di zucca ripieni

Ligurien · Etwas aufwendiger

Gefüllte Zucchiniblüten

Zutaten für 4 Portionen:
100 g Zucchini
100 g junge grüne Bohnen
150 g Kartoffeln, mehligkochend
Salz
20–24 Zucchiniblüten
1 Bund Basilikum
1 EL frischer oder 1/2 TL getrock-
neter Majoran
2 Knoblauchzehen
50 g Parmesan, frisch gerieben
1 Ei
5 EL Olivenöl · schwarzer Pfeffer

Zubereitungszeit: 1 Std.

Pro Portion: 850 kJ/200 kcal

1 Zucchini und Bohnen putzen, Kartoffel schälen, alles in kleine Stücke schneiden, nach Sorten getrennt in wenig Salzwasser garen. Sehr gut abtropfen lassen und pürieren.

2 Basilikum, Majoran, wenn frisch, kleinschneiden, Knoblauch fein hacken. Kräuter und Knoblauch mit dem Püree, Käse, Ei und 2 EL Olivenöl gut vermengen. Salzen und pfeffern.

3 Backofen auf 250° vorheizen. Eine feuerfeste Form mit 1 EL Olivenöl ausstreichen. Von den Zucchiniblüten Blütenstempel entfernen, Blüten kurz in kaltes Wasser tauchen, trockentupfen. Mit der vorbereiteten Masse füllen, Spitzen gut zusammendrücken, nebeneinander in die Form legen. Mit restlichem Olivenöl beträufeln und im Backofen (Mitte; Gas Stufe 5) etwa 10 Min. gratinieren.

Variante: Fritto di fiori di zucca
(Fritierte Zucchiniblüten)
24 frische, fest geschlossene, möglichst männliche Zucchiniblüten kurz waschen, trockentupfen. Aus 50 g Mehl, 1 Prise Salz, 1/8 l Milch, 1 Eigelb und 1 steifgeschlagenen Eiweiß einen Teig zubereiten, die Blüten leicht unterziehen, herausnehmen und in reichlich heißem Öl bei starker Hitze in etwa 5 Min. knusprig braten. Auf Küchenpapier abtropfen lassen, salzen.

Zucchinipflanze mit Früchten und Blüte.

Zucchini

Mit ihrer hell- bis dunkelgrünen, hellgrau gesprenkelten oder gelb gestreiften Schale ähneln die Zucchini, die bis zu 40 cm lang und 2 kg schwer werden können, äußerlich sehr ihren botanischen Verwandten, der Gurke. Ihr gleicht auch das weiße bis zartgrüne Fruchtfleisch mit den zahllosen weißen Kernen. Allerdings ist es aufgrund seines geringen Wassergehalts wesentlich fester. Ursprünglich stammen die Zucchini jedoch vom Riesenkürbis ab, worauf ihr Name, die Verkleinerungsform des italienischen »Zucca« (Kürbis), hindeutet. Das Gemüse ist sehr kalorienarm und enthält neben Kohlehydraten und Eiweiß vor allem die Mineralstoffe Phosphor und Eisen sowie das Provitamin A und Vitamin C. Kleine, gerade, feste Zucchini mit makelloser Schale schmecken am besten. Lagern Sie Zucchini immer separat, da sie empfindlich auf von Obst und Tomaten abgegebenes Ethylen reagieren. Eine besondere Delikatesse sind auch gefüllte oder fritierte Zucchiniblüten.

Antipasti e pizze

Sarde a scapece

Kampanien · Gut vorzubereiten

Marinierte Sardinen mit Zwiebeln

Zutaten für 4 Portionen:
1 kg frische Sardinen
Salz · Saft von 1 Zitrone
4 EL Mehl
5 EL Olivenöl, kaltgepreßt
4 mittelgroße rote Zwiebeln
4 Knoblauchzehen
je 1 Bund frische Minze und glatte Petersilie
1 Peperoncino (siehe Info S. 110)
100 ml Rotweinessig
50 ml trockener Rotwein

Zubereitungszeit: 45 Min.
(+ 4 1/2 Std. Marinieren)

Pro Portion: 1700 kJ/400 kcal

1 Die Sardinen unter fließendem kaltem Wasser schuppen, ausnehmen und ausspülen. Die Köpfe mit einem scharfen Messer abschneiden, die Rückenflossen und die Ränder der Bauchlappen mit der Küchenschere entfernen. Die Sardinen auseinanderklappen und vorsichtig die Rückengräten auslösen, die Sardinen dürfen dabei nicht in zwei Teile zerfallen. Sardinen mit Salz bestreuen, mit Zitronensaft beträu-feln und etwa 30 Min. marinieren.

2 Sardinen kalt abspülen und trockentupfen. Das Mehl auf einen Teller sieben. Die Sardinen darin wenden. Öl in einer Pfanne erhitzen und die Sardinen bei mittlerer Hitze von beiden Seiten in 1–1 1/2 Min. hellbraun braten, auf Küchenpapier entfetten, in eine Schüssel legen.

3 Zwiebeln und Knoblauch schälen und in dünne Scheiben schneiden. Kräuter waschen, trockenschütteln, die Hälfte davon in einem Frischhaltebeutel aufheben. Von der anderen Hälfte die Blättchen hacken. Peperoncino waschen, Stiel und Kerne entfernen, die Schote hacken.

4 Das Öl in der Pfanne bis auf einen Rest von etwa 1 EL abgießen, bei mittlerer Hitze heiß werden lassen und Zwiebeln und Knoblauch darin glasig braten. Essig und Wein dazugießen, aufkochen und auf die Hälfte verdampfen lassen. Gehackte Kräuter, Peperoncino und 1 Prise Salz unterrühren. Diese Mischung über den Sardinen verteilen. Die Fische mit Folie bedeckt 3–4 Std. kühl stellen. Vor dem Servieren die Sardinen mit den zurückbehaltenen Kräutern garnieren.

Sardellen und Sardinen

Sardellen und Sardinen gehören zur Familie der Heringe.

Diese kleinen, langgestreckten, silbrig glänzenden Fische kommen in Schwärmen im Mittelmeer vor und werden in großen Netzen im späten Frühjahr und im Sommer gefangen. Sie bereichern viele Gerichte Süditaliens, Sardiniens und Siziliens. Sardellen und Sardinen gehören zur Familie der Heringe. Der Körper der Sardine ist leicht oval und 13–16 cm lang. Sardinen werden hauptsächlich frisch zubereitet, gebraten, gegrillt oder fritiert, aber auch in Salz konserviert. Die Sardelle ist schlanker und kleiner als die Sardine. Die enthäuteten Filets besonders kleiner Sardellen kommen in Öl eingelegt in kleinen Döschen unter der Bezeichnung »Anchovis« auf den Markt. Größere Sardellen legt man auch enthäutet im ganzen oder filetiert in Salz und Öl in schlanken Gläsern ein. Auf dem Etikett steht dann »Sardellen«. Anchovis und eingelegte Sardellen werden hauptsächlich zum Würzen von Füllungen oder für Pasta, als Pizza-Auflage und als Salatzutat verwendet. Bei eingelegten Sardellen muß vor der Zubereitung das Salz abgespült werden.

Peperoni ripieni

Latium · Gelingt leicht

Gefüllte Paprikaschoten

Zutaten für 4 Portionen:
2 trockene Brötchen vom Vortag
500 g kleinere, dickwandige rote Paprikaschoten
200 g Thunfisch aus der Dose (im eigenen Saft)
12 schwarze Oliven
4 EL Olivenöl, kaltgepreßt
Salz
schwarzer Pfeffer, frisch gemahlen
4 Zweige frischer, ersatzweise 1 TL getrockneter Oregano

Zubereitungszeit: 20 Min.
(+30 Min. Backen)

Pro Portion: 1300 kJ/310 kcal

1 Die Brötchen in lauwarmem Wasser einweichen, so daß sie bedeckt sind. Den Backofen auf 200° vorheizen. Die Paprikaschoten längs halbieren. Stiele, Trennwände und Kerne entfernen. Die Schoten ausspülen und abtropfen lassen. Die Brötchen gut ausdrücken und mit den Fingern fein zerpflücken. Den Thunfisch abgießen, abtropfen lassen und mit der Gabel zerdrücken. Von den Oliven die Steine herausschneiden, das Olivenfleisch kleinhacken.

2 Brötchen, Thunfisch und Oliven mit 2 EL Öl in einer Schüssel vermengen, mit Salz und Pfeffer herzhaft abschmecken. Frischen Oregano waschen, trockenschütteln, die Blättchen hacken und die Hälfte unter die Füllung mischen. Schotenhälften damit füllen. Eine feuerfeste Form mit 1 EL Olivenöl einfetten, die Schoten hineinsetzen, mit 1 EL Öl beträufeln und im Ofen (Mitte, Umluft 180°) etwa 30 Min. offen backen. Die Schoten mit dem restlichen Oregano bestreut warm servieren.

Variante: Peperoni ripieni alla pugliese
(Gefüllte Paprikaschoten auf apulische Art)
Statt Thunfisch nimmt man für die Füllung 4 gehackte Sardellenfilets, 2 EL Kapern und 2 zerdrückte Knoblauchzehen und mischt diese Zutaten mit 2 EL Olivenöl, Salz und Pfeffer und 1 Bund gehackter Petersilie unter die eingeweichten, ausgedrückten Brötchen. Die Füllung in die Schoten geben, mit je 1 TL frisch geriebenem Pecorino (älter und kräftig im Geschmack) überstreuen und dann wie beschrieben backen.

Funghi alla brutta

Abruzzen · Vegetarisch

Marinierte gegrillte Pilze

Zutaten für 4 Portionen:
500 g große Pilze (Steinpilze oder andere Waldpilze, ersatzweise Champignons oder Austernpilze)
1 Bund glatte Petersilie
6 Knoblauchzehen
1 Peperoncino (siehe Info S. 110)
Salz
schwarzer Pfeffer, frisch gemahlen
6 EL Olivenöl, kaltgepreßt

Zubereitungszeit: 30 Min.

Pro Portion: 700 kJ/170 kcal

1 Den Elektrogrill anheizen. Die Pilze, falls sie nicht sehr schmutzig sind, mit Küchenpapier abreiben, sonst mit kaltem Wasser abbrausen, abtropfen lassen und trockentupfen. Von den Stielen die Wurzelansätze abschneiden.

2 Die Petersilie waschen, Blätter fein hacken und in ein Schüsselchen geben. Knoblauch schälen und dazu drücken. Den Peperoncino waschen, längs halbieren, Stiel und Kerne entfernen und die Schote grob hacken. Mit 1 Prise Salz und Pfeffer in das Schüsselchen geben. Eine große feuerfeste Form mit 1 TL Öl einfetten.

3 Pilze mit den Stielen nach oben in die Form legen und die Würzmischung darauf verteilen. Alle Pilze mit dem restlichen Öl beträufeln und 8–10 Min. grillen, dann sofort servieren

Variante: In den Abruzzen grillt man die Pilze und Gemüse wie Auberginen, Zwiebeln, Zucchini oder Paprika auf die gleiche Weise auch über dem Holzkohlengrill und ißt dazu geröstete Scheiben Weizenbrot.

Getränk: Ein Rotwein wie der Montepulciano d'Abruzzo paßt am besten dazu.

Pollo tonnato

Lombardei · Aromatisch

Suppenhuhn in Thunfischsauce

*Zutaten für 4 Portionen:
etwa 3 l Wasser · Salz
1 junges Suppenhuhn (etwa 1,2 kg)
1 mittelgroße Möhre
1 mittelgroße Zwiebel
1 Stange Bleichsellerie
1 Zweig frischer oder 1 Msp.
getrockneter Thymian
½ Lorbeerblatt
½ Bund Petersilie
100 g Thunfisch aus der Dose (ohne Öl eingelegt)
4 Sardellenfilets · 1 EL Kapern
Saft von ½ Zitrone · 5 EL Olivenöl
weißer Pfeffer, frisch gemahlen
Petersilie und Zitronenscheiben
zum Garnieren*

*Zubereitungszeit: 30 Min.
(+ 2 Std. Garen + 1 Std. Ruhen)*

Pro Portion: 2800 kJ/670 kcal

1 In einem Topf das Wasser mit Salz zum Kochen bringen. Das Huhn innen und außen waschen. Möhre und Zwiebel schälen, Sellerie putzen und alles grob zerkleinern. Gemüse mit dem Huhn, Thymian und Lorbeerblatt in den Topf geben, in etwa 2 Std. zugedeckt bei mittlerer Hitze garkochen, in der Brühe auskühlen lassen.

2 Petersilie waschen, trockenschütteln, mit abgetropftem Thunfisch, Sardellenfilets und Kapern ganz fein hacken. Die Thunfischmasse in einer Schüssel mit Zitronensaft und Olivenöl zu einer dicken Sauce verrühren. Mit Salz und Pfeffer kräftig würzen.

3 Huhn aus der Brühe nehmen, Haut abziehen und Fleisch sorgfältig vom Knochen lösen. Das Fleisch in eine flache Servierschüssel legen, mit Thunfischsauce überziehen. Mit Folie abgedeckt etwa 1 Std. ziehen lassen. Mit Petersilie und Zitronenscheiben garniert servieren.

Tip! Bei diesem Gericht darf das Huhn nicht zu weich werden. Sie sollten es deshalb möglichst langsam garen. Sie wissen, daß das Huhn fertig ist, wenn sich die Keulen leicht herausziehen lassen. Die Hühnerbrühe können Sie entweder portionsweise einfrieren oder gleich, z. B. für ein Risotto, weiterverwenden.

Variante: Insalata di pollo
(Hühnersalat)
4 mittelgroße gekochte Hühnerbrustfilets in schmale Streifen schneiden. 3 Sardellenfilets ganz fein hacken, mit Saft von 1 Zitrone, 4–5 EL Olivenöl und 1 TL Senf zu glatter Salatsauce verrühren. Mit Salz und Pfeffer abschmecken. Die Hühnerstreifchen in einer Salatschüssel gut mit der Sauce mischen. Fein gehobelte weiße Trüffel darüber verteilen. Bis zum Essen kühl stellen.

Info: Thunfische sind in allen Meeren verbreitet und legen bei der Nahrungssuche große Entfernungen zurück. Sie schwimmen auch an den Küsten des Mittelmeeres. Dorthin kommen die ca. 2 m langen und 100 kg schweren Fische jedes Frühjahr zum Laichen. Auch die italienische Küche ist reich mit Rezepten für den Seefisch ausgestattet: Im ganzen oder als Steak wie Kalbfleisch zubereitet, gekocht und in Öl oder im eigenen Saft eingelegt, als Basis für köstliche Saucen wie in diesem Rezept oder zur Pasta – jede Köchin und jeder Koch kann hier seine Phantasie trainieren. Das feinste Fleisch stammt von Brust und Bauch, das Rückenfleisch ist meist ziemlich trocken. Damit es beim Braten oder Pochieren nicht zu sehr austrocknet, bestreichen Sie es vorher z. B. mit einer Knoblauch-Olivenöl-Sauce.

Zucchine a scapece

Kampanien · Gelingt leicht
Marinierte Zucchini

Zutaten für 4 Portionen:
750 g mittelgroße Zucchini
Salz
3 Knoblauchzehen
1 Peperoncino (siehe Info S. 110)
6 EL Olivenöl, kaltgepreßt
⅛ l Weinessig
schwarzer Pfeffer, frisch gemahlen
½ Bund Basilikum

Zubereitungszeit: 30 Min.
(+ 30 Min. Ruhen
+ 4 Std. Marinieren)

Pro Portion: 650 kJ/150 kcal

1 Die Zucchini waschen, Stiele und Blütenansätze abschneiden. Zucchini der Länge nach in dünne Scheiben schneiden, mit 1 EL Salz bestreuen, etwa 30 Min. stehenlassen, dann trockentupfen. Knoblauch schälen und hacken. Peperoncino waschen, längs halbieren, Stiel und Kerne entfernen, die Schote grob hacken.

2 In einer großen Pfanne 2 EL Olivenöl stark erhitzen. So viele Zucchinischeiben hineinlegen, daß der Boden bedeckt ist. Zucchini von jeder Seite 1–2 Min. braten, kurz abtropfen lassen und auf eine Platte legen. Die übrigen Zucchini mit dem restlichen Öl ebenso braten.

3 Knoblauch im verbliebenen Öl in der Pfanne glasig braten, Peperoncino kurz mitbraten. Essig und je 1 Prise Salz und Pfeffer unterrühren, die Flüssigkeit über den Zucchini verteilen. Diese zugedeckt 3–4 Std. durchziehen lassen. Basilikum waschen, die Blättchen vor dem Servieren über die Zucchini streuen.

Variante: Carciofi sott'olio
(Eingelegte Artischocken)
12 junge, kleine, längliche Artischocken waschen. Die äußeren, harten Blattkränze großzügig entfernen. Stiele bis auf ein kurzes Stück abschneiden, ebenso die harten Spitzen der übrigen Blätter. Artischockenböden dünn schälen. 1 l Wasser mit ½ l Weinessig, Salz, 3 geschälten Knoblauchzehen, je 3 Lorbeerblättern und Gewürznelken aufkochen. Die Artischocken bei mittlerer Hitze im geschlossenen Topf 15–20 Min. garen, im Sud erkalten, dann abgießen und abtropfen lassen. Artischocken mit den Gewürzen in ein Glas legen, mit Olivenöl bedecken und verschließen. Vor dem Servieren etwa 5 Tage durchziehen lassen.

Crostini alla napoletana

Kampanien · Geht schnell

Geröstetes Brot auf neapolitanische Art

Zutaten für 4 Portionen:
4 große Scheiben italienisches Weizenbrot aus Sauerteig
4 EL Olivenöl, kaltgepreßt
250 g Mozzarella (2 Kugeln)
8 Anchovisfilets
2 mittelgroße, vollreife Eiertomaten
schwarzer Pfeffer, frisch gemahlen
1 TL getrockneter Oregano
1 Bund Basilikumblättchen

Zubereitungszeit: 20 Min.

Pro Portion: 1300 kJ/310 kcal

1 Den Backofen auf 200° vorheizen. Die Brotscheiben halbieren, von beiden Seiten leicht mit 2 EL Olivenöl einpinseln und auf ein großes Backblech legen.

2 Mozzarella in Scheiben schneiden und auf den Brotscheiben verteilen. Die Anchovisfilets abtropfen lassen. Die Tomaten waschen, trocknen und in Scheiben schneiden. Dabei die Stielansätze keilförmig herausschneiden.

3 Tomatenscheiben und Anchovisfilets auf die Käsescheiben legen. Alles mit etwas Pfeffer und Oregano bestreuen, mit dem restlichen Olivenöl beträufeln. Die Brotscheiben im Ofen (Mitte, Umluft 180°) etwa 8 Min. backen. Basilikum waschen, trockenschütteln, die Blättchen abzupfen und die Crostini damit garnieren.

Variante: Crostini alla romana
(Geröstetes Brot auf römische Art)
Für 4 Portionen je 3 dicke Scheibchen Stangenweißbrot quer auf je einen Holzspieß stecken, jeweils auf die mittlere Scheibe 1 Scheibe Mozzarella-Käse legen. Die Brote bei 250° im Ofen (Mitte, Umluft 220°) 4–5 Min. rösten. 4 Anchovisfilets mit 40 g flüssiger Butter verkneten, die freien Scheiben damit einstreichen. Alle Scheiben mit Pfeffer, Salz und gehackter Petersilie bestreuen.

Variante: Bruschetta
(Knoblauchbrot)
Für diese Variante aus Latium bzw. den Abruzzen pro Person 1 große Scheibe Weizenbrot goldbraun rösten, mit ½ Knoblauchzehe einreiben, mit 1 TL Olivenöl beträufeln und mit Salz und Pfeffer bestreuen. Oder das Brot mit Tomatenscheiben und Basilikumblättchen belegen und Pecorino darauf hobeln.

Crostini di fegato di pollo

Toskana · Für Gäste **Geröstetes Weißbrot mit Hühnerlebercreme**

Zutaten für 4 Portionen:
8 frische Hühnerlebern
1 mittelgroße Zwiebel
1 Möhre
1 Stange Bleichsellerie
2 Bund Petersilie
1 Knoblauchzehe
2 EL Butter
5 EL Olivenöl, kaltgepreßt
⅛ l trockener Vin Santo oder Weißwein
Salz
schwarzer Pfeffer aus der Mühle
Saft von 1 Zitrone
1 EL Kapern
1 TL Sardellenpaste
⅛ l Fleischbrühe
12 Scheiben toskanisches Weißbrot oder Baguette

Zubereitungszeit: 1 ½ Std.

Pro Portion: 1900 kJ/450 kcal

1 Hühnerlebern sorgfältig putzen, waschen, trockentupfen. Zwiebel schälen und hacken, Gemüse putzen und klein schneiden. Petersilie waschen und trockenschütteln. 1 Bund mit dem geschälten Knoblauch sehr fein hacken.

2 In einer Pfanne 1 EL Butter mit 1 EL Olivenöl erhitzen. Zwiebeln und Gemüse anschmoren. Hühnerlebern dazugeben, kurz anbraten, die Hälfte des Vin Santo angießen und verdampfen lassen. Das Ganze zugedeckt bei mittlerer Hitze etwa 15 Min. ziehen lassen. Salzen und pfeffern. Gehackte Petersilie, Knoblauch und Saft von 1 Zitrone hinzufügen.

3 Backofen auf 200° (Gas Stufe 3) vorheizen. Hühnerlebermischung mit 1 TL Kapern im Mixer pürieren. Die Masse zusammen mit der Sardellenpaste zurück in die Pfanne geben. 1 EL Butter hinzufügen und zugedeckt etwa 5 Min. leicht köcheln lassen. Ab und zu mit Fleischbrühe und mit dem übrigen Vin Santo begießen. Die Masse darf nicht zu flüssig sein.

4 Weißbrotscheiben auf einem Backblech verteilen, mit dem übrigen Olivenöl beträufeln und im Backofen (oben) 4–5 Min. goldbraun rösten. Die Scheiben mit der Leberpaste bestreichen. Mit Kapern und gezupften Petersilieblättern dekorieren. Heiß servieren.

Wein: Ein gut gelagerter granatroter Chianti Classico, z. B. ein anspruchsvoller Coltibuono aus der Toskana, schmeckt gut dazu.

Variante: Crostini al tonno
(Crostini mit Thunfisch)
Statt Hühnerlebern können Sie die gerösteten Weißbrotscheiben mit einer frischen Thunfischpaste bestreichen, die aus 100 g Butter und 150 g Thunfisch ohne Öl besteht. Sie können die Masse mit 1 TL Sardellenpaste abschmecken. Die bestrichenen Brotscheiben mit 2 TL Kapern und ½ Bund gezupfter Petersilie belegen und mit Zitronenscheiben dekorieren. Dazu schmeckt ein frischer Weißwein, wie etwa ein Tocai aus Friaul.

Calzoni pugliesi

Braucht etwas Zeit Teigtaschen aus Apulien

Zutaten für 16 Teigtaschen:
Für den Teig:
400 g Mehl · Salz
½ Würfel Hefe (etwa 20 g, oder 1 Päckchen Trockenhefe)
2 EL Olivenöl, kaltgepreßt
Für die Füllung:
50 g Rosinen
200 g weiße Zwiebeln
2 große Tomaten
50 g schwarze Oliven
4 EL Olivenöl, kaltgepreßt
Salz
schwarzer Pfeffer, frisch gemahlen
Öl für das Blech
Mehl für die Arbeitsfläche
50 g Caciocavallo, gerieben (ersatzweise milder Pecorino) · 1 Ei

Zubereitungszeit: 2 Std.
(+ 40 Min. Gehen lassen)

Pro Stück: 650 kJ/150 kcal

1 Das Mehl mit 1 Msp Salz in eine Schüssel sieben. In der Mitte eine Mulde eindrücken. Die Hefe mit 200 ml lauwarmem Wasser verrühren, nach und nach in die Mulde gießen und unter einen Teil Mehl rühren. Das Öl an den Rand gießen, alles vermischen und durchkneten, bis der Teig elastisch ist und nicht mehr klebt. Den Teig zugedeckt 25–30 Min. gehen lassen.

2 Für die Füllung Rosinen in warmem Wasser einweichen. Zwiebeln schälen, vierteln und in dünne Streifen schneiden. Tomaten mit kochendheißem Wasser übergießen, häuten, halbieren. Stielansätze und Kerne entfernen, das Fruchtfleisch würfeln. Oliven entsteinen, das Fruchtfleisch hacken.

3 Öl in einer Pfanne erhitzen. Die Zwiebeln darin bei mittlerer Hitze glasig braten. Tomaten und Oliven hinzufügen, etwa 2 Min. dünsten. Die Rosinen abgießen, untermischen. Etwa 1 Min. garen, bis der Saft verdampft. Salzen, pfeffern, dann abkühlen lassen.

4 Den Backofen auf 225° vorheizen. Den Teig durchkneten, vierteln. Zwei große Bleche einfetten. Jedes Teigviertel auf einer bemehlten Arbeitsfläche auf etwa 20 x 20 cm ausrollen und in 4 Quadrate schneiden. In jede Mitte etwas Füllung geben, darauf 1 TL Käse streuen.

5 Das Ei mit 1 EL Wasser verquirlen, die Teigränder damit einpinseln, einmal zusammenklappen, so daß Rechtecke entstehen. Die Ränder mit den Zinken einer Gabel festdrücken, dann die Teigtaschen auf die Bleche verteilen, mit dem restlichen Ei einpinseln, zugedeckt etwa 10 Min. gehen lassen. Im Ofen (Mitte, Umluft 200°) nacheinander je etwa 15 Min. backen, warm oder kalt servieren.

Taralli

Apulien · Gut vorzubereiten

Brotkringel

Zutaten für etwa 30 Brotkringel, für 4 Portionen:
1 EL Fenchelsamen
400 g Mehl
1 Würfel Hefe (etwa 42 g oder 2 Päckchen Trockenhefe)
½ TL Zucker · Salz
100 ml Olivenöl, kaltgepreßt
175 ml trockener Weißwein
Olivenöl für das Blech
Mehl für die Arbeitsfläche

Zubereitungszeit: 40 Minuten
(+ 25 Min. Backen)

Pro Portion: 2200 kJ/520 kcal

1 Den Fenchelsamen im Mörser grob zerstoßen. Das Mehl in eine Schüssel sieben. Hefe zerbröckeln und darauf streuen, ebenso den Zucker, 1 Prise Salz und den Fenchelsamen. Öl und Wein in einem Töpfchen schwach erwärmen und mit dem Teiglöffel oder den Knethaken des Handrührers unter die Mehlmischung rühren. Den Teig auf einer Arbeitsfläche gründlich kneten, bis er geschmeidig ist, dann in einer Schüssel, mit einem Tuch bedeckt, etwa 10 Min. ruhen lassen. Den Backofen auf 200° vorheizen. Ein großes Backblech mit Öl einfetten.

2 In einem großen Topf reichlich Wasser mit 1 EL Salz aufkochen. Den Teig in 2 Stücke teilen. Jede Hälfte auf einer leicht bemehlten Fläche zu einer etwa 4 cm dicken Rolle formen, diese in je 15 gleich große Stücke schneiden. Alle Stücke zu etwa 20 cm langen Rollen formen, zu Ringen legen, die Enden übereinanderschlagen und leicht zusammendrücken. Inzwischen Temperatur zurückschalten, das Wasser sieden lassen.

3 Jeweils 4–5 Ringe in das siedende Wasser geben und warten, bis sie an die Oberfläche steigen, herausnehmen und kurz abtropfen lassen. Die Ringe nebeneinander auf das Blech legen und im Ofen (Mitte, Umluft 180°) in 20–25 Min. hellbraun backen.

Getränk: Dazu paßt zum Beispiel ein San Severo Bianco.

Info: Die Taralli sind das ideale Gebäck zu Wein, man kann sie aber auch zu den Vorspeisen knabbern. Statt mit Fenchelsamen werden sie ebenso gerne mit reichlich Pfeffer gewürzt. Gut verschlossen in einer Dose lassen sich die Taralli 2–3 Wochen aufheben.

Pizzette di patate

Apulien · Gelingt leicht

Kleine Pizzen aus Kartoffelteig

Zutaten für 4 Portionen:
500 g mehlige Kartoffeln
Salz · 1 große Zwiebel
150 g geräucherter, durchwachsener Speck ohne Schwarte in Scheiben
100 g Mehl
(+ Mehl für das Backbrett)
1 Ei · 1 Prise Muskatnuß, gerieben
2 EL Olivenöl
(+ Öl für das Backblech)
400 g frische Tomaten
(oder aus der Dose)
1 Bund Petersilie

Zubereitungszeit: 1 Std.

Pro Portion: 2400 kJ/570 kcal

1 Die Kartoffeln schälen, vierteln und in einem Topf mit Salzwasser in etwa 20 Min. garen.

2 Zwiebel schälen, in dünne Ringe schneiden. Den Speck in Würfel schneiden und in einer Pfanne auslassen. Speckwürfel mit einem Schaumlöffel aus dem Fett nehmen und beiseite stellen. Die Zwiebeln in die Pfanne geben und im ausgelassenen Fett glasig werden lassen.

3 Die noch heißen Kartoffeln durch die Kartoffelpresse auf ein bemehltes Backbrett drücken und abkühlen lassen. Mehl und Ei dazugeben, mit etwas Salz und 1 Prise Muskatnuß würzen. 1 EL Olivenöl unter die Kartoffelmasse arbeiten und alles zu einem glatten Teig kneten. Kartoffelteig in vier Portionen teilen. Jede Portion zu 1 cm dicken Pizzafladen (etwa 18 cm Ø) ausrollen.

4 Backofen auf 220° (Gas Stufe 4) vorheizen. Tomaten überbrühen, enthäuten, Stengelansätze und Kerne entfernen (Tomaten aus der Dose abtropfen lassen). Das Fruchtfleisch zerkleinern. Petersilie waschen und fein hacken. Das Backblech mit Öl einfetten. Fladen darauf setzen und mit Speck, Zwiebeln, Tomaten und Petersilie belegen. Salzen und pfeffern. Kartoffelpizzen im Backofen 20–25 Min. backen. Dann mit einigen Tröpfchen Olivenöl beträufeln.

Calzone

Kampanien · Herzhaft

Gefüllte Pizzataschen

Zutaten für 4 Portionen:
Für den Teig:
20 g Hefe · 1 Prise Zucker
300 g Mehl · 1 TL Salz
2 EL Olivenöl (+ Olivenöl für das Backblech)

Für die Füllung:
500 g frische Champignons
1 EL Butter · Salz
weißer Pfeffer aus der Mühle
300 g gekochter Schinken
300 g Mozzarella
50 g Parmesan, frisch gerieben
1 TL Oregano · 4 EL Olivenöl

Zubereitungszeit: 2 Std.

Pro Portion: 3700 kJ/880 kcal

1 Einen Pizzateig zubereiten nach dem Rezept S. 45.

2 Die Pilze putzen, abbrausen, trockentupfen und in dünne Scheiben schneiden. In einer Kasserolle Butter zerlassen, die Pilze bei starker Hitze etwa 5 Min. andünsten, bis die Flüssigkeit verdampft ist. Mit Salz und Pfeffer würzen und abkühlen lassen.

3 Schinken in feine Streifen, gut abgetropften Mozzarella in kleine Würfel schneiden. Schinkenstreifen und Mozzarellawürfel in einer Schüssel mit geriebenem Parmesan mischen. Abgekühlte Pilze unterheben. Mit Oregano, Salz und Pfeffer abschmecken.

4 Backofen auf 250° (Gas Stufe 5) vorheizen. Das Backblech mit Olivenöl einfetten. Die Teigportionen auf bemehlter Fläche nochmals kräftig durchkneten und zu 4 dünnen, runden Fladen ausrollen.

5 Je eine Hälfte der Teigplatten mit ¼ der Füllung bestreichen, dabei die Ränder freilassen. Die andere Hälfte darüber klappen, Ränder fest andrücken, bis sie dicht schließen. Calzone auf das gefettete Blech legen, mit je 1 EL Olivenöl bestreichen und im Backofen (Mitte) etwa 20 Min. backen.

Wein: Dazu schmeckt ein Rotwein aus der Lombardei, z. B. ein Rosso Valtellina.

Pizza »quattro stagioni«

Kampanien · Etwas schwieriger Pizza »Vier Jahreszeiten« *bei Calzone → ⅛ l Milch*

Zutaten für 4 Portionen:
Für den Teig:
20 g Hefe
1 Prise Zucker
300 g Mehl
(+ Mehl zum Ausrollen)
1 TL Salz
2 EL Olivenöl

Für den Belag:
400 g frische Tomaten
(oder aus der Dose)
Salz
schwarzer Pfeffer aus der Mühle
6 EL Olivenöl, kaltgepreßt
(+ Olivenöl für das Backblech
+ zum Servieren)
5–6 Basilikumblätter
2 TL Oregano
300 g Mozzarella
200 g Broccoli
1 rote Paprikaschote
100 g Champignons oder Egerlinge
1 EL Kapern
200 g Meeresfrüchte-Salat
(Rezept S. 18)
10 schwarze Oliven
4 Sardellenfilets in Öl
200 g in Öl eingelegte Artischockenherzen

Zubereitungszeit: 1 Std.
(+ 2–2½ Std. Ruhen)

Pro Portion: 2600 kJ/620 kcal

1 In einer kleinen Schüssel Hefe und Zucker mit ⅛ l lauwarmem Wasser auflösen. Mit 2–3 EL Mehl zu einem glatten Vorteig verrühren, leicht mit Mehl bestäuben und an einem warmen Ort etwa 30 Min. gehen lassen.

2 Das übrige Mehl auf ein Backbrett sieben, eine Mulde hineindrücken, Hefemischung in die Mitte gießen, salzen und durchkneten. Nach und nach mit etwa ⅛ l lauwarmem Wasser und 2 EL Olivenöl zu einem geschmeidigen Teig verkneten. Den Teig zu einer Kugel formen, in vier Portionen teilen und mit einem Tuch abgedeckt an einem warmen Ort 1½–2 Std. gehen lassen.

3 Frische Tomaten überbrühen, enthäuten und die Kerne entfernen bzw. Tomaten aus der Dose gut abtropfen lassen. Das Fruchtfleisch in kleine Stücke schneiden, salzen, pfeffern und in einer Schüssel mit 3 EL Olivenöl marinieren. Basilikum waschen, trockenschütteln. Die Blätter fein hacken und mit dem Oregano hinzufügen. Mozzarella abtropfen lassen und würfeln.

4 Broccoli waschen und die holzigen Stielenden abschneiden. Paprika putzen und in Streifen schneiden. Pilze putzen, kurz überbrausen, trockentupfen und in Scheiben schneiden. Gemüse in Salzwasser jeweils getrennt 2–5 Min. sprudelnd kochen und alles gut abtropfen lassen.

5 Alle Zutaten für den Pizzabelag in einzelnen Schüsseln bereit stellen. Broccoli in kleine Röschen teilen. Kapern abtropfen lassen und Artischokkenherzen halbieren.

6 Backofen auf 250° (Gas Stufe 5) vorheizen, das Backblech einölen. Den glatten Teig zu Fladen ausrollen und aufs Blech geben, mit den Händen flachdrücken und einen Rand bilden.

7 Pizzateig mit Tomatenstücken gleichmäßig bestreuen. Pizza in vier Zonen unterteilen und mit den Zutaten der entsprechenden Jahreszeit belegen: Artischockenherzen für den Frühling, Meeresfrüchte für den Sommer, Pilze für den Herbst, Broccoli für den Winter. Oliven, Kapern und Sardellen nach Belieben auf der Pizza verteilen. Mit Olivenöl beträufeln.

8 Pizza im Backofen (unten) backen. Nach 15 Min. Mozzarellawürfel über das Gemüse geben und Pizza weitere 5 Min. (Mitte) backen. Heiß servieren. Zum Nachwürzen Olivenöl, Salz und Pfeffermühle auf den Tisch stellen.

Antipasti e pizze

Pizza »Andrea Doria«

Ligurien · Braucht etwas Zeit **Pikante Pizza mit Sardellen und Oliven**

Zutaten für 4–6 Portionen:
Für den Teig:
300 g Mehl · 20 g Hefe
knapp 200 ml lauwarmes Wasser
½ TL Salz · 2 EL Olivenöl
Für den Belag:
750 g reife Tomaten
2 mittelgroße weiße Zwiebeln
2 Knoblauchzehen
40 g Sardellenfilets aus dem Glas
5 EL Olivenöl · 1 Zweig Basilikum
100 g schwarze Oliven
1 TL getrockneter Oregano
schwarzer Pfeffer, frisch gemahlen

Zubereitungszeit: 2 Std.

Bei 6 Portionen pro Portion:
1500 kJ/360 kcal

1 Mehl auf Arbeitsfläche häufen, Mulde eindrücken. Hefe zerbröckeln, mit 2 EL lauwarmem Wasser glattrühren und in die Mulde gießen. Salz, Olivenöl und so viel von dem restlichen Wasser einarbeiten, bis ein glatter Teig entsteht. Mit Mehl bestäuben, mit einem Tuch bedecken, an einem warmen Ort 1 Std. gehen lassen.

2 Inzwischen Tomaten kurz überbrühen, enthäuten, quer halbieren, Stielansätze und Kerne entfernen, Fruchtfleisch kleinhacken. Zwiebeln und Knoblauch schälen. Zwiebeln in dünne Ringe, Knoblauch in Stifte schneiden. Sardellen unter fließendem Wasser abspülen, trockentupfen und fein hacken.

3 In einer Kasserolle 4 EL Olivenöl erhitzen, Zwiebeln glasig dünsten. In Streifen geschnittene Basilikumblättchen und Tomaten dazugeben. Im offenen Topf bei schwacher Hitze so lange köcheln, bis alle Flüssigkeit verdampft ist. Sardellen untermischen und den Topf vom Herd nehmen. Backofen auf 200° vorheizen.

4 Ein Backblech ölen, Teig durchkneten, etwas auseinanderziehen, auf dem Blech etwa messerrückendick ausrollen, Rand hochziehen. Mit der Tomatenmasse bestreichen. Knoblauch, Oliven und Oregano auf der Pizza verteilen. Pfeffern. 30–35 Min. im Backofen (unten; Gas Stufe 3) backen.

Oregano

Selbstgeerntet und -getrocknet: Oregano.

Oregano (Origanum vulgare) wird oft auch »wilder Majoran« genannt. Zwar wachsen die Oreganobüsche im Mittelmeerraum und in Mexiko noch wild an Böschungen, werden inzwischen aber auch, vor allem in Italien, Spanien und den USA, in Kulturen angebaut. Botanisch gesehen gehört die ausdauernde, bis zu etwa 75 cm hohe Staude zu den Lippenblütlern. Sie hat rötliche behaarte Stengel mit kleinen eiförmigen Blättern und weiß-rosa Blütenrispen. Das Kraut wird während der Blüte gesammelt und frisch oder getrocknet, gerebelt oder gemahlen in der Küche verwendet. Es läßt sich gut trocknen und behält, luftdicht und dunkel gelagert, sein Aroma bis zu 12 Monaten. Der pikant-aromatische, etwas bitter-herbe Geschmack erinnert an Thymian oder Majoran, ist aber schärfer und intensiver. Sein Aroma regt nicht nur den Appetit an. Als Heilpflanze wirkt der Oregano krampf- und schleimlösend sowie entzündungshemmend. Die beste Qualität kommt aus den karstigen, trockenen italienischen Bergregionen.

PRIMI PIATTI

Cipollata
Zwiebelsuppe

Toskana · Braucht etwas Zeit

Zutaten für 4 Portionen:
2 mittelgroße Selleriestangen
2 mittelgroße Möhren
750 g milde weiße Zwiebeln
500 g Schweinerippchen,
in Stücke geteilt
50 g Speck, durchwachsen,
ohne Schwarte
50 g gut gewürzte Schweine-
bratwurst (am besten »Salsiccia«)
4 EL Olivenöl · Salz
schwarzer Pfeffer, frisch gemahlen
4 Scheiben italienisches Bauernbrot
(ersatzweise Weißbrot)
1 Knoblauchzehe

Zubereitungszeit: 1 ³/₄ Std.
Pro Portion: 1900 kJ/450 kcal

1 Selleriestangen, Möhren putzen, waschen und grob zerteilen. Eine Zwiebel schälen, halbieren und eine Hälfte grobgehackt mit Sellerie, Möhren und den Rippchen in einen Topf geben. 1 l Wasser angießen, zugedeckt bei mittlerer Hitze etwa 15 Min. garen.

2 Inzwischen restliche Zwiebeln schälen, in dünne Scheiben schneiden, Speck kleinhacken, Wurst häuten und in kleine Stücke schneiden.

3 Öl in einem großen Topf erhitzen, Speck und Wurst unter Rühren bei schwacher Hitze anbraten. Zwiebeln dazugeben, glasig dünsten.

4 Rippchenbrühe durchseihen, zu den Zwiebeln gießen, Rippchen dazugeben, zugedeckt bei schwacher Hitze etwa 1 Stunde köcheln. Fleisch aus der Suppe nehmen, von den Knochen lösen, kleinschneiden, in der Suppe noch etwa 10 Min. ziehen lassen. Salzen und pfeffern.

5 Brotscheiben toasten, mit Knoblauch einreiben, in eine Suppenterrine legen, mit der heißen Zwiebelsuppe begießen. 2–3 Min. ziehen lassen, dann servieren.

Tip! Wenn Sie Zwiebeln gerne etwas milder mögen, legen Sie die Zwiebelscheiben etwa 15 Min. in kaltes Wasser. Gut abtropfen lassen und weiterverarbeiten.

Ginestrata
Eiercremesuppe

Toskana · Gelingt leicht

Zutaten für 4 Portionen:
4 frische Eigelb
¹/₂ l abgekühlte und entfettete
Geflügelbrühe (ersatzweise instant)
2 cl trockener Marsala oder
Vin Santo
¹/₄ TL Zimtpulver
Salz · 50 g Butter
Muskatnuß, frisch gerieben
Puderzucker zum Bestäuben
nach Belieben

Zubereitungszeit: 20 Min.

Pro Portion: 750 kJ/180 kcal

1 In einer Schüssel 4 Eigelb nach und nach mit der Geflügelbrühe, dem Marsala bzw. Vin Santo, dem Zimtpulver und 1 Prise Salz kräftig verquirlen. Durch ein Sieb in einen Topf umgießen.

2 Die Mischung (am besten im Wasserbad) unter ständigem Rühren bei schwacher Hitze langsam heiß werden, aber nicht kochen lassen. Butter flöckchenweise einrühren.

3 Die heiße, schön cremige Suppe in vorgewärmte Tassen gießen, mit einem Hauch Muskatnuß würzen, nach Belieben mit etwas Puderzucker bestäuben und sofort servieren.

Variante: Zuppa alla pavese
(Fleischbrühe mit Ei)
4 in Butter geröstete Weißbrotscheiben auf vorgewärmte Portionsteller verteilen, je 1 Ei vorsichtig darüber aufschlagen, so daß das Eigelb nicht verletzt wird. Mit 50 g Parmesan bestreuen, pfeffern, mit etwa ¹/₄ l kochendheißer kräftiger Fleisch- oder Hühnerbrühe pro Teller begießen und sofort servieren.

Wichtiger Hinweis: Bitte verwenden Sie nur ganz frische Eier von freilaufenden Hühnern, um das Salmonellenrisiko zu verringern.

Minestrone di verdure

Lombardei · Gelingt leicht **Gemüsesuppe**

Zutaten für 6–8 Portionen:
50 g getrocknete weiße Bohnen (am besten Cannellini)
Salz
1 Salbeiblatt
1 Stange Lauch
3 Möhren
¼ Wirsing oder
5 Schwarzkohlblätter
1 Stange Bleichsellerie
3 mittelgroße Kartoffeln
1 Zucchino
2 reife Eiertomaten
1 EL Butter
4 EL Olivenöl
2 l Fleischbrühe (selbstgemacht oder aus Würfeln)
100 g kleine Nudeln (z. B. Ditalini, Chifferini oder Gramigna)
1 Knoblauchzehe
10–15 Rosmarinblätter
1 frische oder getrocknete Chilischote
Parmesan, frisch gerieben zum Bestreuen

Zubereitungszeit: 1½ Std. (+ 12 Std. Einweichen)

Bei 8 Portionen pro Portion: 700 kJ/170 kcal

1 Getrocknete weiße Bohnen am Vorabend in Salzwasser mit Salbeiblatt einweichen. Am nächsten Tag die Bohnen etwa 30–45 Min. vorgaren.

2 Lauch putzen und in ½ cm dicke Ringe schneiden. Möhren schälen und in Stücke schneiden. Wirsing oder Kohl vom Strunk befreien und in Streifen schneiden. Rippen der Bleichselleriestange entfasern. Die Stange in ½ cm lange Stücke schneiden. Kartoffeln schälen und würfeln. Zucchino in Scheiben schneiden, die beiden Enden entfernen. Alles Gemüse waschen und abtropfen lassen. Tomaten überbrühen, häuten, von den Stengelansätzen befreien, entkernen und achteln.

3 Butter und 2 EL Olivenöl in einem großen Kochtopf erhitzen. Lauchringe unter Rühren andünsten. Vorgegarte Bohnen in ein Sieb gießen, unter fließendem Wasser abspülen und hinzufügen. Nach und nach das vorbereitete Gemüse dazugeben und etwa 10 Min. dünsten.

4 Mit Fleischbrühe aufgießen. Zugedeckt 20–30 Min. bei mittlerer Hitze köcheln lassen. Ab und zu umrühren und mit Salz abschmecken.

5 Nudeln dazugeben und bei geringer Hitze al dente garen lassen.

6 Inzwischen Knoblauchzehe schälen, in Scheibchen schneiden. In einer kleinen Pfanne 2 EL Olivenöl erhitzen, Knoblauch, Rosmarinblätter und Chilischote im ganzen dazugeben und alles leicht anbraten. (Vorsicht! Knoblauch darf nicht anbrennen.)

7 Zum Schluß die Rosmarinsauce unter die Gemüsesuppe mischen. Die Minestrone in einer Suppenschüssel heiß servieren. Dazu geriebenen Parmesankäse reichen.

Variante:
Minestrone con piselli e pesto
(Minestrone mit Erbsen und Pestosauce) Minestrone nach dem angegebenen Rezept zubereiten (ohne Rosmarinsauce). 150 g enthülste und blanchierte Erbsen (wenn's schnell gehen soll, tiefgekühlte) zusammen mit den Nudeln hinzufügen. Gut umrühren, im offenen Topf Nudeln al dente kochen. Eine Pestosauce getrennt zur Minestrone reichen: 3 Bund grobgeschnittenes Basilikum, 2 EL Pinienkerne, 2 EL frisch geriebener Parmesan, 2 EL frisch geriebener Pecorino mit 2 zerkleinerten Knoblauchzehen und 100 ml kaltgepreßtem Olivenöl im Mörser zu einer Paste verarbeiten (oder mit dem Mixer pürieren). Wenn die Paste zu fest ist, noch etwas Suppenflüssigkeit unterrühren. Bei Tisch rührt sich jeder einen Löffel Pesto in die Gemüsesuppe. Dazu paßt getoastetes Weißbrot, mit einer halbierten Knoblauchzehe eingerieben.

Tortellini in brodo

Emilia-Romagna Tortellini in Fleischbrühe

Zutaten für 6–8 Portionen:
Für den Teig:
400 g Mehl
4 Eier
1 TL Salz
1 EL Olivenöl
Für die Füllung:
100 g Schweinelende
25 g Butter
100 g roher Schinken, in dünne Scheiben geschnitten
100 g echte Bologneser Mortadella, in dünne Scheiben geschnitten
2 Eier
200 g junger Parmesan, frisch gerieben
Muskatnuß, frisch gerieben
Salz
weißer Pfeffer, frisch gemahlen
2 l kräftige Brühe aus Rindfleisch
Petersilie nach Belieben

Zubereitungszeit: 2 Std.

Bei 8 Portionen pro Portion:
2100 kJ/500 kcal

1 Mehl auf Arbeitsfläche häufen. In die Mitte eine Mulde drücken, Eier, Salz und Olivenöl hineingeben. Zu einem glatten Teig verkneten. Bei Bedarf tropfenweise Wasser zugeben, bis der Teig weich und geschmeidig, aber nicht klebrig ist. Zur Kugel formen, in bemehltes Küchentuch einschlagen, etwa 20 Min. ruhen lassen.

2 Inzwischen das Fleisch in kleine Würfel schneiden, 4–5 Min. in der Butter bei mittlerer Hitze anbraten, dann zusammen mit dem Schinken und der Mortadella mit einem großen Messer oder im Blitzhacker fein zerkleinern.

3 In einer Schüssel das Kleingehackte mit den Eiern, 120 g Parmesan, 1 kräftigen Prise Muskatnuß, Salz und Pfeffer gründlich vermischen.

4 Den Teig in 4 Portionen auf einer bemehlten Unterlage hauchdünn ausrollen. Aus dem Teig, mit einer Ausstechform oder einem Glas, Kreise von etwa 4 cm Durchmesser ausstechen. Je knapp ½ TL der Fülle in die Kreismitte geben, die Ränder anfeuchten, jedes Teigstück in der Mitte falten, die Ränder fest zusammendrücken.

5 Diese Halbmonde um die Kuppe des Zeigefingers zu Ringen biegen, die Spitzen etwas auseinanderziehen und überlappend zusammendrücken. Auf ein bemehltes Tuch legen.

6 Die Fleischbrühe aufkochen, die Tortellini hineingleiten lassen, vorsichtig umrühren, 3–4 Min. leise köcheln, dann »al dente« in der Suppe servieren. Den restlichen Parmesan zum Darüberstreuen extra reichen. Tortellini nach Belieben mit Petersilie garnieren.

Wein: Trinken Sie zu den Nudeln einen spritzigen Lambrusco aus Modena.

Varianten: Tortellini aus der Suppe nehmen, mit Salbeibutter (dazu Butter mit einigen Salbeiblättern in einer Pfanne zerlassen), Sahne oder »ragù bolognese« (Rezept S. 93) servieren.

Info: Diese Suppe fehlt bei keinem Festtagsmenü. Echte Bologneser Tortellini werden immer in kräftiger Fleischbrühe gekocht, auch wenn sie »trocken« serviert werden.

Zuppa alla Valdostana

Aostatal · Für den Winter

Wirsingsuppe mit Brot und Käse

Zutaten für 4 Portionen:
1 Wirsing oder Schwarzkohl
Salz
250 g Weißbrot vom Vortag
100 g Butter
etwa ¾ l Fleischbrühe
250 g Fontina in Scheiben
(ersatzweise Gouda)
weißer Pfeffer aus der Mühle

Zubereitungszeit: 1¼ Std.

Pro Portion: 2800 kJ/670 kcal

1 Wirsing oder Schwarzkohl putzen, äußere Blätter und Strunk entfernen, waschen und abtropfen lassen.

2 Wirsing vierteln und in feine Streifen schneiden. Zugedeckt in einem Kochtopf mit ½ l Salzwasser etwa 10 Min. sprudelnd kochen lassen. Kalt abschrecken und gut abtropfen lassen. Weißbrot in Scheiben schneiden. Backofen auf 250° (Gas Stufe 5) vorheizen.

3 Eine große Gratinform mit 1 EL Butter ausstreichen. Den Boden mit einer Schicht Brotscheiben auslegen und mit 3 EL Brühe übergießen. Dann eine Schicht Kohl einfüllen. 2 EL Butter in Flöckchen darauf verteilen und mit Käsescheiben bedecken.

4 In dieser Reihenfolge die Zutaten abwechselnd einfüllen: Brot mit Brühe, Wirsing, Butter und Käse, bis alles verbraucht ist. Mit einer Schicht Weißbrot abschließen. Restliche Brühe darüber gießen. Butterflöckchen auf Brotscheiben verteilen.

5 Die Suppe in den Backofen (oben) schieben und 20–30 Min. garen, bis die Brotscheiben goldgelb sind. Mit Salz und Pfeffer nachwürzen.

Wein: Ein trockener Rotwein aus dem Aostatal, z. B. ein Inferno, paßt gut.

Minestra di patate e carote

Deftig · Gelingt leicht

Gemüsesuppe mit Kartoffeln und Möhren

Zutaten für 6–8 Portionen:
400 g Kartoffeln
400 g Möhren
2 Stangen Bleichsellerie
1 große Zwiebel
2 EL Butter
2 l Hühnerbrühe
Salz
100 g kurze Hartweizennudeln
1 Knoblauchzehe
4 Salbeiblätter
1 EL Olivenöl, kaltgepreßt
schwarzer Pfeffer aus der Mühle
80 g Parmesan, frisch gerieben

Zubereitungszeit: 1¼ Std.

Pro Portion: 820 kJ/200 kcal

1 Kartoffeln schälen, waschen und vierteln. Möhren schälen und in Stücke schneiden. Rippen der Selleriestangen entfasern. Die Stangen waschen und in 2 cm lange Stücke schneiden. Zwiebel schälen und fein hacken.

2 In einem großen Kochtopf Butter zerlassen, Zwiebel glasig anschwitzen. Nach und nach das vorbereitete Gemüse mit geschlossenem Deckel in der heißen Butter schwenken. Mit der Hühnerbrühe auffüllen. Gemüsesuppe salzen und zugedeckt bei mittlerer Hitze 25–30 Min. köcheln lassen.

3 Gemüse mit einem Schaumlöffel aus der Brühe heben, durchpassieren und zurück in den Topf geben.

4 Die Suppe kurz aufkochen, die Nudeln dazugeben und bei schwacher Hitze al dente garen lassen.

5 Knoblauchzehe schälen und kleinhacken. Salbeiblätter waschen und abzupfen. In einer kleinen Pfanne das Olivenöl erhitzen, Knoblauch und Salbei leicht anbraten. Die Mischung in die fertige Suppe rühren und mit Pfeffer abschmecken. Heiß servieren. Dazu frisch geriebenen Parmesan und eventuell Weißbrot reichen.

Wein: Ein leichter trockener Weißwein aus Friaul, z. B. ein Sauvignon Friulano, schmeckt dazu ausgezeichnet.

Primi piatti

Ribollita
Bohnensuppe

Toskana · Braucht etwas Zeit

Zutaten für 6 Portionen:
180 g getrocknete weiße Bohnen
80 g Speck, durchwachsen, ohne Schwarte
1 mittelgroße Zwiebel
2 Knoblauchzehen
1 Stange Lauch · 2 Möhren
1 Stange Bleichsellerie
6 EL Olivenöl · 1 ½ l Fleischbrühe
1–2 Zweige frischer Thymian
1 Schinkenknochen, beim Metzger vorbestellen
10 Schwarzkohlblätter oder ½ Wirsing (400 g)
Salz · weißer Pfeffer
150 g Weißbrotscheiben vom Vortag
einige Thymianblättchen zum Garnieren

Zubereitungszeit: 2 Std.
(+ 12 Std. Einweichen
+ 12 Std. Ruhen)
Pro Portion: 1500 kJ/360 kcal

1 Bohnen mit Wasser bedeckt 12 Std. einweichen. Im Einweichwasser bei schwacher Hitze in etwa 1 ½ Std. fertiggaren.

2 Inzwischen Speck, geschälte Zwiebel und Knoblauchzehen fein hacken. Lauch, Möhren, Sellerie putzen, in dünne Scheibchen schneiden. In einem großen Topf 5 EL Olivenöl erhitzen, Speck, Zwiebel und Knoblauch bei schwacher Hitze etwa 5 Min. anbraten, das Gemüse kurz mitbraten. Die Brühe angießen, Thymian und Schinkenknochen dazugeben. Zugedeckt bei schwacher Hitze etwa 15 Min. garen.

3 Kohlblätter putzen, waschen, in grobe Streifen schneiden, zur Suppe geben, etwa 15 Min. mitkochen. Bohnen abgießen. Die Hälfte der gekochten Bohnen pürieren, zusammen mit den ganzen Bohnenkernen unter die Suppe rühren. Weitere 10 Min. offen köcheln.

4 Schinkenknochen herausnehmen. Suppe mit Salz und Pfeffer abschmecken. Mit Brotscheiben lagenweise in einen großen feuerfesten Topf schichten. Über Nacht kühl stellen. Vor dem Servieren im Backofen bei 100–150° (Gas Stufe 1) aufwärmen, mit restlichem Öl beträufeln, salzen, pfeffern und mit Thymian bestreuen.

Wein: Zu dieser Bohnensuppe paßt ein Chianti Colli Senesi ganz ausgezeichnet.

Tip! Statt Speck und Schinkenknochen können Sie geschälte kleingehackte Tomaten mit den Gemüsescheibchen in den Topf geben.

Minestra d'orzo

Südtirol · Braucht etwas Zeit

Gerstensuppe

Zutaten für 6–8 Portionen:
100 g Speck, geräuchert, ohne Schwarte
150 g Rollgerste (Perlgraupen)
1 ¾ l Wasser
200 g geräuchertes Schweinefleisch
1 kleine Lauchstange
1 Stange Bleichsellerie
1 mittelgroße Möhre
1 mittelgroße Zwiebel
2 festkochende Kartoffeln (150 g)
Salz
schwarzer Pfeffer, frisch gemahlen

Zubereitungszeit: 2 ¼ Std.

Bei 8 Portionen pro Portion:
1100 kJ/260 kcal

1 Den Speck in kleine Würfel schneiden und in einem großen Topf bei schwacher Hitze auslassen. Die gewaschene Rollgerste dazugeben, mit dem Wasser auffüllen. Das geräucherte Schweinefleisch zur Suppe geben, aufkochen lassen, dann bei ganz schwacher Hitze in etwa 2 Std. fertiggaren.

2 In der Zwischenzeit Lauch, Sellerie und Möhre putzen, waschen, in Scheibchen, Zwiebel und Kartoffeln schälen, in kleine Würfel schneiden. 30 Min. vor Ende der Garzeit das Gemüse zu der Suppe geben und mitkochen lassen.

3 Am Ende der Garzeit das Rauchfleisch aus der Suppe nehmen, in kleine Streifen schneiden und wieder dazugeben. Suppe mit Salz und Pfeffer abschmecken. Heiß servieren.

Wein: Trinken Sie dazu einen Merlot.

Variante: Im Trentino werden die 150 g Rollgerste in 1 ¾ l Brühe mit 1 Stange Bleichsellerie, 3–4 Petersilienzweigen, 1–2 Thymianzweigen, 1 Lorbeerblatt und 400 g frischen Schweineschwarten gekocht. Vor dem Servieren wird die Hälfte der Gerste passiert und mit den in schmale Streifen geschnittenen Schwarten in die Suppe gemischt. Darüber werden 60 g Butter in Flöckchen verteilt.

Zuppa di finocchi
Sardinien · Geht schnell **Fenchelsuppe**

Zutaten für 4 Portionen:
4 Fenchelknollen
1 Knoblauchzehe
1 Bund glatte Petersilie
6 EL Olivenöl, kaltgepreßt
4 Scheiben Weißbrot
Salz
schwarzer Pfeffer, frisch gemahlen

Zubereitungszeit: 15 Min.
(+ 20 Min. Garen)

Pro Portion: 1200 kJ/290 kcal

1 Den Fenchel waschen. Die zähen, faserigen Blätter und harten Stengel abschneiden. Das Fenchelgrün abschneiden und aufheben. Die Knollen vierteln und in Streifchen schneiden. Knoblauch schälen und kleinhacken. Petersilie waschen, trockenschütteln und die Blättchen hacken.

2 In einem Topf 3 EL Öl erhitzen, Fenchel, Knoblauch und Petersilie unter Rühren etwa 1 Min. darin dünsten. 1¼ l Wasser dazugießen, aufkochen lassen, dann zugedeckt bei schwacher Hitze etwa 20 Min. garen.

3 Weißbrot in Würfelchen schneiden. Das restliche Öl in einer Pfanne erhitzen und das Brot bei mittlerer Hitze unter Rühren darin braun und knusprig braten.

4 Die Suppe mit Salz und Pfeffer abschmecken. Das Fenchelgrün grob hacken. Bei Tisch in jeden Suppenteller einen Teil der Brotwürfel geben, die Suppe darüber gießen und mit dem Fenchelgrün bestreuen.

Info: Diese einfache Hirtensuppe wird auch heute noch auf Sardinien am liebsten mit wilden, kleinen Fenchelknollen zubereitet, die in den Bergen wachsen. Doch mit Gemüsefenchel schmeckt sie ebenfalls sehr gut. Auf Käse wird bei dieser Suppe verzichtet.

Zuppa di lenticchie
Molise · Wintergericht **Linsensuppe mit Kastanien**

Zutaten für 4 Portionen:
250 g Linsen
16 frische große Eßkastanien
(oder 1 Dose Kastanien,
Abtropfgewicht etwa 300 g)
2 Lorbeerblätter
100 g magerer, geräucherter
Bauchspeck ohne Schwarte
4 EL Olivenöl, kaltgepreßt
1 EL Tomatenmark
1 TL getrockneter Oregano
Salz · schwarzer Pfeffer
4 kleine Scheiben Weißbrot

Zubereitungszeit: 45 Min.
(+ 12 Std. Einweichen
+ 55 Min. Garen)

Pro Portion: 2400 kJ/570 kcal

1 Die Linsen in ein Sieb geben, kalt abspülen und in einer Schüssel mit Wasser bedeckt über Nacht einweichen. Am nächsten Tag die Kastanien auf der abgerundeten Oberfläche über Kreuz einschneiden und in der trockenen Pfanne bei mittlerer Hitze etwa 20 Min. rösten, bis die Schalen aufplatzen. Dabei die Pfanne mehrmals schütteln.

2 Inzwischen die Linsen abgießen, mit den Lorbeerblättern in einen Suppentopf geben, 1½ l frisches, kaltes Wasser dazugießen, aufkochen lassen und bei schwacher Hitze zugedeckt etwa 30 Min. garen. Inzwischen die Kastanien abkühlen lassen, schälen und kleinschneiden. (Kastanien aus der Dose abgießen und ebenfalls kleinschneiden.)

Den Speck klein würfeln. In einem kleinen Topf 2 EL Öl erhitzen und den Speck bei mittlerer Hitze darin auslassen. Von der Linsenbrühe ⅛ l abnehmen, das Tomatenmark darin verrühren, über den Speck gießen. Kastanien und Oregano dazugeben und alles etwa 5 Min. zugedeckt köcheln.

3 Diese Mischung unter die Linsen rühren und alles etwa 20 Min. zugedeckt bei schwacher Hitze fertiggaren. Die Suppe mit Salz und Pfeffer abschmecken. Die Brotscheiben mit 2 EL Öl in der Pfanne rundum knusprig braten, in die Teller legen, und die Suppe darüber gießen und servieren.

Primi piatti 61

Risotto alla milanese

Mailand · Gelingt leicht **Safranreis**

Zutaten für 4 Portionen:
1 kleine Zwiebel
etwa 1 l Fleischbrühe
1 Markknochen
100 g Butter
400 g Vialone- oder Arborioreis
1/8 l trockener Weißwein
Salz
1 Briefchen von 125 mg Safran
3 EL Sahne
schwarzer Pfeffer aus der Mühle
100 g Parmesan, frisch gerieben

Zubereitungszeit: 40 Min.

Pro Portion: 3000 kJ/710 kcal

1 Zwiebel schälen und fein hacken. Fleischbrühe mit Markknochen etwa 5 Min. kochen lassen. In einer Kasserolle 50 g Butter zerlassen, darin die gehackten Zwiebeln bei schwacher Hitze andünsten, bis sie weich, aber nicht zu braun sind.

2 Den Reis in die Kasserolle geben und so lange rühren, bis die Körner glasig sind, dann mit Weißwein ablöschen und verdampfen lassen. Nach und nach die heiße Brühe angießen, den Risotto salzen und ohne Deckel bei mittlerer Hitze 10 Min. kochen. Dabei immer wieder umrühren.

3 Safran in 3 EL Brühe auflösen und in den Reis geben. Das Mark aus den Knochen nehmen, mit einer Gabel zerdrücken und unter den Reis mischen. Bei mittlerer Hitze und unter Rühren weitere 5 Min. kochen. Bei Bedarf noch etwas Brühe angießen.

4 Unter den fertigen Reis die Sahne und die restliche Butter mischen. Mit Pfeffer würzen und sofort servieren. Dazu frisch geriebenen Parmesan reichen.

Wein: Ein junger Rotwein aus der Lombardei, z. B. ein Sassella, paßt immer.

Reis

Reis ist im 15. Jahrhundert von Kaiser Karl V. aus Spanien nach Italien eingeführt worden. Seit dieser Zeit wird das Getreidegras im feuchten Schwemmland der Poebene angebaut. Von der Schonkost bis zum exklusiven Nahrungsmittel der gehobenen Schichten brachte der Reis im 19. Jahrhundert den Städten Turin und Mailand einen rasanten wirtschaftlichen Aufschwung. In der Poebene gedeihen die größten Reiskulturen Europas. Zwischen Novara und Vercelli im südlichen Piemont erstrecken sich zwischen Pappelreihen weite Reisfelder. Die bis 1,8 m hohe Reispflanze liebt Wasser und Wärme.
Im Frühjahr werden die Pflanzen aus den Saatbeeten auf den künstlich

Pappeln spiegeln sich in den überfluteten Reisfeldern bei Vercelli.

überfluteten Feldern eingesetzt. Während des Wachstums stehen die Reiskulturen völlig unter Wasser. Zu Beginn der Erntezeit im Sommer wird das Wasser wieder abgeleitet. Nach dem Abschneiden der Rispen vom Halm wird der Reis getrocknet und gedroschen. In der Poebene gibt es mehr Mittelkorn- und Rundkornreis, als man in ganz Italien verbrauchen kann. Man unterscheidet zwischen den Reissorten »comune« (Riso comune originario), »semifino« (Vialone Nano) und »fino« (Arborio, Carnaroli und Razza). Die letzten beiden eignen sich zum Risotto.

Primi piatti

Risotto con i finocchi

Venetien · Gelingt leicht

Fenchelreis

Zutaten für 4 Portionen:
1 mittelgroße Zwiebel
500 g kleine Fenchelknollen
1 l Fleischbrühe (selbstgemacht oder instant)
80 g Butter
Salz
weißer Pfeffer, frisch gemahlen
250 g Vialone- oder Arborio-Reis
50 g Parmesan, frisch gerieben

Zubereitungszeit: 45 Min.

Pro Portion: 1980 kJ/470 kcal

1 Zwiebel schälen, fein hacken. Fenchel putzen, Stiele abschneiden, harte äußere Blätter entfernen. »Herzen« in schmale Streifen schneiden, diese kurz abbrausen und abtropfen lassen. Etwas Fenchelgrün zum Garnieren zurückbehalten.

2 Fleischbrühe zum Kochen bringen. ¾ der Butter in einer Kasserolle schmelzen, Zwiebel darin glasig dünsten. Fenchelstreifen dazugeben, salzen, pfeffern, zugedeckt bei schwacher Hitze etwa 15 Min. dünsten.

3 Dann Reis einstreuen, so lange rühren, bis die Körner glasig sind. 2 Tassen kochende Fleischbrühe angießen. Risotto offen bei mittlerer Hitze etwa 20 Min. kochen. Ab und zu umrühren. Nach und nach kochende Brühe angießen, bis der Risotto gar ist. Restliche Butter und den Parmesan untermischen. Mit Fenchelgrün garnieren, dann sofort servieren.

Wein: Dazu paßt ein Breganze bianco.

Variante: Risi e bisi (Erbsenrisotto)
1 kleine Zwiebel, 50 g durchwachsener Speck ohne Schwarte fein hacken, beides in 1 EL Butter bei starker Hitze anbraten. 300 g enthülste Erbsen (ersatzweise tiefgekühlt) dazugeben, 5 Min. zugedeckt ziehen lassen. Dann nach Rezept weiterarbeiten.

Fenchel

Fenchel enthält viel Vitamin C.

Der herzhaft-anisartig schmeckende Fenchel gilt als ein typisch italienisches Gemüse. Schon im Altertum war der wilde Fenchel, Urahn unseres Gemüsefenchels, eine hochgeschätzte Gewürz- und auch Heilpflanze. So empfahl der römische Arzt Plinius Fenchel gegen 22 verschiedene Leiden. Und tatsächlich finden sich in dem Gemüse neben Zucker, Stärke und Eiweiß so wichtige Mineralstoffe wie Kalzium, Kalium, Phosphor und Eisen. Es ist auch ein hervorragender Vitamin-C-Lieferant und enthält daneben noch das Provitamin A und verschiedene Vitamine der B-Gruppe. Da Fenchel die Wärme liebt, wird er in fast allen Ländern rund um das Mittelmeer angebaut. Die einjährig kultivierte Pflanze, die bis zu 2 m hoch werden kann, hat an steifen, glatten Stielen zarte, feingefiederte Blätter, die an Dill erinnern. Von Juli bis September trägt der Fenchel große, sattgelbe Blütendolden. Die weiß bis grünlichweiße Fenchelknolle kann flach bis kugelrund sein und wiegt zwischen 150–350 g. Den typischen Fenchelgeschmack und -geruch verdankt das Gemüse einem ätherischen Öl, das sich aus Anethol, Fenchon und Menthol zusammensetzt.

Das Angebot an Fenchelsorten ist riesig. Roh wird jedoch meist der große Süße oder Bologneser Fenchel (»Finocchio grosso«) verzehrt, während man gekocht am liebsten die kleineren, zarteren Florentiner Sorten (»Finocchio nostrale«) genießt.

Riso con le cozze

Apulien · Aromatisch

Reis mit Miesmuscheln

Zutaten für 4 Portionen:
1 kg Miesmuscheln, vorgereinigt
400 g Tomaten
1 Knoblauchzehe
3 EL Olivenöl, kaltgepreßt
¼ l trockener Rotwein
Salz
schwarzer Pfeffer, frisch gemahlen
250 g Vialone- oder Arborio-Reis
1 Bund glatte Petersilie
70 g Pecorino oder Parmesan, frisch gerieben

Zubereitungszeit: 1 ½ Std.

Pro Portion: 1900 kJ/450 kcal

1 Die Muscheln in eine Schüssel geben und mit kaltem Wasser bedeckt etwa 15 Min. stehenlassen. Offene Muscheln, wegwerfen. Die Muscheln mehrmals in frischem Wasser waschen.

2 Einen großen Topf stark erhitzen, die nassen Muscheln hineingeben und ohne weitere Flüssigkeitszugabe 6–7 Min. garen, bis sich alle Muscheln geöffnet haben. Den Topf mehrmals schütteln. Die Muscheln abgießen, dabei die Flüssigkeit, die sich gebildet hat, auffangen. Aus den Muscheln das Muschelfleisch lösen. Noch immer geschlossene Muscheln wegwerfen.

3 Die Tomaten mit kochendheißem Wasser übergießen, häuten, die Stielansätze herausschneiden. Das Tomatenfleisch würfeln. Den Knoblauch schälen. Das Öl in einem Topf erhitzen, den Knoblauch darin hellbraun braten und entfernen. Tomaten, Muschelflüssigkeit und Wein in das Öl geben. Zugedeckt etwa 5 Min. bei mittlerer Hitze kochen, salzen, pfeffern. Sauce warm halten.

4 In einem zweiten Topf 2 l Wasser mit 1 TL Salz aufkochen, den Reis darin in etwa 10 Min. offen vorgaren, dann in ein Sieb abgießen. Reis in die Sauce geben, alles etwa 10 Min. bei schwacher Hitze offen köcheln lassen, gelegentlich rühren. Petersilie waschen, trockenschütteln, die Blättchen hacken, mit den Muscheln unter den Reis heben. Den Reis in 5–10 Min. fertiggaren, dabei mehrmals sanft umrühren. Mit dem Käse zum Bestreuen sofort servieren.

Risotto alla sarda

Sardinien · Wintergericht

Reis auf sardische Art

Zutaten für 4 Portionen:
1 mittelgroße Zwiebel
250 g Tomaten
4 EL Olivenöl, kaltgepreßt
200 g Schweinehackfleisch
½ l trockener Rotwein
1 Prise Safran · Salz
schwarzer Pfeffer, frisch gemahlen
300 g Vialone- oder Arborio--Reis
30 g Butter
50 g Pecorino, frisch gerieben
2 Stengel frischer oder
½ TL getrockneter Oregano

Zubereitungszeit: 1 Std.

Pro Portion: 2600 kJ/620 kcal

1 Die Zwiebel schälen und fein würfeln. Die Tomaten mit kochendheißem Wasser übergießen, kurz stehenlassen, dann häuten. Die Tomaten halbieren, Stielansätze herausschneiden, das Tomatenfleisch würfeln. 2 EL Olivenöl in einem Topf erhitzen, die Zwiebel darin glasig braten.

2 Das Hackfleisch untermischen und dabei zerdrücken, bei mittlerer Hitze etwa 5 Min. anbraten, mit dem Rotwein ablöschen. Die Tomaten unterrühren und alles aufkochen lassen. Den Safran in 2 EL warmem Wasser verrühren und hinzufügen. Alles mit Salz und Pfeffer abschmecken, dann beiseite stellen.

3 In einem zweiten Topf das restliche Öl bei mittlerer Hitze heiß werden lassen, den Reis darin glasig braten, dann unter die Fleisch-Tomaten-Sauce rühren, aufkochen und bei schwacher Hitze offen köcheln lassen. 700 ml Wasser zum Sieden bringen und bereitstellen. Davon nach und nach immer 1 Suppenkelle unter den Reis rühren, so wie er die Flüssigkeit aufnimmt.

4 Den Reis auf diese Art in 30–40 Min. fertiggaren. Butter und Käse unter den fertigen Risotto rühren. Frischen Oregano waschen, trockenschütteln, die Blättchen hacken, über den Reis streuen, sofort servieren.

Primi piatti

Risotto nero alla fiorentina

Florenz · Exklusiv **Schwarzer Tintenfischreis**

Zutaten für 4 Portionen:
500 g Mangold (ersatzweise
Spinat oder Rucola)
Salz
500 g frische kleine Tintenfische
(Sepie) mit Tintenbeutel
1 mittelgroße Zwiebel
1 Knoblauchzehe
4 EL Olivenöl, kaltgepreßt
1 frische Chilischote
¼ l trockener Weißwein
300 g Vialone- oder Avorio-Reis
1 Bund glatte Petersilie

Zubereitungszeit: 1½ Std.

Pro Portion: 2200 kJ/520 kcal

1 Mangold waschen, Blattstiele und Rippen entfernen. Blätter zerpflücken und in ½ l Salzwasser blanchieren (sprudelnd kochen lassen). Abgießen, das Wasser auffangen, die Blätter auspressen und kleinhacken.

2 Tintenfische säubern. Kopf und Tentakel vorsichtig aus dem Tintenfischmantel herausziehen. Gefüllte Tintenbeutel aufbewahren. Fangarme öffnen, Kauwerkzeuge herausschneiden. Kopf und Innereien von Tentakeln trennen und entfernen. Körperbeutel gründlich waschen und dabei umstülpen. Fleisch und Fangarme in Streifen schneiden.

3 Zwiebel und Knoblauch fein hacken und in einer Kasserolle in 3 EL Olivenöl glasig dünsten, Chilischote im ganzen hinzufügen. Tintenfische dazugeben und anbraten. Mit Weißwein ablöschen. Salzen, zugedeckt etwa 10 Min. bei mittlerer Hitze schmoren. Mangold dazugeben, kurz ziehen lassen.

4 Tintenbeutel aufstechen, Tinte angießen. Die Tintenfische weitere 10 Min. köcheln lassen. Reis einstreuen, Mangoldwasser nach und nach dazugeben. Reis unter ständigem Rühren 15–20 Min. ausquellen lassen.

5 Petersilie waschen, trockenschütteln und fein hacken, aufs Risotto streuen. Das Gericht mit dem restlichen Olivenöl übergießen und sofort anrichten.

Info: Tintenfische (Sepie) sind im Fischfachgeschäft zu kaufen. Je kleiner die Tintenfische, um so zarter sind sie. Als Tintenersatz eignet sich Chipiron (4 g), das es in kleinen Plastikbeuteln abgepackt gibt.

Risotto ai frutti di mare

Venetien · Raffiniert Reis mit Meeresfrüchten

Zutaten für 4 Portionen:
700 g frische Miesmuscheln
5 EL Olivenöl
2 Knoblauchzehen
250 g Garnelen ohne Schale
oder 300 g Garnelen mit Schale
3 EL trockener Brandy
(Vecchia Romagna)
300 g frische Tintenfische (Sepie, oder tiefgekühlte)
1 kleine Zwiebel
⅛ l trockener Weißwein
300 g Vialone- oder Avorio-Reis
Salz
Pfeffer aus der Mühle
1 Bund Petersilie

Zubereitungszeit: 1¼ Std.

Pro Portion: 2600 kJ/620 kcal

1 Miesmuscheln unter fließendem Wasser abbürsten und mit dem Messerrücken entbarten (nur geschlossene Muscheln verwenden). ¼ l Wasser mit 1 EL Öl und 1 geschälten Knoblauchzehe zum Kochen bringen, Muscheln in den kochenden Sud geben und zugedeckt bei starker Hitze etwa 5 Min. dämpfen, bis sich die Muscheln geöffnet haben (jetzt noch geschlossene wegwerfen). 8 Muscheln mit der Schale für die Dekoration beiseite legen. Das Muschelfleisch der restlichen aus den Schalen lösen. Den Sud durch ein Haarsieb gießen und aufheben.

2 Garnelen waschen. Aus der Schale lösen, mit einem Einschnitt am Rücken den Darm (dunkler Faden) entfernen. Die Garnelen in einer Pfanne in 1 EL Olivenöl anbraten. Brandy angießen und die Meeresfrüchte 2–4 Min. (je nach Größe) garen.

3 Tintenfische sorgfältig säubern. Kauwerkzeuge, Kopf, Innereien und Tintenbeutel entfernen. Die Tintenfische abspülen und in etwa 1 cm dicke Streifen schneiden.

4 Die Zwiebel und die zweite Knoblauchzehe schälen, fein hacken und in einer Kasserolle mit 3 EL Olivenöl andünsten. Tintenfische dazugeben, anbraten und, wenn sie Farbe annehmen, mit Weißwein ablöschen. Zugedeckt etwa 10 Min. schmoren lassen.

5 Sobald der Wein verdampft ist, Reis einrühren und mitrösten, nach und nach heißen Muschelsud und Wasser dazugießen. Den Reis in 15–20 Min. knapp al dente kochen. Salzen und pfeffern. Garnelen und Muscheln zum Schluß hinzufügen und etwa 5 Min. ziehen lassen. Petersilie fein hacken und darüber streuen. Mit den beiseite gelegten Muscheln garnieren.

Risotto alla padovana

Venetien · Gelingt leicht Reis mit Kalbfleisch und Erbsen

Zutaten für 4 Portionen:
1 mittelgroße Zwiebel
1 Stange Bleichsellerie
150 g Kalbfleisch
100 g Geflügelleber
1 l Hühnerbrühe (selbstgemacht oder instant)
2 EL Olivenöl
2 EL Butter
200 g enthülste Erbsen (ersatzweise tiefgekühlte)
Salz
250 g Vialone- oder Arborio-Reis
3 EL Parmesan, frisch gerieben

Zubereitungszeit: 1 Std.

Pro Portion: 2000 kJ/480 kcal

1 Zwiebel schälen, Sellerie putzen, waschen. Beides fein hacken. Kalbfleisch waschen, trockentupfen, in ganz kleine Würfel schneiden. Geflügelleber waschen, putzen, grob hacken.

2 Brühe zum Kochen bringen. In einer Kasserolle das Öl und die Butter erhitzen. Zwiebel und Sellerie 5 Min. bei schwacher Hitze anbraten, Fleisch, Erbsen und Leber dazugeben, salzen. 5 Min. unter Rühren mitbraten.

3 Reis unterrühren, kurz ziehen lassen. 2 Tassen kochende Brühe angießen, offen bei mittlerer Hitze kochen lassen, ab und zu umrühren. Nach und nach Brühe angießen, bis der Risotto gar ist. Nach etwa 20 Min. restliche Butter und den Parmesan locker untermischen.

Wein: Zu diesem Risotto paßt ein trockener roter Valpolicella.

Variante: Risotto al pomodoro
(Reis mit Tomaten)
Zusätzlich eine fein gehackte Möhre mit anbraten. Keine Erbsen verwenden. Ein sehr fein gehacktes Hühnerklein (Magen, Herz, Leber) und 30 g Rindermark mit dem Kalbfleisch braten, 300 g geschälte gehackte Tomaten dazugeben, etwa 10 Min. bei schwacher Hitze schmoren, Reis untermischen und nach Rezept weiterarbeiten.

Risotto coi funghi

Venetien · Gelingt leicht Reis mit Pilzen

Zutaten für 4 Portionen:
1 mittelgroße Zwiebel
1 Knoblauchzehe
1 Bund Petersilie
300 g Steinpilze (ersatzweise Maronenpilze oder Hallimasch)
etwa 1 l Fleischbrühe (selbstgemacht oder instant)
60 g Butter
300 g Vialone- oder Arborio-Reis
1/8 l trockener Weißwein
Salz
weißer Pfeffer, frisch gemahlen
50 g Parmesan, frisch gerieben

Zubereitungszeit: 1 Std.

Pro Portion: 2000 kJ/480 kcal

1 Zwiebel und Knoblauch schälen und fein hacken. Petersilie kleinhacken. Pilze putzen, kurz abbrausen, trockentupfen, in nicht zu kleine Stücke schneiden. Brühe zum Kochen bringen.

2 In einer Kasserolle die Hälfte der Butter zerlassen, die Zwiebel bei schwacher Hitze etwa 5 Min. anbraten, Reis einstreuen, mitbraten, bis er glasig ist. Mit Wein ablöschen. Nach und nach kochendheiße Brühe angießen und den Reis bei mittlerer Hitze offen etwa 20 Min. kochen lassen, immer wieder umrühren.

3 Inzwischen restliche Butter in einer Pfanne erhitzen, Knoblauch und Pilze bei starker Hitze unter ständigem Rühren braten, bis die Flüssigkeit verdampft ist. Mit Salz und Pfeffer würzen. Kurz vor Ende der Garzeit Pilze mit Petersilie unter den Risotto mischen. Dann Parmesan unterrühren.

Info: Sie können das Risotto auch mit Trockenpilzen zubereiten – vor allem in Italien werden die Pilze so konserviert. Fast alle Pilze gibt es in getrockneter Form, sortenrein oder gemischt. Auf jeden Fall müssen die Pilze vor der Zubereitung in Wasser eingeweicht werden. Das Einweichwasser nimmt das Aroma der Pilze an, verwenden Sie es daher für die Sauce. Gießen Sie das Einweichwasser aber vorher durch einen Filter, damit nicht eventuelle Sandkörnchen im Essen landen.

Primi piatti

Arancini di riso

Sizilien · Etwas schwieriger
Fritierte Reisbällchen

Zutaten für etwa 16 Arancini:
500 g Vialone-Reis
Salz
1 Briefchen von 125 mg Safran
50 g Parmesan, frisch gerieben
2 Eier
1 kleine Hühnerbrust
1 kleine Zwiebel
1 kleine Möhre
1 kleine Stange Bleichsellerie
1 Bund Petersilie
100 g Mozzarella
3 EL Olivenöl (+ Sonnenblumenöl zum Fritieren)
1 Chilischote
150 g Rinderhackfleisch
6 EL passierte Tomaten
100 g frische Erbsen (ersatzweise tiefgekühlte)
⅛–¼ l Fleischbrühe
80 g Semmelbrösel
2 EL Mehl

Zubereitungszeit: 2 Std.

Pro Stück: 1000 kJ/240 kcal

1 In einem Topf 1¼ l Salzwasser aufkochen. Den Reis einstreuen, bei schwacher Hitze und unter häufigem Rühren 15 Min. ausquellen lassen. Gegen Ende der Garzeit Safran in 3 EL heißem Wasser auflösen und unter den schön körnigen Reis mischen. Geriebenen Parmesan und 1 Ei in den fertigen Reis rühren. Abkühlen lassen.

2 Die Hühnerbrust waschen, abtrocknen und in kleine Würfelchen schneiden. Die Zwiebel schälen, die Möhre putzen, den Sellerie waschen, trockentupfen. Gemüse und Zwiebel ganz klein schneiden. Petersilie waschen, trockenschütteln und fein hacken. Den Mozzarella in 32 Würfel schneiden.

3 In einer Kasserolle 3 EL Olivenöl erhitzen. Zwiebel glasig dünsten. Das Gemüse mit einer ganzen Chilischote kurz anbraten, dann die Hälfte der Petersilie, die Hühnerbrustwürfel und das Rinderhackfleisch hinzufügen, salzen und 5 Min. mitbraten. Die passierten Tomaten angießen. Erbsen einstreuen. Alles zugedeckt 15–20 Min. bei mittlerer Hitze schmoren lassen. Wenn die Flüssigkeit verbraucht ist, nach und nach etwas Brühe angießen. Die Fleischsauce mit der übrigen Petersilie bestreuen und unter häufigem Rühren eindicken lassen. Chilischote entfernen.

4 Das zweite Ei in einem tiefen Teller verquirlen, leicht salzen und pfeffern. Semmelbrösel in einen flachen Teller geben.

5 Eine Handvoll Reis zu einer Kugel formen. Mit dem Zeigefinger in die Mitte eine Vertiefung drücken. Die Mulde mit 1 EL der Gemüse-Fleisch-Mischung und 2 Mozzarellawürfeln füllen, Öffnung wieder mit Reis verschließen und zu einem Bällchen formen.

6 Das Reisbällchen leicht mit Mehl bestäuben. In verquirltem Ei und dann in den Semmelbröseln wenden. Auf diese Weise etwa weitere 15 Bällchen formen und vorsichtig auf einen Teller legen.

7 In einem Topf reichlich Öl für das Fritieren erhitzen. Die Reiskugeln portionsweise goldgelb ausbacken. Zum Aufsaugen von überschüssigem Fett auf Küchenpapier legen und auf einer vorgewärmten Platte anrichten. Die Arancini sehr heiß servieren.

Wein: Ein trockener Weißwein mit vollem Bukett, wie z. B. ein Etna Bianco aus Sizilien, paßt ausgezeichnet.

Insel Pantelleria

Cuscus alla pantisca

Couscous mit Gemüse und Fisch

Zutaten für 4–6 Portionen:
300 g Couscous-Grieß
Salz
7 EL Olivenöl, kaltgepreßt
2 Knoblauchzehen · 2 Zwiebeln
1 Bund glatte Petersilie
2 zarte Stangen Bleichsellerie
2 Lorbeerblätter
2 mittelgroße Auberginen (500 g)
2 mittelgroße Zucchini (200 g)
2 große Eiertomaten
200 g frische Erbsen, gepalt
schwarzer Pfeffer, frisch gemahlen
600 g gemischter Fisch (3 Sorten, z.B. Rotbarsch, schwarzer Steinbutt, Schellfisch oder Brasse) in Stückchen, Filets oder im Ganzen, küchenfertig vorbereitet (oder nur Fischfilets, um die Gräten beim Essen zu vermeiden)
1/8 l trockener Weißwein
1 getrockneter Peperoncino (siehe Info S. 110)

Zubereitungszeit: 2 Std.

Bei 6 Portionen pro Portion:
1700 kJ/400 kcal

1 Den Couscous-Grieß in eine flache Schüssel gießen, 100 ml leicht gesalzenes Wasser bereitstellen. Den Grieß damit einsprenkeln und mit den Händen die Körnchen zusammenreiben, so daß Kügelchen entstehen. Den Grieß nun mit 1 EL Olivenöl beträufeln und dieses ebenfalls mit den Händen unterarbeiten. Den Grieß mit einem Tuch bedeckt etwa 10 Min. ruhen lassen.

2 Den Knoblauch und 1 Zwiebel schälen, beides in dünne Scheiben schneiden. Petersilie waschen, trockenschütteln, die Hälfte der Blätter hacken. Sellerie waschen und in Stücke schneiden. Diese Zutaten mit den Lorbeerblättern und 1 1/2 l Wasser in einen Topf geben (ideal ein Couscoustopf oder Dämpftopf mit aufsetzbarem Siebeinsatz), aufkochen und auf mittlere Hitze schalten.

3 Den Grieß in einen Siebeinsatz füllen und über das kochende Wasser setzen, mit einem Deckel gut verschließen und den Couscous-Grieß im Dampf etwa 30 Min. garen. Zwischendurch mehrmals mit der Gabel auflockern. Backofen auf 75° vorheizen. Den gegarten Grieß kurz ausdampfen lassen, in eine Tonform oder eine Schüssel mit Deckel geben. Im Ofen (Umluft 50°) zugedeckt warm halten.

4 Auberginen, Zucchini und Tomaten waschen. Von den Auberginen und Zucchini Stiel- und Blütenansätze abschneiden, die Tomaten von den Stielansätzen befreien. Das Gemüse in Würfel von etwa 2 cm Kantenlänge schneiden. 4 EL Olivenöl in einem Topf erhitzen und das Gemüse darin etwa 10 Min. zugedeckt bei schwacher Hitze dünsten. Die Erbsen dazugeben und alles weitere 10 Min. garen, mit Salz und Pfeffer abschmecken. Gemüse auf den Grieß geben und die Form wieder in den Ofen stellen.

5 Den Fisch kalt abspülen, in etwa 8 Stücke teilen und trockentupfen. Die zweite Zwiebel schälen, vierteln und in Streifen schneiden. In einer Pfanne das restliche Olivenöl erhitzen, die Zwiebel darin glasig braten, den Fisch dazugeben und bei mittlerer Hitze von beiden Seiten je nach Dicke insgesamt 5–6 Min. braten. Den Wein dazugießen und den Fisch weitere 4 Min. dünsten. Den Fisch mit Salz und Pfeffer abschmecken. Peperoncino halbieren, Stiel und Kerne entfernen und die Schote hacken. Von der restlichen Petersilie die Blättchen hacken und mit dem Peperoncino vorsichtig unter den Fisch mischen. Den Inhalt der Pfanne über das Gemüse und den Couscous verteilen, gleich servieren.

Getränk: Von der vulkanischen Insel Pantelleria kommt ein guter, trockener Weißwein, der Scauri, der zu diesem Gericht am besten schmeckt.

Info: Cuscus brachten die Araber vor Jahrhunderten nach Sizilien. Hier wird es mit Fisch zubereitet, auf Pantelleria zusätzlich mit Gemüse.

Primi piatti

Gnocchi di patate

Trentino · Braucht etwas Zeit Kartoffelnockerln mit geräuchertem Ricotta

Zutaten für 4 Portionen:
1 kg mehlige Kartoffeln
Salz
1 Ei
1 Eigelb
150 g Mehl
(+ Mehl für das Backbrett)
200 g geräucherter Ricotta
(ersatzweise Ricotta)
150 g Butter
6–8 Salbeiblätter
1 Prise Muskatnuß, frisch gerieben
schwarzer Pfeffer aus der Mühle
50 g Parmesan, frisch gerieben

Zubereitungszeit: 2 Std.

Pro Portion: 3300 kJ/790 kcal

1 Kartoffeln in Salzwasser weich kochen und pellen. Die heißen Kartoffeln durch die Presse auf ein bemehltes Backbrett drücken und abkühlen lassen.

2 Ei, Eigelb und Salz in die Kartoffelmasse geben und mit so viel Mehl verkneten, daß ein lockerer, homogener Teig entsteht. Hände und Backbrett immer gut bemehlt halten, der Teig darf nicht an den Fingern kleben.

3 Teig in kleine Portionen aufteilen und aus jeder Portion mit der bemehlten Handfläche fingerdicke Röllchen formen. Diese in 2–3 cm lange Stücke schneiden. Jedes Teigstückchen leicht mit Mehl bestäuben.

4 In einem großen Topf reichlich Salzwasser zum Kochen bringen. Gnocchi in kleinen Mengen nacheinander hineingleiten und zugedeckt bei schwacher Hitze 3–5 Min. ziehen lassen. Sobald die Gnocchi gar sind, steigen sie an die Oberfläche.

5 Ricotta in dünne kleine Scheibchen schneiden. In einer großen Pfanne die Hälfte der Butter zerlassen, 4 Salbeiblätter zart anbraten. Ricotta hinzufügen und in der Butter schwenken.

6 Gnocchi mit einem Schaumlöffel herausnehmen, gut abtropfen lassen und in die Pfanne hineingeben. Die restliche Butter und den Ricotta unter die Gnocchi mischen. Mit Muskatnuß und Pfeffer würzen. Gnocchi direkt in der Pfanne oder in einer vorgewärmten Schüssel mit Salbeiblättern anrichten. Frisch geriebenen Parmesan dazu reichen.

Wein: Zu Gnocchi paßt ein charaktervoller Rotwein aus dem Trentino, z. B. ein Teroldego Rotaliano.

Info: Die Kartoffeln sind je nach Jahreszeit mehr oder weniger mehlig. Falls nötig, muß man dem Gnocchiteig noch etwas Mehl zugeben.

Variante: Gnocchi verdi
(Spinatnockerln)
100 g frischen oder 50 g tiefgekühlten Spinat, gut ausgedrückt, fein hacken und mit 1 kg gekochten, durchpassierten Kartoffeln, mit 150 g Mehl und 1 Eigelb mischen. Gnocchi nach dem Rezept vorbereiten, mit 150 g zerlassener Butter übergießen und mit Parmesan bestreuen.

Tip! Ricotta affumicata ist ein schönes Mitbringsel aus Norditalien. Verpackt läßt sich geräucherter Käse im Kühlschrank auch für längere Zeit aufbewahren.

Primi piatti

Gnocchi alla romana

Rom · Vegetarisch Gnocchi auf römische Art

Zutaten für 4–6 Portionen, für eine Auflaufform von 15 x 30 cm:
1 l Milch
Salz
200 g Hartweizengrieß
2 Eigelb
80 g Butter
100 g Parmesan, frisch gerieben
Butter für die Form

Zubereitungszeit: 50 Min.
(+ 40 Min. Backen)

Bei 6 Portionen pro Portion:
1700 kJ/400 kcal

1 Die Milch mit 1 gehäuften TL Salz in einen (möglichst beschichteten) Topf gießen, aufkochen, dann von der Kochstelle nehmen und den Herd kurz ausschalten. Sofort den Grieß auf einmal in die Milch schütten, dabei mit einem Schneebesen schnell rühren, damit sich keine Klümpchen bilden. Den Brei etwa ½ Min. stehenlassen. Die Herdplatte auf schwächste Stufe schalten und den Brei nun 10–15 Min. unter Rühren ausdampfen lassen.

2 Den Topf von der Kochstelle nehmen und den Grießbrei etwas abkühlen lassen. Den Backofen auf 200° vorheizen. Eigelbe, 30 g Butter und 50 g Käse unter den Brei rühren. Ein großes Brett mit Wasser abspülen. Den Brei darauf mit einem angefeuchteten Teigschaber oder feuchten Händen zu einer Platte von etwa ½ cm Dicke aufstreichen, glätten und kalt werden lassen.

3 Die Auflaufform mit Butter einpinseln. Mit einem Glas aus der Grießplatte runde Plätzchen von 4–5 cm Durchmesser ausstechen (Glasrand vorher in Wasser tauchen), den übrigen Brei eßlöffelweise mit feuchten Händen zu Kugeln formen, diese flachdrücken. Alle Plätzchen dachziegelartig in die Form schichten. In einem kleinen Topf 50 g Butter schmelzen und über die Gnocchi träufeln, diese mit dem restlichen Parmesan-Käse bestreuen, im Ofen (Mitte, Umluft 180°) in 30–40 Min. goldbraun backen, in der Form servieren.

Getränk: Dazu paßt ein trockener, weißer Landwein aus der Umgebung von Rom, z.B. ein Frascati.

Tip! Wenn Sie zu den Gnocchi einen gemischten Salat servieren, dann ergeben sie eine komplette sättigende Mahlzeit.

Polpette di pane

Apulien · Vegetarisch Brotbällchen

Zutaten für 4 Portionen:
400 g trockenes, möglichst italienisches Weißbrot aus Sauerteig
5 Eier
3 EL Pecorino oder Parmesan, frisch gerieben
3 Knoblauchzehen
1 Bund glatte Petersilie · Salz
schwarzer Pfeffer, frisch gemahlen
$1/2$–2 l Olivenöl zum Ausbacken
2 EL Olivenöl, kaltgepreßt
1 große Dose geschälte Tomaten (480 g Abtropfgewicht)
3 EL trockener Rotwein
4 in Öl eingelegte, abgetropfte Artischockenherzen
$1/2$ Bund Basilikum

Zubereitungszeit: 50 Min.

Pro Portion: 3600 kJ/860 kcal

1 Den Backofen auf 75° vorheizen. Das Brot in Stücke schneiden, mit warmem Wasser übergießen, einweichen, dann gut ausdrücken und fein zerbröckeln. Eier in einer Schüssel verquirlen. Das Brot und den Käse unterrühren. 1 Knoblauchzehe schälen und durch die Knoblauchpresse hinzufügen. Petersilie waschen, trockenschütteln, die Blättchen fein hacken und ebenfalls dazugeben. Alles gut verkneten und den Teig mit Salz und Pfeffer abschmecken.

2 Olivenöl zum Ausbacken in einer tiefen Pfanne bei mittlerer Hitze heiß werden lassen, bis an einem hineingehaltenen Holzstäbchen Bläschen emporsteigen. Aus dem Teig walnußgroße Bällchen formen, portionsweise im Öl in 3–5 Min. goldbraun ausbacken. Vorsicht, Spritzgefahr! Die fertigen Bällchen im Ofen (Umluft 50°) warm stellen.

3 Die restlichen Knoblauchzehen schälen und hacken. Die 2 EL Öl in einem kleinen Topf erhitzen und den Knoblauch darin glasig braten. Die Tomaten mit ihrem Saft hinzufügen und mit dem Kochlöffel zerkleinern, etwa 5 Min. bei mittlerer Hitze offen kochen. Wein dazugießen und mit Salz und Pfeffer abschmecken. Die Sauce etwa 5 Min. weiterkochen lassen.

4 Artischockenherzen in Stückchen schneiden. Basilikum waschen, trockenschütteln und die Blättchen hacken. Beide Zutaten in die Sauce rühren, noch einmal aufkochen und die Sauce extra zu den Polpette servieren.

Getränk: Zu diesem Essen paßt ein kräftiger Rotwein, ein Pollino aus Kalabrien.

Malfatti

Trentino · Vegetarisch **Spinatklößchen**

Zutaten für 6–8 Portionen:
600 g frischer Blattspinat (ersatzweise 300 g tiefgekühlter)
1 kleine Zwiebel
120 g Butter
150 g Ricotta (ersatzweise gut abgetropfter Magerquark)
100 g Parmesan, frisch gerieben
2 Eier
1 Eigelb
Salz
schwarzer Pfeffer, frisch gemahlen
Muskatnuß, frisch gerieben
200 g Mehl

Zubereitungszeit: 1 Std.

Bei 8 Portionen pro Portion:
1400 kJ/330 kcal

1 Spinat putzen, waschen, tropfnaß in einen Topf geben, zugedeckt bei mittlerer Hitze dünsten, bis er zusammenfällt. Auskühlen lassen, die Blätter ausdrücken und fein hacken. Zwiebel schälen, fein hacken, in 30 g zerlassener Butter bei mittlerer Hitze glasig braten, den Spinat untermischen, vom Herd nehmen und abkühlen lassen.

2 Ricotta glattrühren, Spinat und die Hälfte des Parmesans untermischen. Die Eier und das Eigelb einrühren, mit Salz, Pfeffer und Muskatnuß kräftig würzen. Nach und nach das Mehl einarbeiten, mit dem Mixer zu einem glatten Teig rühren.

3 Backofen auf 175° vorheizen. In einem großen Topf 3 l Salzwasser zum Kochen bringen. Mit 2 Teelöffeln aus der Teigmasse Klößchen formen, ins kochende Wasser gleiten lassen. Offen bei schwacher Hitze so lange ziehen lassen, bis sie oben schwimmen.

4 Klößchen mit dem Schaumlöffel herausnehmen, abtropfen lassen und in eine gefettete Gratinform geben. Restliche Butter zerlassen, Klößchen damit beträufeln. Restlichen Parmesan darüber streuen. Im Backofen (Mitte; Gas Stufe 2) etwa 5 Min. überbacken lassen, dann sofort servieren.

Wein: Dazu paßt ein trockener Pinot bianco di Franciacorta.

Gnocchi al gorgonzola

Piemont · Braucht etwas Zeit **Kartoffelklößchen mit Sahne und Gorgonzola**

Zutaten für 4–6 Portionen:
Für den Teig:
1 kg Kartoffeln, mehligkochend
Salz
etwa 250 g Mehl
Für die Sauce:
200 g Gorgonzola
3 EL Butter · 1/8 l Sahne
3 EL Parmesan, frisch gerieben
Salz
weißer Pfeffer, frisch gemahlen

Zubereitungszeit: 1 1/4 Std.

Bei 6 Portionen pro Portion:
2300 kJ/550 kcal

1 Kartoffeln waschen, in Salzwasser garen. Pellen, noch heiß durch eine Kartoffelpresse auf bemehlte Arbeitsfläche drücken.

2 Püree leicht salzen. Mit Mehl verkneten, bis ein glatter Teig entsteht. Zugedeckt etwa 10 Min. ruhen lassen.

3 Teig in 8–10 Portionen teilen, mit bemehlten Händen daraus daumendicke Rollen formen, in 3 cm lange Stücke schneiden, mit Gabel nach Belieben ein Rillenmuster eindrücken. Auf bemehltem Tuch ruhen lassen, Salzwasser in großem Topf erhitzen.

4 Inzwischen Gorgonzola in kleine Würfel schneiden. In kleiner Pfanne Butter und Gorgonzola bei schwacher Hitze so lange erwärmen, bis der Käse geschmolzen ist. Langsam unter ständigem Rühren Sahne und Parmesan dazugeben, salzen und pfeffern.

5 Gnocchi ins kochende Wasser geben, vorsichtig umrühren. Wenn sie oben schwimmen, mit Schaumlöffel herausnehmen, abtropfen lassen.

6 Gnocchi in vorgewärmte Schüssel schichten, über jede Schicht heiße Käsecreme verteilen. Sofort servieren.

80 *Primi piatti*

Polenta con tartufi

Piemont · Raffiniert **Polenta mit Käse und Trüffeln**

Zutaten für 4 Portionen:
Polenta (Grundrezept):
1¼ l Wasser · 1 EL Salz
300 g Maisgrieß

Zum Verfeinern:
200 g Fontina · 100 g Butter
100 g Parmesan, frisch gerieben
1 kleine weiße Trüffelknolle
(30–50 g)
weißer Pfeffer aus der Mühle

Zubereitungszeit: 1 Std.

Pro Portion:
3000 kJ/710 kcal

1 In einem schweren, hohen Topf das Wasser zum Kochen bringen und salzen. Maisgrieß unter ständigem Rühren langsam in das kochende Wasser einlaufen lassen, damit sich keine Klümpchen bilden. Etwa 30 Min. unter ständigem Rühren bei verringerter Hitze köcheln lassen, bis die Polenta eingedickt ist.

2 Fontina in Würfel schneiden und unter die Polenta mischen. Butter in einem kleinen Topf aufschäumen lassen. 60 g Parmesan und die flüssige Butter in den Brei einrühren. Alles zusammen etwa 5 Min., kräftig rührend, weiterköcheln lassen. Die Polenta soll in diesem Rezept ganz weich und cremig werden.

3 Mit einem Trüffelhobel die rohe weiße Trüffelknolle hobeln. Polenta mit einer Schöpfkelle auf den vorgewärmten Serviertellern anrichten, mit dem restlichen Parmesan bestreuen. Trüffel darüber verteilen und die Polenta mit Pfeffer würzen.

Variante: Polenta al piatto con ragù
(Polenta mit Ragoutsauce)
Eine Ragoutsauce wie im Rezept S. 99 vorbereiten. Polenta nach den angegebenen Mengen zubereiten, auf den Tellern verteilen und mit der Sauce servieren. Dazu nach Geschmack frisch geriebenen Parmesan reichen.

Polenta fritta

Piemont · Knusprig — Gebratene Polenta

Zutaten für 4 Portionen:
1¼ l Wasser · 1 EL Salz
300 g Maisgrieß · ¼ l Olivenöl
schwarzer Pfeffer aus der Mühle
nach Belieben 100 g Parmesan,
frisch gerieben

Zubereitungszeit: 1 Std.
(+ 2 Std. Auskühlen)

Pro Portion:
3400 kJ/810 kcal

1 Nach dem Grundrezept auf Seite 82 eine feste Polenta kochen.

2 Die Polenta in heißem Zustand auf ein großes Holzbrett stürzen, etwa 5 cm hoch glattstreichen und etwa 2 Std. auskühlen lassen. Mit einem Bindfaden in 1 cm breite Scheiben schneiden.

3 Olivenöl in einer großen Pfanne erhitzen. Polentascheiben hineinlegen und in etwa 8 Min. auf beiden Seiten goldgelb braten, bis sie knusprig sind.

4 Polentascheiben auf Küchenpapier abtropfen lassen, mit Pfeffer würzen und auf einem vorgewärmten Servierteller anrichten. Nach Wunsch frisch geriebenen Parmesan dazu reichen.

Variante:
Frittelle di polenta alla lodigiana
(Gebackene Polentaplätzchen aus Lodi)
Eine Polenta aus ½ l Milch und 100 g Maisgrieß vorbereiten. Auf ein Holzbrett stürzen, 1 cm hoch glattstreichen und abkühlen lassen. Mit einem Glas mit bemehltem Rand etwa 30 Kreisformen ausstechen. Die Hälfte der Polentaplätzchen mit je 1 Scheibe Fontina belegen. Mit den restlichen Polentaplätzchen bedecken und diese leicht andrücken. 2 Eier in einer tiefen Schüssel mit Salz verquirlen. Eine Frittelle nach der anderen hineintauchen. In Semmelbröseln wenden. 5 EL Olivenöl in einer Pfanne erhitzen. Frittelle in Öl beidseitig knusprig ausbacken.

Polenta pasticciata

Lombardei · Deftig **Polenta-Auflauf**

Zutaten für 4–6 Portionen:
25 g getrocknete Steinpilze
Salz
350 g grober Maisgrieß
1 mittelgroße Zwiebel
100 g Butter
300 g Hackfleisch, gemischt
300 g gut gewürzte Schweine-
bratwurst (»Luganega«)
2 EL Tomatenmark
schwarzer Pfeffer, frisch gemahlen
150 g Parmesan, frisch gerieben

Zubereitungszeit: 2 Std.

Bei 6 Portionen pro Portion:
3100 kJ/740 kcal

1 Pilze in ¼ l lauwarmem Wasser einweichen. In einem hohen schweren Topf 1 ¼ l Wasser mit 1 EL Salz aufkochen, dann Maisgrieß unter ständigem Rühren ganz langsam einrieseln lassen.

2 Bei schwacher Hitze Polenta unter häufigem Rühren 40 Min. köcheln lassen, bis ein dicker Brei entsteht, der sich leicht von den Topfwänden löst. Fertigen Maisbrei auf ein befeuchtetes großes Holzbrett stürzen, etwa 5 cm hoch glattstreichen, auskühlen lassen.

3 Inzwischen die Pilze gut ausdrücken, grob zerkleinern, das Einweichwasser aufbewahren. Zwiebel schälen und fein hacken. In einer Pfanne 2 EL Butter erhitzen. Zwiebel darin glasig dünsten, das Hackfleisch dazugeben und krümelig braten, die Pilze und das zerkleinerte Wurstbrät unterrühren, 5 Min. mitbraten. Das Tomatenmark in 3 EL von dem Einweichwasser glattrühren und zum Fleisch gießen. Salzen, pfeffern und zugedeckt in etwa 30 Min. bei schwacher Hitze garen. Bei Bedarf noch Einweichwasser dazugeben.

4 Eine rechteckige Auflaufform gut mit Butter ausstreichen. Backofen auf 180° vorheizen. Maisbrei in 1 cm dicke Scheiben schneiden. Diese lagenweise in die Form schichten, dabei über jede Lage Hackfleischragout und reichlich Parmesan verteilen.

5 Die oberste Lage mit Käse bestreuen und mit Butterflöckchen besetzen. Im Backofen (Mitte; Gas Stufe 3) etwa 30 Min. backen, bis die Oberfläche leicht gebräunt ist.

Polenta »smalzada« trentina

Trentino · Gelingt leicht

Buchweizen-Polenta mit Sardellen

Zutaten für 4 Portionen:
1 l Wasser
Salz
300 g grobe Buchweizengrütze
50 g Butter
10–12 Sardellenfilets
100 g Parmesan, frisch gerieben

Zubereitungszeit: 1 Std.

Pro Portion: 2000 kJ/480 kcal

1 In einem großen Topf das Wasser aufkochen lassen, salzen. Buchweizengrütze unter ständigem Rühren so langsam einrieseln lassen, daß keine Klümpchen entstehen. Etwa 40 Min. bei schwacher Hitze köcheln lassen, dabei kräftig rühren, bis sich die Polenta von den Topfwänden und dem Boden löst.

2 Backofen auf 225° vorheizen. Eine Auflaufform mit etwas Butter ausstreichen. Die fertige Polenta einfüllen und glattstreichen.

3 Sardellenfilets in kleine Stücke schneiden und diese über der Polenta verteilen. Butter schmelzen, aber nicht bräunen lassen und Polenta damit beträufeln. Die Hälfte des Käses darüber streuen, im Backofen (Mitte; Gas Stufe 4) etwa 10 Min. überbacken. Restlichen geriebenen Parmesan darüberstreuen oder extra servieren.

Wein: Zu dieser deftigen Polenta sollten Sie unbedingt einen trockenen, herrlich vollmundigen Marzemino trinken.

Tip! Durch die Buchweizengrütze wird das Gericht besonders herzhaft. Wenn Sie es lieber etwas weniger kräftig mögen, ersetzen Sie den Buchweizen einfach durch Maisgrieß.

PRIMI PIATTI: PASTA

Ravioli al burro

Latium · Etwas schwieriger

Ravioli mit Spinatfüllung, Butter und Salbei

Zutaten für 4–6 Portionen:
Für den Teig:
400 g Mehl (+ Mehl zum Ausrollen)
4 Eier
Salz
1 EL Olivenöl

Für die Füllung:
500 g frischer Spinat
1 Bund Petersilie
1 Ei
300 g Ricotta (Frischkäse)
100 g Parmesan, frisch gerieben
Salz
1 Prise Muskatnuß, gerieben
Pfeffer aus der Mühle

Zum Servieren:
100 g Butter
8 frische Salbeiblätter
50 g Parmesan, frisch gerieben
Pfeffer aus der Mühle

Zubereitungszeit: 2½ Std.
(+ 15 Min. Ruhen)

Bei 6 Portionen pro Portion:
2900 kJ/690 kcal

1 Mehl auf ein Backbrett häufen, in die Mitte eine Mulde drücken, Eier und Salz hineingeben und mit etwas Wasser verkneten. 1 EL Olivenöl untermischen, um den Nudelteig elastischer zu machen. Teig kräftig durchkneten. Zur Kugel formen, in ein bemehltes Küchentuch einschlagen und etwa 15 Min. ruhen lassen.

2 Spinat putzen, waschen, in kochendem Salzwasser etwa 3 Min. blanchieren (sprudelnd kochen lassen). Abgießen, kalt abschrecken, ausdrücken und fein hacken. Petersilie waschen, trockentupfen, kleinschneiden.

3 Ei in einer Rührschüssel verquirlen, Spinat, Petersilie, Ricotta und Parmesan hinzufügen. Mit Salz, Muskatnuß und Pfeffer aus der Mühle würzen. Zutaten gut miteinander vermischen.

4 Teigkugel halbieren, beide Stücke auf leicht bemehlter Fläche papierdünn ausrollen. Mit einem Teigrädchen in 5 cm breite Streifen schneiden. Mit Hilfe von 2 TL haselnußgroße Portionen der Füllung in Abständen von 5 cm auf dem Streifen verteilen. Die Zwischenräume mit Wasser bestreichen. Die übrigen Teigstreifen darüber legen und beide Schichten zwischen den Füllungen mit der Fingerkuppe leicht zusammendrücken, danach Teigtaschen quadratisch ausschneiden. Auf einem bemehlten Tuch ausbreiten und kurz antrocknen lassen.

5 Ravioli portionsweise in 3 l sprudelndes Salzwasser geben, nach dem Aufwallen 3–5 Min. ziehen lassen. Butter mit 4 Salbeiblättern in einer Pfanne zerlassen. Ravioli mit einem Schaumlöffel aus dem Wasser herausnehmen, abtropfen lassen und auf einer vorgewärmten Platte anrichten. Salbeibutter darüber gießen, mit Parmesan bestreuen und mit den restlichen Salbeiblättern garnieren. Nach Geschmack pfeffern. Heiß servieren.

Wein: Ein leichter trockener Pinot Grigio aus Friaul oder ein Orvieto aus Umbrien passen gut dazu.

Primi piatti: pasta — 89

Tortellini mare-orto

Emilia-Romagna · Unkompliziert Tortellini mit Gemüse und Garnelen

Zutaten für 4 Portionen:
100 g frische enthülste Erbsen
(oder tiefgekühlte)
2 Zucchini
100 g Rucola
50 g Butter
250 g gekochte Garnelen
4 cl Grappa
⅛ l Sahne
500 g Tortellini mit Pilzfüllung
Salz
etwas Olivenöl
½ Bund Dill
weißer Pfeffer

Zubereitungszeit: 30 Min.

Pro Portion:
3000 kJ/710 kcal

1 Frische Erbsen in kochendem Salzwasser 5–10 Min. vorgaren (ist bei tiefgekühlten nicht nötig). Zucchini waschen, in Scheiben schneiden. Rucola fein hacken und beides hinzufügen. Weitere 2 Min. sprudelnd kochen. Abgießen, gut abtropfen lassen.

2 Butter in einer Pfanne zerlassen, Erbsen, Zucchinischeiben und Rucola anschwitzen, Garnelen etwa 5 Min. später hinzufügen. Mit Grappa ablöschen, gut mischen und zugedeckt bei mittlerer Hitze in etwa 5 Min. unter gelegentlichem Rühren fertiggaren. Zum Schluß mit Sahne binden.

3 Tortellini in reichlich Salzwasser mit einigen Tropfen Olivenöl al dente kochen.

4 Inzwischen den Dill waschen, trockenschütteln und fein schneiden.

5 Die Tortellini auf ein Sieb gießen, abtropfen lassen und unter die Gemüsesauce mischen. In einer vorgewärmten Schüssel anrichten. Das Gericht mit Dill bestreuen, salzen, pfeffern und sofort servieren.

Wein: Ein weißer Verdicchio aus den Marken paßt sehr gut.

Variante:
Tortellini al prosciutto e panna
(Tortellini mit Schinken-Sahne-Sauce)
500 g Tortellini mit Fleischfüllung in Salzwasser mit einigen Tropfen Olivenöl und 1 Salbeiblatt al dente kochen. 4 EL Butter in einer Pfanne zerlassen, 100 g gewürfelten rohen Schinken kurz anbraten, mit ¼ l Sahne ablöschen und etwa 5 Min. köcheln lassen. Sauce salzen, pfeffern und mit einer Prise Muskat abschmecken. Die abgetropften Tortellini in die Sauce geben und mit 100 g frisch geriebenem Parmesan gut durchmischen. Heiß servieren.

Rucola

Rucola (Rauke) ist eine im Mittelmeerraum stark verbreitete Salatpflanze, die im Garten gezogen wird und sehr schnell wächst. Schon die alten Römer kannten das würzige Kraut, das bis zu 75 cm hoch wird. Im Frühjahr wird die Raukenart ausgesät. Von Mai bis Juli tragen die Pflanzen rot und weiß gefärbte Blüten. Die Pflanze braucht 60 Tage bis zur Ernte. Man kann die Rucolablätter praktisch das ganze Jahr abernten. Alle Teile der Salatpflanze sind eßbar. Der Salat hat einen nußartigen Geschmack. Junge, zarte Blätter verwendet man roh als Salat. Die dunkleren, leicht bitteren Blätter nimmt man zum Kochen. Sie geben Nudeln oder Reis eine unverwechselbar würzige Note. Mit Parmesan und Pinienkernen püriert, bilden Rucolablätter eine interessante Variante zum Pesto (S. 96). Vor allem die Wurzeln enthalten viele Vitamine und Mineralien. Die ölhaltigen Samen verwendet man wie Senfkörner als Gewürz. Rucola ist relativ teuer, Sie können Ihn aber in jedem gutsortierten Supermarkt kaufen. In Papier gut eingewickelt – oder in einer Plastikdose oder -tüte fest verschlossen – halten die Blätter im Kühlschrank etwa 3 Tage frisch.

Rucola: vor kurzem kaum bekannt, ist er heute in »aller Munde«.

Maccheroni alla bolognese

Emilia-Romagna · Herzhaft **Makkaroni mit Bologneser Fleischsauce**

Zutaten für 4 Portionen:
1 mittelgroße Möhre
1 Stange Bleichsellerie
1 mittelgroße Zwiebel
50 g Speck, durchwachsen
50 g Butter
150 g Rinderhackfleisch
1 TL Mehl
¼ l Fleischbrühe (selbstgemacht oder instant)
1 EL Tomatenmark · Salz
schwarzer Pfeffer, frisch gemahlen
Muskatnuß, frisch gerieben
1 Gewürznelke · 1 Lorbeerblatt
400 g Makkaroni · 2 Hühnerlebern
50 g Parmesan, frisch gerieben

Zubereitungszeit: 1 ¼ Std.

Pro Portion: 2800 kJ/670 kcal

1 Möhre, Sellerie putzen, waschen. Zwiebel schälen. Gemüse und Speck fein hacken. Mit Butter in eine Kasserolle geben, erhitzen. Mischen und bei schwacher Hitze etwa 5 Min. anbraten.

2 Das Hackfleisch dazugeben, bei mittlerer Hitze unter Rühren anbraten, mit Mehl bestäuben, mit der Brühe ablöschen. Tomatenmark unterrühren. Mit Salz, Pfeffer und Muskatnuß würzen. Gewürznelke und Lorbeerblatt dazugeben. Zugedeckt bei ganz schwacher Hitze etwa 30 Min. schmoren.

3 In 2 l Salzwasser Makkaroni »al dente« kochen. Leber putzen, waschen, trockentupfen, in kleine Stücke schneiden, in Hackfleischsauce 3–4 Min. mitgaren, salzen, pfeffern. Lorbeer und Gewürznelke entfernen.

4 Die Nudeln abgießen, gut abtropfen lassen, dann auf Teller verteilen. Mit Sauce begießen und Käse bestreuen.

Variante: Maccheroni alla senese
(Makkaroni mit Basilikum-Schinken-Sauce)
500 g Makkaroni »al dente« kochen. 5–6 Basilikumblätter und 150 g Walnüsse in einem Mörser zerstoßen. 50 g Butter in einem großen Topf zerlassen, Basilikum und Nüsse hineingeben. Bei niedriger Hitze 10 Min. dünsten. Inzwischen 100 g gekochten Schinken fein hacken und mit 250 g Rahm dazugeben. Mit Salz und Pfeffer würzen. Makkaroni beifügen und bei niedrigster Hitze vorsichtig umrühren. Mit einer Pfeffermühle und Parmesan servieren.

Fettucine alla grossetana

Toskana · Gelingt leicht **Schmale Bandnudeln mit Tomaten und Pilzen**

Zutaten für 4 Portionen:
1 mittelgroße Zwiebel
300 g Steinpilze, frisch oder aus dem Glas
1 Bund Petersilie
400 g reife Tomaten
70 g Butter
Salz
schwarzer Pfeffer, frisch gemahlen
400 g schmale Bandnudeln
100 g Parmesan, frisch gerieben

Zubereitungszeit: 1 Std.

Pro Portion: 2600 kJ/620 kcal

1 Zwiebel schälen, in dünne Scheiben schneiden. Pilze putzen, kurz abbrausen, trockentupfen, in nicht zu dünne Scheibchen schneiden. Petersilie waschen, trockenschütteln, fein hacken. Tomaten überbrühen, häuten, vierteln, Stielansätze und Kerne entfernen. Das Fruchtfleisch kleinhacken.

2 In einer Kasserolle 40 g Butter leicht erhitzen, Zwiebel darin glasig braten, Pilze und Petersilie dazugeben, etwa 5 Min. unter Rühren mitbraten. Tomaten untermischen. Mit Salz und Pfeffer würzen. Zugedeckt bei schwacher Hitze etwa 30 Min. schmoren.

3 Servierschüssel im Backofen bei 75° (Gas Stufe 1) vorwärmen. In einem großen Topf reichlich Salzwasser zum Kochen bringen, die Nudeln darin »al dente« kochen, dann abgießen und gut abtropfen lassen.

4 Nudeln in die Schüssel geben, restliche Butter in Flöckchen darauf verteilen, mit der Hälfte des Parmesans bestreuen, die Sauce darüber gießen und sofort servieren. Restlichen Parmesan extra dazu reichen.

Wein: Zu den Nudeln trinken Sie am besten einen Chianti Montalbano.

Primi piatti: pasta **93**

Pasta con le sarde

Sizilien · Braucht etwas Zeit

Nudeln mit Sardinen und Fenchel

Zutaten für 4 Portionen:
400 g frische Sardinen
250 g wilder Fenchel (ersatzweise 2 Bund Dill)
1 Zwiebel
8 EL Olivenöl, kaltgepreßt
3 Sardellenfilets in Öl
4 EL Pinienkerne · 4 EL Sultaninen
Salz · Pfeffer aus der Mühle
1 Briefchen von 125 mg Safran
400 g Bucatini (dicke, hohle Spaghetti) oder Makkaroni

Zubereitungszeit: 1¼ Std.

Pro Person: 3500 kJ/830 kcal

1 Sardinen ausnehmen und entgräten, Köpfe abschneiden. In Salzwasser waschen und abtrocknen.

2 Fenchel waschen. Gemüse in 2 l Salzwasser sprudelnd kochen. Fenchel abtropfen lassen und klein schneiden. Fenchelwasser aufheben.

3 Zwiebel schälen und fein hacken. In einer Pfanne 5 EL Olivenöl erhitzen, Zwiebel glasig dünsten. Die Hälfte der Sardinen und die Sardellen dazugeben und mit einem Holzlöffel zerdrücken. Den vorbereiteten Fenchel, Pinienkerne und Sultaninen dazugeben. Salzen, mit Pfeffer und Safran würzen und mit etwas Fenchelwasser ablöschen. Etwa 15 Min. köcheln lassen, ab und zu 1–2 EL Fenchelwasser angießen.

4 Nudeln in reichlich kochendem Salzwasser, gemischt mit Fenchelwasser und einigen Tropfen Öl, al dente kochen. Backofen auf 200° (Gas Stufe 3) vorheizen. In einer Pfanne 3 EL Olivenöl erhitzen und die restlichen Sardinen beidseitig etwa 2 Min. anbraten. Salzen und pfeffern. Bucatini abgießen und lagenweise in eine Gratinform einfüllen. Jede Schicht mit Sauce übergießen und gebratene Sardinen darauf verteilen. Im vorgeheizten Backofen abgedeckt 10–15 Min. überbacken.

Penne all'arrabbiata

Latium · Sehr scharf

Nudeln mit Chilisauce

Zutaten für 4 Portionen:
100 g geräucherter, durchwachsener Speck
200 g frische Egerlinge oder Steinpilze
400 g reife Tomaten (oder aus der Dose)
2 Knoblauchzehen
400 g Penne (Nudelröhrchen)
50 g Butter
2 kleine getrocknete Chilischoten
Salz · 6–8 Basilikumblätter
50 g Pecorino, frisch gerieben

Zubereitungszeit: 45 Min.

Pro Portion: 2800 kJ/670 kcal

1 Speck in feine kurze Streifen schneiden. Pilze putzen, überbrausen und in Scheiben schneiden. Frische Tomaten kurz in kochendes Wasser tauchen, enthäuten, die Stengelansätze und die Kerne entfernen. Das Fruchtfleisch würfeln. Knoblauch in feine Scheibchen schneiden.

2 In einem Topf reichlich Salzwasser aufkochen. Nudeln mit einigen Tropfen Olivenöl al dente garen.

3 Inzwischen in einer großen Pfanne Butter zerlassen. Speckstreifen mit Knoblauch darin anbraten. Pilze dazugeben und 5–6 Min. unter Rühren mitschmoren. Tomaten und die Chilischoten im ganzen hinzufügen. Mit Salz abschmecken. Zugedeckt etwa 15 Min. bei mittlerer Hitze köcheln lassen. Mit etwas Nudelwasser ablöschen.

4 Penne abgießen, gut abtropfen lassen und in die Pfanne geben. Nudeln mit der Sauce vermischen. Chilischoten nach Wunsch entfernen. Basilikumblätter waschen, trockentupfen und damit die Penne garnieren. Nudeln in der Pfanne servieren. Dazu den Pecorino reichen.

Primi piatti: pasta

Trenette al pesto genovese

Ligurien · Gelingt leicht Trenette Genueser Art

Zutaten für 4 Portionen:
2 Knoblauchzehen
Salz
3 Bund Basilikum
nach Belieben 1 Chilischote
1 EL Pinienkerne
2 EL Parmesan, frisch gerieben
2 EL Pecorino, frisch gerieben
100 ml Olivenöl, kaltgepreßt
2 junge, kleine Kartoffeln
400 g Trenette (oder Spaghetti)

Zubereitungszeit: 30 Min.

Pro Portion: 2800 kJ/670 kcal

1 Knoblauchzehen schälen, grob zerkleinern und mit einer Prise Salz in einen Mörser geben.

2 Basilikum waschen, trockenschütteln, Stiele entfernen, die Blätter grob hacken. Wer's gerne scharf mag, kann auch 1 Chilischote ins Pesto mischen: Chilischote längs aufschlitzen, von den Kernen befreien und in feine Streifen schneiden. Basilikum, Chilischote und die Pinienkerne ebenfalls in den Mörser geben und zerstoßen.

3 Parmesan und Pecorino daruntermischen. Olivenöl langsam hinzugießen und so lange rühren, bis eine cremige Paste entsteht.

4 Kartoffeln schälen, in Stücke schneiden und in reichlich Salzwasser etwa 10 Min. vorgaren. Trenette-Nudeln dazugeben und bißfest garen.

5 Vorbereitete Pestosauce mit 2–3 EL kochendem Nudelwasser geschmeidig rühren.

6 Kartoffeln und Nudeln in ein Sieb gießen, abtropfen lassen und in eine vorgewärmte Schüssel geben. Mit der Sauce schnell und gründlich vermischen. Das Nudelgericht heiß servieren.

Wein: Dazu paßt leichter, trockener Weißwein, z. B. Soave Superiore aus Venetien.

Tip! Nicht ganz traditionell, aber wesentlich schneller können Sie die Sauce zubereiten, wenn Sie alle Zutaten mit dem Mixer oder Pürierstab zerkleinern.

Basilikum

Basilikum, ein königliches Würzkraut für Pesto, Tomaten und vieles mehr.

Schon vor 4000 Jahren kam die »Königin der Kräuter« aus Indien nach Ägypten und gelangte von dort über Rom nach Südeuropa. Vom griechischen »basilikon« kommt ihr Name: königlich. Dem Basilikum werden seit alters her heilsame Eigenschaften zugeschrieben. So soll es stärkend, beruhigend, krampflösend und appetitanregend wirken. Neben dem grünen Basilikum gibt es auch rote Sorten. Das Buschbasilikum besitzt kleine grüne Blättchen. Allen drei Arten gemeinsam ist der süßlich-pfefferartige Geschmack. Unmittelbar vor oder während der Blüte ist die beste Erntezeit, dann ist der Gehalt an aromagebenden ätherischen Ölen am höchsten. Geradezu klassisch ist Basilikum im berühmten ligurischen Pesto (Rezept S. 96) und in vielen Tomatengerichten. Zerrieben oder gehackt paßt es aber auch ausgezeichnet zu Fleisch, Saucen, Suppen und Marinaden. Es sollte allerdings nicht mitgekocht werden. Konserviert wird das Basilikum in Italien meist in Olivenöl: Gewaschene und trockengetupfte Blätter werden sorgfältig in ein Glas geschichtet und in Olivenöl eingelegt. Mit Basilikum gewürzter Weinessig eignet sich hervorragend für Salat.

Lasagne verdi al forno

Emilia-Romagna · Berühmt

Grüner Lasagneauflauf

Zutaten für 4–6 Portionen:
Für den Teig:
100 g frischer Spinat
300 g Mehl · 3 Eier · Salz
2 EL Olivenöl (nach Belieben)

Für die Saucen:
Béchamelsauce: 70 g Butter
2–3 gehäufte EL Mehl · ¾ l Milch
1 Prise Muskatnuß, gerieben · Salz
Ragoutsauce: Zutaten nach dem unten angegebenen Rezept
50 g Parmesan, frisch gerieben
30 g Butter

Zubereitungszeit: 2½ Std.
(+ 30 Min. Ruhen)

Bei 6 Portionen pro Portion:
3400 kJ/810 kcal

1 Spinat putzen, waschen und naß im eigenen Saft zugedeckt dünsten. Spinat ausdrücken und fein hacken.

2 Mehl aufhäufen. In die Mitte eine Mulde drücken. Eier, Spinat und etwas Salz hineingeben. Den Teig 15 Min. durchkneten, nach Belieben 2 EL Olivenöl untermischen und mit einem Tuch bedeckt 30 Min. ruhen lassen.

3 Für die Béchamelsauce Butter schmelzen und das Mehl hineinrühren. Nach und nach Milch dazugießen. Dabei mit dem Schneebesen schlagen. Mit Muskatnuß und Salz würzen. Aufkochen lassen, bis die Sauce sämig ist. Ragoutsauce nach dem unten stehenden Rezept zubereiten.

4 Teig 2 mm dünn ausrollen und in rechteckige Stücke schneiden. 3 l Salzwasser mit etwas Öl zum Kochen bringen. Teigblätter portionsweise kochen, bis sie hochsteigen. Herausnehmen, gut abtropfen lassen und auf ein feuchtes Tuch legen.

5 Backofen auf 180° (Gas Stufe 2) vorheizen. Eine rechteckige Gratinform mit Butter ausstreichen, mit Lasagneblättern auslegen, Ragoutsauce darübergeben, mit Béchamelsauce begießen und mit Parmesan bestreuen. In dieser Reihenfolge alle Zutaten einfüllen, bis sie aufgebraucht sind. Mit Parmesan abschließen. Butterflöckchen darauf verteilen. Lasagne im Backofen in etwa 30 Min. überbacken.

Tagliatelle al ragù

Bologna · Klassisch

Bandnudeln mit Ragoutsauce

Zutaten für 4 Portionen:
1 große Zwiebel · 2 Möhren
1 Stange Bleichsellerie
½ Bund Petersilie
50 g roher Schinken
50 g geräucherter, durchwachsener Speck
50 g Butter · 400 g Rinderhackfleisch
⅛ l Rotwein · ⅛ l Fleischbrühe
500 g Eiertomaten · 1 Lorbeerblatt
Salz · Pfeffer aus der Mühle
¼ l Milch · 400 g Eierbandnudeln
60 g Parmesan, frisch gerieben

Zubereitungszeit: 1½ Std.

Pro Portion: 4000 kJ/950 kcal

1 Zwiebel schälen. Gemüse putzen, waschen. Petersilie waschen, trockenschütteln und alles fein hacken. Schinken- und Speckscheiben in Würfel schneiden.

2 Butter in einer großen Kasserolle zerlassen, Zwiebel mit Schinken- und Speckwürfeln unter ständigem Rühren anschwitzen. Möhren, Sellerie und Petersilie hinzufügen und 8–10 Min. mitdünsten. Dann das Hackfleisch dazugeben und anbraten. Mit Rotwein ablöschen und zugedeckt bei starker Hitze schmoren, bis die Flüssigkeit verdampft ist. Brühe angießen und einkochen lassen.

3 Eiertomaten überbrühen und enthäuten. Das Fruchtfleisch in Stücke schneiden und mit dem Lorbeerblatt in die Kasserolle geben. Salzen und pfeffern. Sauce zugedeckt bei schwacher Hitze etwa 20 Min. eindicken lassen. Dann die Milch einrühren und weitere 10 Min. köcheln, bis die Milch verdampft ist.

4 Bandnudeln in kochendem Salzwasser mit einigen Tropfen Olivenöl al dente kochen. Abgießen und in eine vorgewärmte Schüssel geben. Mit Ragoutsauce würzen. Parmesan dazu reichen.

Primi piatti: pasta

Pasta alla Norma

Katanien · Gelingt leicht

Nudeln mit Auberginen und Tomaten

Zutaten für 4 Portionen:
700 g gut reife Tomaten
2 Knoblauchzehen
6 EL Olivenöl, kaltgepreßt
1/8 l trockener Rotwein
2 mittelgroße Auberginen (500 g)
Salz
schwarzer Pfeffer, frisch gemahlen
4 Zweige Basilikum
500 g Penne (Röhrennudeln)
100 g fester Ricotta
(Ricotta salata)

Zubereitungszeit: 45 Min.

Pro Portion: 3000 kJ/710 kcal

1 Tomaten mit kochendheißem Wasser übergießen und häuten. Stielansätze und Kerne entfernen. Tomatenfleisch würfeln. Knoblauch schälen und hacken. 2 EL Öl in einer Kasserolle bei mittlerer Hitze heiß werden lassen, den Knoblauch darin glasig braten, die Tomaten und den Wein unterrühren, aufkochen lassen.

2 Backofen auf 75° vorheizen. Alles 15–20 Min. zugedeckt bei mittlerer Hitze köcheln, bis eine dickliche Sauce entstanden ist. Diese gelegentlich umrühren.

3 Inzwischen die Auberginen waschen, von den Stielansätzen befreien und schräg in etwa 1/2 cm dicke Scheiben schneiden. Diese leicht mit Salz bestreut etwa 5 Min. ruhen lassen, dann mit Küchenpapier gut trockentupfen. 2 EL Öl in einer Pfanne bei mittlerer Hitze heiß werden lassen und die Hälfte der Auberginen von beiden Seiten 3–4 Min. braun braten, die andere Hälfte im restlichen Öl ebenso braten. Die Tomatensauce mit Salz und Pfeffer abschmecken. Basilikum waschen, trockenschütteln und die Blätter unzerteilt unterrühren. Sauce und die Auberginen im Backofen (Umluft 50°) warm stellen.

4 Nudeln in reichlich kochendem Wasser mit 1 TL Salz bißfest garen, abgießen, abtropfen lassen und auf tiefe Teller verteilen. Ricotta zerbröckeln, die Hälfte über die Nudeln streuen. Die Auberginenscheiben darauf verteilen, mit Sauce übergießen, und mit dem restlichen Ricotta bestreuen.

Getränk: Dazu paßt ein Etna Rosso aus Catania.

Info: Dieses Gericht wurde um die Jahrhundertwende nach der Titelheldin von Vicenzo Bellinis Oper »Norma« benannt. Der Komponist stammt aus Catania.

Auberginen

Auberginen kommen in Italien, vor allem in Kalabrien und auf Sizilien, in vielen verschiedenen Zubereitungsarten auf den Tisch. Auf den Märkten findet man hauptsächlich eine runde, pralle Sorte in leuchtendem Lila bis purpurfarben mit einem weißen Rand unterhalb des fünfzipfeligen Blütenkelches oder mit weißen Schattierungen auf der Frucht. Doch werden auch längliche, schlanke, dunkelviolette Auberginen angeboten. Auberginen brauchen viel Wärme und Sonne, werden heute häufig unter Glas oder Folie gezogen. Ihre natürliche Erntezeit ist der Sommer, dann schmecken sie, im Freien gewachsen, am besten. Auberginen gehören, wie Paprika und Tomaten, zu den Nachtschattengewächsen. Sie kommen aus Indien oder China. Vermutlich brachten die Araber sie im 13. Jh. nach Italien.

Auberginen kann man nicht roh, sondern nur gebraten oder gekocht essen.

Das Fleisch der Auberginen ist wattig und ohne besonderen Geschmack, mit kleinen weißlichen, eßbaren Kernen. Es enthält (teils herausgezüchtet), Bitterstoffe und das giftige Solanin (z. B. auch in rohen grünen Tomaten und grünen Bohnen enthalten), das durch Braten oder Kochen zerstört wird. Indem man Auberginenscheiben oder -würfel salzt, werden Bitterstoffe und Wasser entzogen. Ihr angenehmes Aroma entfaltet die Frucht erst mit der Zubereitung, durch Braten in Olivenöl oder in Verbindung mit Knoblauch und Tomaten, Kräutern und Gewürzen, Käse und anderen aromatischen Zutaten. Auberginen enthalten bis zu 92 Prozent Wasser, geringe Anteile Calcium, Eisen, sowie Vitamin B und C.

Farfalle al Gorgonzola

Lombardei · Raffiniert **Schmetterlingsnudeln mit Gorgonzolasauce**

Zutaten für 4 Portionen:
400 g Schmetterlingsnudeln
Salz
etwas Olivenöl
1 Salbeiblatt
150–200 g milder Gorgonzola
50 g Butter
¼ l Sahne
weißer Pfeffer aus der Mühle
50 g Parmesan, frisch gerieben

Zubereitungszeit: 30 Min.

Pro Portion: 3400 kJ/810 kcal

1 Schmetterlingsnudeln in reichlich kochendem Salzwasser mit einigen Tropfen Olivenöl und dem Salbeiblatt bißfest garen.

2 Inzwischen Gorgonzola würfeln. In einer großen Pfanne Butter zerlassen, Gorgonzolawürfel dazugeben und bei schwacher Hitze langsam schmelzen lassen. Sahne nach und nach dazugießen. Dabei immer umrühren. Mit Salz und Pfeffer würzen. Die Sauce etwa 5 Min. eindicken lassen, bis eine sämige Creme entsteht, eventuell mit etwas Nudelwasser verdünnen und 1–2 EL Parmesan untermischen.

3 Schmetterlingsnudeln abgießen, gut abtropfen lassen und in der Pfanne mit der Gorgonzolasauce kräftig durchmischen. Salbeiblatt entfernen. Nudeln in eine vorgewärmte Schüssel geben und sofort servieren. Den restlichen Parmesan dazu reichen.

Wein: Ein spritziger Rosé, z. B. ein Chiaretto del Lago di Iseo oder del Lago di Garda, paßt vorzüglich.

Rigatoni al sugo di noci

Ligurien · Gelingt leicht **Rigatoni mit Nußsauce**

Zutaten für 4 Portionen:
170 g Walnußkerne
1 EL Pinienkerne
50 g Butter
1 Knoblauchzehe
400 g Rigatoni (große Röhrennudeln)
Olivenöl, kaltgepreßt
Salz
100 g Parmesan, frisch gerieben
weißer Pfeffer aus der Mühle
1 kleiner Bund Basilikum zum Servieren

Zubereitungszeit: 45 Min.

Pro Portion: 3700 kJ/880 kcal

1 Walnußkerne kurz überbrühen, damit sich die feine Haut besser abziehen läßt. 10 halbierte Walnußkerne zum Garnieren beiseite legen. Die übrigen Walnuß- und Pinienkerne in einem Mörser fein zerreiben (oder im Mixer zerkleinern).

2 Butter in einer kleinen Pfanne zerlassen, Walnuß- und Pinienkerne dazugeben und unter Rühren 4–5 Min. anbraten. Knoblauchzehe schälen und, um den Knoblauchgeschmack abzumildern, etwa 2 Min. in heißes Wasser tauchen, dann in feine Scheibchen schneiden und alles unter die Nußbutter mischen.

3 Rigatoni in reichlich sprudelndem Salzwasser mit einigen Tropfen Olivenöl al dente kochen.

4 Nußbutter in eine vorgewärmte Schüssel geben, die Hälfte des Parmesans mit etwas Nudelwasser verrühren und unterziehen. Mit Salz und Pfeffer würzen.

5 Die Nudeln abgießen und gut mit der Nußsauce mischen. Mit den ganzen Walnüssen und Basilikumblättern garnieren. Nach Belieben mit einigen Tropfen Olivenöl beträufeln. Den restlichen Parmesan dazu reichen.

Tip! Die Nußsauce schmeckt auch zu Tagliatelle (Bandnudeln) oder zu Ravioli. Um die Sauce geschmeidiger zu machen, kann man noch 2 EL Sahne oder etwas Nudelwasser hinzufügen.

Primi piatti: pasta **103**

Maccheroni alla chitarra

Abruzzen · Deftig

»Gitarren«-Nudeln mit Lamm-Ragout

Zutaten für 4 Portionen:
600 g mageres Lammfleisch
aus der Keule
1/2 l trockener Weißwein
700 g gut reife Tomaten (ersatzweise 1 große Dose geschälte
Tomaten, 480 g Abtropfgewicht)
je 2 rote und grüne Paprikaschoten (je etwa 150 g)
4 Knoblauchzehen
4 EL Olivenöl, kaltgepreßt
3 Lorbeerblätter · Salz
schwarzer Pfeffer, frisch gemahlen
500 g Maccheroni alla chitarra
(schmale Bandnudeln,
ersatzweise Lingue)
70 g Pecorino oder Parmesan,
frisch gerieben

Zubereitungszeit: 40 Min.
(+ 1 Std. Garen)

Pro Portion: 4400 kJ/1000 kcal

1 Das Lammfleisch waschen, trocken-tupfen, zwei Drittel in Würfel von 2–3 cm Kantenlänge schneiden, den Rest mit der Küchenmaschine oder einem Hackmesser zerkleinern. Das gesamte Fleisch in einer Schüssel mit dem Wein übergießen, etwa 10 Min. darin marinieren, abgießen, dabei den Wein auffangen und beiseite stellen. Das Fleisch abtropfen lassen.

2 Tomaten mit kochendheißem Wasser übergießen, häuten, Stielansätze und Kerne entfernen und das Tomatenfleisch grob würfeln, dabei den Saft auffangen. Die Paprikaschoten halbieren, von Stielansätzen und Innenteilen befreien, waschen, vierteln und in Streifen schneiden.

3 Den Knoblauch schälen und in Scheibchen schneiden. Das Öl in einem Topf bei mittlerer Hitze heiß werden lassen, Knoblauch und Lorbeerblätter kurz darin braten, bis sie sich bräunen, dann mit einem Löffel wieder herausnehmen. Die Lorbeerblätter wegwerfen. Das Fleisch in dem Öl bei starker Hitze hellbraun anbraten. Den beiseite gestellten Wein dazugießen und verdampfen lassen. Die Tomatenstücke mit Saft (oder Dosentomaten mit der Hälfte der Flüssigkeit), Paprikastreifen und Knoblauch unterrühren, mit Salz und Pfeffer würzen und zugedeckt bei schwacher Hitze etwa 1 Std. garen.

4 Die Nudeln in reichlich gesalzenem Wasser in 10–12 Min. je nach Packungsangabe bißfest garen, in ein Sieb abgießen, abtropfen lassen und in eine Schüssel geben. Das Ragout abschmecken und über die Nudeln gießen, vorsichtig damit vermischen und mit dem Käse zum Bestreuen servieren.

Fettuccine alla burina

Latium · Gelingt leicht **Nudeln mit Erbsen, Schinken und Pilzen**

Zutaten für 4 Portionen:
100 g roher Schinken
100 g frische Steinpilze, (ersatzweise 30 g getrocknete)
30 g Butter
200 g junge Erbsen, frisch gepalt oder tiefgekühlt
200 g Sahne
Salz
schwarzer Pfeffer, frisch gemahlen
500 g Fettuccine (Bandnudeln)
70 g Pecorino, frisch gerieben

Zubereitungszeit: 40 Min.

Pro Portion: 3300 kJ/790 kcal

1 Backofen auf 75° vorheizen. Schinken in Würfelchen schneiden. Die Pilze mit Küchenpapier säubern, falls sie sehr schmutzig sind, kurz kalt abspülen und mit Küchenpapier abtrocknen. Wurzelansätze abschneiden und die Pilze klein würfeln. (Getrocknete Pilze mit warmem Wasser bedeckt einweichen.)

2 Butter in einer Kasserolle bei mittlerer Hitze heiß werden lassen und die Schinkenwürfel darin etwa 1 Min. unter Rühren anbraten. Pilze untermischen (eingeweichte Pilze vorher abgießen und abtropfen lassen), etwa 1 Min. mitbraten. Erbsen dazugeben und unter Rühren etwa 5 Min. dünsten. Sahne dazugießen und etwa 1 Min. einkochen lassen. Die Sauce mit Salz und Pfeffer abschmecken, zugedeckt beiseite stellen. Eine Schüssel für die Nudeln im Ofen (Umluft 50°) warm stellen.

3 Nudeln in reichlich kochendem Wasser mit 1 TL Salz bißfest garen, abgießen, abtropfen lassen und in die vorgewärmte Schüssel geben. Sauce erneut erhitzen, über die Nudeln gießen, mit Käse zum Bestreuen sofort servieren.

Variante: Fettucine con piselli zuccherini
(Nudeln mit Zuckerschoten, Schinken und Pilzen)
Dafür statt Erbsen Zuckerschoten verwenden. Diese waschen und in etwa 1 cm große Rauten schneiden. Die Schoten 2 Min. in kochendem Wasser garen. Nach angegebenem Rezept weiterverfahren.

Spaghetti marinara

Kampanien · Herzhaft

Spaghetti mit Oliven, Tomaten und Kapern

Zutaten für 4 Portionen:
700 g gut reife Tomaten
100 g schwarze Oliven
2 Knoblauchzehen
3 EL Olivenöl, kaltgepreßt
1 Peperoncino (siehe Info S. 110)
3 EL Kapern
Salz
schwarzer Pfeffer, frisch gemahlen
1 Bund glatte Petersilie
500 g Spaghetti

Zubereitungszeit: 30 Min.
(+ 35 Min. Garen)

Pro Portion: 2400 kJ/570 kcal

1 Tomaten mit kochendheißem Wasser übergießen, kurz stehenlassen, mit kaltem Wasser abschrecken und häuten. Tomaten halbieren, Stielansätze und Kerne entfernen, das Tomatenfleisch würfeln. Die Oliven halbieren, die Steine entfernen und das Olivenfleisch grob hacken. Knoblauch schälen und in Scheibchen schneiden.

2 Das Olivenöl in einem Topf erhitzen und den Knoblauch darin glasig braten. Den Peperoncino im Ganzen hineingeben und kurz mitrösten. Tomaten hinzufügen und alles zugedeckt etwa 20 Min. bei schwacher Hitze köcheln lassen, dabei gelegentlich umrühren.

3 Peperoncino aus der Sauce nehmen und wegwerfen. Oliven und Kapern unterrühren und die Sauce mit Salz und Pfeffer abschmecken. Weitere 15 Min. zugedeckt köcheln lassen. Inzwischen Petersilie waschen, Blättchen hacken und beiseite stellen.

4 Die Spaghetti in reichlich kochendem Wasser mit 1 TL Salz je nach Packungsangabe in 10–12 Min. bißfest garen, in ein Sieb abgießen, kurz abtropfen lassen und in eine Schüssel geben. Die gehackte Petersilie in die Sauce rühren. Die Hälfte davon über die Spaghetti gießen und untermischen. Die restliche Sauce extra zu den Spaghetti reichen.

Pasta con broccoli

Sizilien · Gelingt leicht

Nudeln mit Brokkoli

Zutaten für 4 Portionen:
750 g Brokkoli
Salz
2 EL Sultaninen
2 Knoblauchzehen
4 EL Olivenöl, kaltgepreßt
4 Anchovisfilets
2 EL Tomatenmark
2 EL Pinienkerne
500 g kurze Nudelröhrchen wie
Bucatini oder Tortiglioni
schwarzer Pfeffer, frisch gemahlen

Zubereitungszeit: 40 Min.

Pro Portion: 2600 kJ/620 kcal

1 Brokkoli waschen. Die Röschen abschneiden, die zarten Stiele schälen und in etwa 3 cm große Stücke schneiden. In einem Topf 2–3 l Wasser mit 1 TL Salz aufkochen. Brokkolistiele hineingeben, nach etwa 3 Min. die Röschen dazugeben und in weiteren 2 Min. halbgar kochen. In ein Sieb abgießen, das Kochwasser dabei auffangen.

2 Die Sultaninen mit warmem Wasser bedeckt einweichen. Knoblauch schälen und kleinhacken. Olivenöl in einem großen Topf bei mittlerer Hitze heiß werden lassen und den Knoblauch darin glasig braten. Die Anchovisfilets hinzufügen und zerdrücken.

3 Das Tomatenmark in 300 ml Kochwasser verrühren und unter die Zutaten im Topf rühren. Die Sultaninen abgießen, abtropfen lassen und mit den Pinienkernen dazugeben. Den Brokkoli unter die Sauce mischen und zugedeckt bei schwacher Hitze 10–15 Min. köcheln, bis er leicht zerfällt.

4 Inzwischen das restliche Gemüsewasser in einem großen Topf aufkochen und darin die Nudeln bißfest garen, dann abgießen und abtropfen lassen. Die Brokkolisauce mit Salz und Pfeffer würzen. Die Nudeln untermischen, wenn sie zu trocken sind, noch ein wenig Kochwasser unterrühren.

Primi piatti: pasta

Trofie al pesto

Ligurien · Braucht etwas Zeit

Nudelspiralen mit Pesto

Zutaten für 4 Portionen:
Für den Teig:
350 g Mehl
50 g Weizenkleie
Salz
etwa ¼ l Wasser
Für die Sauce:
1 großer Bund Basilikum
3 Knoblauchzehen
2 EL Pinienkerne · Salz
50 g Pecorino oder Parmesan, frisch gerieben
⅛ l Olivenöl
Basilikum zum Garnieren

Zubereitungszeit: 1 ½ Std.

Pro Portion: 3000 kJ/710 kcal

1 Aus Mehl, Kleie, ½ TL Salz und lauwarmem Wasser einen glatten Teig kneten, mit einem feuchten Tuch bedecken und 20 Min. ruhen lassen.

2 Inzwischen Basilikum waschen, trockenschütteln, Stiele entfernen, Blätter grob hacken. Knoblauch schälen, grob zerkleinern. Basilikum, Knoblauch, Pinienkerne mit 1 Prise Salz in einem Mörser zu einer Paste zerreiben. In eine Schale umfüllen, Käse daruntermischen, langsam unter Rühren Olivenöl dazugeben, bis eine cremige Paste entsteht.

3 2–3 l Salzwasser zum Kochen bringen. Inzwischen vom Nudelteig kleine Stücke abschneiden und zu bleistiftdünnen, etwa 5 cm langen Rollen formen. Einzeln um eine dicke Stricknadel wickeln, vorsichtig abstreifen, kurz antrocknen lassen.

4 Trofie portionsweise ins kochende Wasser geben, kurz ziehen lassen. Sobald sie oben schwimmen, mit einem Schaumlöffel herausnehmen und in eine vorgewärmte Schüssel geben. Pesto mit 3–4 EL von dem kochenden Salzwasser geschmeidig rühren, dann schnell und gründlich mit den Trofie mischen, mit Basilikum garniert servieren.

Tip! Pesto auf Vorrat einfrieren: Nur 1 Knoblauchzehe und die Hälfte des Käses verwenden. Geben Sie nur so viel Olivenöl zu, daß die Masse fest bleibt. In Plastikbecher einfüllen, luftdicht tiefkühlen. Nach dem Auftauen fehlende Zutaten noch unterrühren.

Pasta agli asparagi

Umbrien · Vegetarisch Nudeln mit Spargelsauce

Zutaten für 4 Portionen:
400 g reife Tomaten
1 kg grüner Spargel
4 EL Olivenöl
Salz
weißer Pfeffer, frisch gemahlen
400 g Spiralnudeln
50 g Parmesan, frisch gerieben
(nach Belieben)

Zubereitungszeit: 45 Min.

Pro Portion: 2200 kJ/520 kcal

1 Tomaten mit kochendem Wasser überbrühen, häuten, vierteln, Stielansätze und Kerne entfernen, Fruchtfleisch kleinschneiden.

2 Vom Spargel weiße Enden, falls vorhanden, abschneiden, die grünen Stangen, falls nötig, im unteren Drittel schälen, waschen und in etwa 4 cm lange Stücke schneiden.

3 In einer Kasserolle das Öl leicht erhitzen, die Spargelstücke darin etwa 5 Min. bei mittlerer Hitze unter Rühren anbraten, dann die Tomaten untermischen. Mit Salz und Pfeffer würzen. Zugedeckt bei schwacher Hitze in 15–20 Min. fertiggaren. Eine Schüssel im Backofen bei 75° (Gas Stufe 1) vorwärmen.

4 Inzwischen reichlich Salzwasser in einem Topf zum Kochen bringen, einige Tropfen Öl dazugeben. Die Spiralnudeln darin »al dente« kochen. Abgießen, gut abgetropft in der vorgewärmten Schüssel mit der Spargelsauce mischen. Nach Belieben mit Parmesan bestreuen oder dazu reichen.

Wein: Diese Nudeln sollten Sie unbedingt mit einem Torgiano bianco genießen.

Rigatoni all'amatriciana

Latium · Würzig
Nudeln mit Speck und Tomaten

Zutaten für 4 Portionen:
1 große Zwiebel
2 Knoblauchzehen
1 getrockneter Peperoncino
150 g magerer, geräucherter Speck, ohne Schwarte
30 g Schweineschmalz oder Butter
1 EL Olivenöl, kaltgepreßt
1 große Dose geschälte Tomaten (480 g Abtropfgewicht) · Salz
schwarzer Pfeffer, frisch gemahlen
500 g Rigatoni oder Bucatini (dicke, kurze Röhren-Nudeln)
je 40 g Pecorino und Parmesan, frisch gerieben

Zubereitungszeit: 45 Min.

Pro Portion: 3400 kJ/810 kcal

1 Zwiebel und Knoblauch schälen und klein würfeln. Peperoncino halbieren, Stiel und Kerne entfernen und die Schote kleinhacken. Den Speck klein würfeln. Schmalz oder Butter mit dem Öl in einer Kasserolle erhitzen, den Speck bei mittlerer Hitze darin anbraten. Zwiebeln, Knoblauch und Peperoncino dazugeben, kurz mitbraten.

2 Tomaten mit dem Saft unterrühren, dabei die Tomaten mit dem Kochlöffel zerkleinern. Sauce bei mittlerer Hitze offen etwa 10 Min. kochen, bis sie dicklich wird, gelegentlich umrühren.

3 Inzwischen in einem großen Topf reichlich Wasser mit 1 TL Salz aufkochen. Die Nudeln darin bißfest garen, abgießen, abtropfen lassen, in eine Schüssel geben. Die Sauce salzen, pfeffern, über die Nudeln gießen. Die Hälfte des Käses überstreuen und sofort servieren. Den restlichen Käse zum Überstreuen dazu reichen.

Variante: Penne alla napoletana
(Nudeln mit Tomatensauce)
100 g Speck, 1 Selleriestange, 1 Möhre, 1 Zwiebel und 1 Knoblauchzehe fein hacken, zusammen vorsichtig anbraten. 1/8 l Weißwein angießen, aufkochen. 400 g Tomaten häuten und kleinhacken, zur Sauce geben und sämig köcheln lassen. Gegarte Penne mit der Sauce vermengen, mit 1 EL Pecorino, 100 g Ricotta und Oregano, Salz und Pfeffer würzen.

Peperoncini

Ohne Peperoncini, die kleinen sehr scharfen Gewürz-Paprikaschoten, kommen nur wenige Rezepte aus der Küche Kalabriens und Basilikatas aus. Ihre Schärfe verursacht das Capsaicin, ein Alkaloid, das in den Scheidewänden und in den Samenkernen im Innern der Schoten sitzt und auch in starker Verdünnung noch spürbar ist. Deshalb sollten Sie beim Putzen der kleinen Schoten immer Handschuhe tragen, denn die Schärfe haftet selbst nach dem gründlichen Waschen noch an den Fingern. Wird für ein Gericht mehr Schärfe gewünscht, halbiert oder würfelt man die Schote, für leichte Schärfe kocht man sie im ganzen mit und entfernt sie vor dem Servieren. Peperoncini werden hauptsächlich in Kalabrien angebaut und frisch oder getrocknet, oder auch in Öl eingelegt, verkauft. Sie sind entweder kugelförmig, etwas kleiner als Kirschen oder 3–4 cm lang, rot oder auch grün. Beide Sorten sind nicht nur scharf, sondern auch äußerst aromatisch.

Peperoncini, botanisch Capsicum annum, sind reich an Vitamin A.

Primi piatti: pasta

Pappardelle all'aretina

Toskana · Gelingt leicht

Breite Bandnudeln mit Entenragout

Zutaten für 4 Portionen:
1 küchenfertige Ente (1,5 kg)
1 mittelgroße Zwiebel
2 Stangen Bleichsellerie
2 mittelgroße Möhren
5 frische Salbeiblätter
80 g Speck, durchwachsen, ohne Schwarte
500 g reife Tomaten
4 EL Olivenöl
Muskatnuß, frisch gerieben
Salz · schwarzer Pfeffer
1/8 l trockener Weißwein
5 EL Brühe
400 g sehr breite Bandnudeln
1 Entenleber (ersatzweise 2–3 Hühnerlebern)
80 g Parmesan, frisch gerieben
Salbeiblätter zum Garnieren

Zubereitungszeit: 2 Std.
Pro Portion: 5600 kJ/1300 kcal

1 Ente in 8–10 Stücke teilen, waschen, abtrocknen. Zwiebel schälen, Sellerie, Möhren putzen und waschen. Gemüse, Salbeiblätter und Speck sehr fein hacken. Tomaten kurz mit kochendem Wasser überbrühen, häuten, vierteln, Stielansätze und Kerne entfernen. Fruchtfleisch kleinhacken.

2 In einer Kasserolle das Öl erhitzen, den Speck und das kleingehackte Gemüse (ohne Tomaten) etwa 5 Min. darin anbraten, die Geflügelteile dazugeben und bei mittlerer Hitze rundum goldgelb braten. Mit einer Prise Muskatnuß, Salz und Pfeffer würzen. Wein angießen. Unter Rühren verdampfen lassen. Tomaten dazugeben. Das Ragout zugedeckt bei schwacher Hitze in etwa 1 Std. fertiggaren.

3 In einem Topf reichlich Salzwasser aufkochen, die Nudeln darin »al dente« kochen. Eine Schüssel im Backofen bei 75° (Gas Stufe 1) vorwärmen.

4 Leber putzen, kleinhacken, vor dem Servieren 2–3 Min. in der Sauce ziehen lassen.

5 Gut abgetropfte Nudeln schichtweise mit der Sauce in die vorgewärmte Schüssel geben, jede Schicht mit Parmesan bestreuen.

6 Das Fleisch entweder über den Nudeln verteilen oder mit einem gemischten Salat als »secondo« reichen. Mit Salbei garnieren.

Wein: Trinken Sie zu diesem Gericht einen Chianti Colli Senesi.

Parmesan

Die Herstellung des Parmesan unterliegt strengen Kontrollen.

Als Parmesan wird ein herzhaft-würziger norditalienischer Hartkäse bezeichnet, der sich hervorragend zum Reiben eignet und jedem Gericht eine besondere Note verleiht. Doch beim Parmesan gibt es feine Unterschiede: So ist der Grana padano (körniger Käse der Po-Ebene) zwar ein guter, aber nicht ganz so nobler Käse wie sein Verwandter, der Parmigiano reggiano. Diesen nennen die Italiener stolz den »König der Käse«. Die hohe Wertschätzung dieses Produktes beruht auf der Milchqualität der Gegend, der seit Jahrhunderten überlieferten traditionellen Fertigungsweise, der natürlichen Lagerung und den strengen Kontrollen durch ein Konsortium, das nur »echtem« Parmigiano reggiano aus der klassischen Zone (den Provinzen Parma, Mantua rechts des Po und Bologna links des Flusses Reno) das begehrte, in die Käserinde eingebrannte Gütesiegel verleiht. Die Herstellung des Käses beginnt am 1. April und endet am 11. November eines jeden Jahres. Die natürliche Reifung der etwa 24 kg schweren, zylindrischen Käselaibe dauert mindestens 24 Monate. Sie werden zunächst bei 16–18° gelagert, später bei Temperaturen um 10–12°. Der Teig ist strohgelb, die Struktur feinkörnig und blättrig mit kaum sichtbaren Löchern. Aroma und Geschmack sind würzig, jedoch nicht scharf.

113

Spaghetti al tonno

Latium · Gelingt leicht
Spaghetti mit Thunfisch

Zutaten für 4 Portionen:
150 g Thunfisch in Öl
(Abtropfgewicht)
4 Sardellenfilets
1 Bund Petersilie
2 Knoblauchzehen
400 g reife Tomaten
(oder aus der Dose)
3 EL Olivenöl, kaltgepreßt
(+ Olivenöl zum Servieren)
1 frische Chilischote
Salz
400 g Spaghetti
2 EL Kapern
4–6 Basilikumblätter

Zubereitungszeit: 30 Min.

Pro Portion: 2300 kJ/550 kcal

1 Thunfisch gut abtropfen lassen und mit einer Gabel zerpflücken. Sardellenfilets abspülen und trockentupfen. Petersilie waschen, trockenschütteln und fein hacken. Knoblauchzehen schälen und in Scheibchen schneiden. Frische Tomaten überbrühen, enthäuten, Stengelansätze und Kerne entfernen. Tomaten aus der Dose abtropfen lassen. Das Fruchtfleisch zerkleinern.

2 In einer Pfanne 3 EL Olivenöl erhitzen. Knoblauch und Chilischote leicht anbraten. Sardellenfilets mitdünsten und mit einer Gabel zu einer Paste zerdrücken. Tomatenstücke mit gehackter Petersilie dazugeben. Alles leicht salzen und zugedeckt bei mittlerer Hitze 10–15 Min. köcheln lassen.

3 Inzwischen reichlich Salzwasser in einem Topf zum Kochen bringen. Spaghetti mit einigen Tropfen Olivenöl al dente kochen.

4 Den Thunfisch in die Sauce geben und mit Kapern bestreuen. Mit einigen EL Nudelwasser verdünnen. Die Sauce zugedeckt etwa 5 Min. eindicken lassen.

5 Spaghetti abgießen, gut abtropfen lassen und mit der heißen Sauce vermischen. Die Nudeln in eine vorgewärmte Schüssel geben. Basilikumblätter waschen, abtupfen und die Spaghetti damit garnieren. Nach Belieben mit einigen Tropfen Olivenöl beträufeln.

Spaghetti alla carbonara

Latium · Schnell
Spaghetti mit Speck und Eiern

Zutaten für 4 Portionen:
150 g durchwachsener Speck
ohne Schwarte
1 EL Olivenöl, kaltgepreßt
30 g Butter
400 g Spaghetti grossi
oder Bigoli di Bassano
4 Eigelb
2 EL saure Sahne
100 g Parmesan, frisch gerieben
Salz
schwarzer Pfeffer aus der Mühle
1 Prise Muskatnuß, frisch gerieben

Zubereitungszeit: 30 Min.

Pro Portion: 3300 kJ/790 kcal

1 Speck in kleine Würfel schneiden. In einer großen Pfanne Olivenöl mit Butter erhitzen. Speckwürfel bei schwacher Hitze ausbraten.

2 Inzwischen die Spaghetti in reichlich kochendes Salzwasser geben und al dente garen.

3 Eigelb in einer Schüssel schaumig schlagen. Dann die saure Sahne hinzufügen und die Hälfte des Parmesans unterrühren. Mit Salz, Pfeffer und 1 Prise Muskatnuß würzen.

4 Spaghetti abgießen, gut abtropfen lassen und in die Pfanne mit den Speckwürfeln geben, kurz ziehen lassen, dann die Pfanne vom Herd nehmen. Die Eiermasse hineingießen und schnell unter die Spaghetti rühren. Spaghetti alla carbonara sofort anrichten. Mit Pfeffer würzen. Den restlichen Parmesan extra dazu reichen.

Varianten: Spaghetti alla carbonara ist ein klassisches Rezept, das aber viele Variationen kennt. Süße Sahne kann man vorher erwärmen oder ganz weglassen. Wichtig ist, die Eiermasse mit den Spaghetti schnell zu vermischen, damit die Eier nicht stocken und die Sauce cremig bleibt. Eventuell etwas Nudelwasser oder Sahne dazufügen.

Primi piatti: pasta

SECONDI PIATTI: PESCE

Cacciucco alla viareggina

Viareggio (Toskana) · Festlich Gemischter Fischeintopf

Zutaten für 6 Portionen:
600 g gemischte kleinere ganze
Fische (z. B. Makrele, Meerbarbe)
500 g verschiedene Fischfilets
(z. B. Brasse, Dorsch, Meeräsche,
Seebarsch, Seeteufel, Seezunge)
300 g kleine Tintenfische,
küchenfertig vorbereitet
500 g Miesmuscheln
300 g Garnelen
Salz
1 Zwiebel
6 Knoblauchzehen
1 Möhre
2 Stangen Bleichsellerie
6 EL Olivenöl, kaltgepreßt
2 getrocknete Chilischoten
600 g reife Tomaten
(oder aus der Dose)
¼ l trockener Weißwein
nach Belieben 1 Briefchen von
125 mg Safran
1 Bund Petersilie
frisches Weißbrot in Scheiben

Zubereitungszeit: 2 Std.

Pro Portion: 1900 kJ/450 kcal

1 Kleinere Fische ausnehmen, schuppen, unter fließendem Wasser gründlich waschen. Köpfe und Flossen abschneiden. Fischfilets in 3 cm große Portionsstücke teilen. Tintenfische putzen, abspülen und in etwa 1 cm breite Ringe schneiden. Miesmuscheln waschen, abbürsten und entbarten. Geöffnete Muscheln aussondern. Garnelen waschen, schälen und den Darm entfernen.

2 Ganze Fische in 1 l Salzwasser in einem Topf erhitzen. Zwiebel und Knoblauch schälen, Gemüse putzen, waschen, grob zerkleinern und mit 2 Knoblauchzehen in die kochende Fischbrühe geben. Etwa ½ Std. bei schwacher Hitze köcheln. Fische herausnehmen, das Fleisch von den Gräten ablösen. Brühe durch ein Sieb gießen, Fischstücke durchpassieren und zurück in den Topf geben.

3 In einem anderen Topf ¼ l Wasser zum Kochen bringen. Miesmuscheln zugedeckt bei starker Hitze dämpfen, bis sich die Muscheln geöffnet haben (etwa 5 Min.). Ungeöffnete Muscheln wegwerfen. Den Muschelsud durch ein feines Sieb filtern und zur Fischbrühe gießen. 8 Muscheln mit Schalen für die Dekoration aufbewahren, die übrigen aus den Schalen lösen und in eine Schüssel geben.

4 In einer großen Kasserolle 5 EL Olivenöl erhitzen. 3 ganze Knoblauchzehen mit den Tintenfischstücken andünsten. Chilischoten im ganzen hinzufügen. Tomaten überbrühen, enthäuten, vom Stengelansatz befreien, zerkleinern und dazugeben. Wenn die Sauce eingedickt ist, den Wein angießen. 15 Min. zugedeckt köcheln, salzen und nach Belieben mit Safran würzen.

5 Die festfleischigen Fischfilets in die Tomatensauce einlegen, die Hälfte der vorbereiteten Fischbrühe angießen und etwa 5 Min. leicht garen.

6 Die zartfleischigen Fischsorten (Seezunge, Seeteufel) und die ausgelösten Muscheln und Garnelen dazugeben und die restliche Fischbrühe angießen. Weitere 2 Min. ziehen lassen. Petersilie waschen, trockenschütteln, fein hacken und einstreuen. Knoblauchzehen und Chilischoten herausnehmen.

7 Weißbrotscheiben im Toaster rösten, mit 1 Knoblauchzehe einreiben und mit 1 EL Olivenöl beträufeln. Die gerösteten Brotscheiben getrennt zum Fischeintopf reichen.

Wein: Ein trockener Weißwein aus der Toskana, z. B. ein Vernaccia di San Gimignano, paßt immer.

Variante: Weißbrotscheiben in die Suppenteller legen und den Fischeintopf darüber verteilen.

Secondi piatti: pesce

Zuppa di cozze

Ligurien · Gelingt leicht

Muschelsuppe

Zutaten für 4 Portionen:
2 kg frische Miesmuscheln
3 Knoblauchzehen
1 großer Bund Petersilie
4 EL Olivenöl
200 ml trockener Weißwein
Salz
⅛ l Brühe
4 Weißbrotscheiben
1 EL Butter
1 TL Mehl
schwarzer Pfeffer, frisch gemahlen
1 Zitrone

Zubereitungszeit: 1 Std.

Pro Portion: 1700 kJ/400 kcal

1 Die Muscheln unter fließendem kaltem Wasser bürsten und entbarten. Alle Muscheln entfernen, deren Schalen geöffnet oder beschädigt sind.

2 Knoblauchzehen schälen, kleinhacken. Petersilie waschen, trockenschütteln und grob schneiden.

3 In einem großen Topf Olivenöl leicht erhitzen, Knoblauch und die Hälfte der Petersilie bei schwacher Hitze etwa 5 Min. unter Rühren leicht anbraten.

4 Muscheln in den Topf geben, bei sehr starker Hitze etwa 5 Min. weiterrühren. Sobald sich die Schalen zu öffnen beginnen, den Weißwein angießen, salzen, etwa 10 Min. bei mittlerer Hitze garen. Hin und wieder den Topf rütteln, damit sich die Muscheln gut öffnen. Bei Bedarf etwas Brühe zugießen. Brotscheiben toasten.

5 Butter schmelzen und Mehl darin goldgelb schwitzen lassen. Brühe dazugießen und gut verrühren, so daß keine Klümpchen entstehen. Aufkochen lassen. Sauce mit Pfeffer abschmecken. Brotscheiben in vier Suppenteller legen. Geschlossene Muscheln wegwerfen. Nur die geöffneten Muscheln auf die Teller verteilen, mit der Sauce beträufeln, restliche Petersilie darüber streuen. Mit Zitronenachteln servieren und dazu frisches Weißbrot reichen.

Wein: Trinken Sie zu dieser äußerst delikaten Muschelsuppe einen leichten trockenen Bianco di Custoza.

Varianten: Zuppa di peoci e peverazze

(Venezianische Muschelsuppe)
Je 500 g Miesmuscheln und Venusmuscheln wie im Rezept angegeben vorbereiten. 3 geschälte und gehackte Knoblauchzehen und nach Geschmack 2 kleine Chilischoten in 5 EL Olivenöl leicht anbraten. Muscheln dazugeben und bei starker Hitze etwa 5 Min. weiterrühren, ⅛ l Weißwein angießen, mit Pfeffer und, falls nötig, mit Salz würzen. Zugedeckt noch etwa 5 Min. bei mittlerer Hitze dünsten, dabei den Topf mehrfach rütteln, damit sich die Muscheln gut öffnen können. Chilischoten vor dem Servieren entfernen.

Cozze alla marchigiana

(Muscheln mit Zitronensaft und Petersilie)
2 kg ganz frische, sorgfältig gereinigte Miesmuscheln mit einem spitzen Messer öffnen. Die gefüllten Schalen in eine breite Pfanne legen, reichlich mit Olivenöl und mit Zitronensaft beträufeln, pfeffern, mit gehackter Petersilie bestreuen. Zugedeckt etwa 5 Min. bei starker Hitze garen. Mit dem Kochsaft beträufeln, mit Zitronenachteln servieren.

Burrida

Ligurien · Gelingt leicht
Fischsuppe

Zutaten für 4 Portionen:
20 g getrocknete Steinpilze
1 kg Seeteufel,
küchenfertig vorbereitet
1 Knoblauchzehe
1 mittelgroße Zwiebel
1 Bund Petersilie
2 Sardellenfilets
2–3 große reife Fleischtomaten
4 Walnußkerne
4–6 EL Olivenöl
¹⁄₈ l trockener Weißwein
1 Lorbeerblatt
Salz
schwarzer Pfeffer, frisch gemahlen
frisches Weißbrot, in Scheiben geschnitten

Zubereitungszeit: 1 Std.

Pro Portion: 1700 kJ/400 kcal

1 Pilze etwa 15 Min. in lauwarmem Wasser einweichen. Fisch gründlich waschen und trockentupfen, in 2 x 3 cm große Stücke teilen.

2 Knoblauch schälen, ganz lassen. Zwiebel schälen, Petersilie waschen, trockenschütteln und beides, wie auch die Sardellen, fein hacken. Etwas Petersilie zum Garnieren zurückhalten. Tomaten mit kochendheißem Wasser kurz überbrühen, häuten, quer halbieren, Stielansätze und Kerne entfernen. Fruchtfleisch in kleine Stücke schneiden. Walnußkerne in kochendem Wasser blanchieren, Haut sorgfältig abziehen. Nüsse im Mörser zerstoßen.

3 In einer Kasserolle das Olivenöl stark erhitzen, Knoblauchzehe so lange darin braten, bis sie dunkelbraun wird, dann herausnehmen. Herd auf mittlere Hitze schalten, Zwiebel in die Kasserolle geben und unter Rühren glasig braten, aber nicht bräunen! Petersilie untermischen, kurz mitbraten. Tomaten dazugeben. Bei schwacher Hitze etwa 15 Min. schmoren.

4 Pilze ausdrücken, ganz fein hacken. Mit Sardellen und Nüssen gut mischen, dann mit dem Wein verrühren. In die Kasserolle gießen, umrühren. Etwas eindampfen lassen, dann Fischstücke einzeln und Lorbeer dazugeben. Mit Salz und Pfeffer würzen. Die Suppe etwa 15–20 Min. bei schwacher Hitze köcheln lassen. Dann Lorbeer entfernen und Suppe im Kochgefäß mit kleingehackter Petersilie servieren.

5 Kurz bevor die Suppe fertig ist, Brotscheiben im Backofen oder Grill rösten, als Beilage reichen.

Wein: Trinken Sie dazu einen leichten Cinque Terre.

Tip! Man kann nach diesem Rezept auch andere Fische zubereiten oder nach Art einer »zuppa« verschiedene Fischsorten verwenden. Ursprünglich wurde die schlichte »burrida« aus gewässertem Stockfisch gekocht.

Variante: Burrida di pesce fresco
(Fischtopf mit Tomaten und Zwiebeln) Für 6 Portionen 1,2 kg gemischte Fische wie Barsch, Makrele, Knurrhahn, Heilbutt, Meerbarbe und je etwa 250 g kleine Tintenfische und Scampi vorbereiten, 1 kg Zwiebeln schälen, in feine Ringe, 500 g Tomaten überbrühen, häuten, quer halbieren, Stielansätze und Kerne entfernen, Fruchtfleisch in kleine Stücke schneiden. 4 EL Olivenöl in eine große Kasserolle geben, darauf lagenweise 500 g Zwiebelringe, 250 g Tomatenstücke, Fisch und Meeresfrüchte schichten, salzen und pfeffern, darauf restliche Zwiebeln und Tomaten schichten, ebenfalls salzen und pfeffern. Gehackte Petersilie und Oregano darüber streuen, mit 3 EL Olivenöl und ¹⁄₄ l Weißwein begießen. Zugedeckt bei schwacher Hitze in etwa 15–20 Min. fertiggaren, Kochsud soll dabei eindicken. Im Kochgefäß servieren.

Secondi piatti: pesce **123**

Seppie in zimino

Toskana · Gelingt leicht

Tintenfisch mit Mangold

Zutaten für 4 Portionen:
1 mittelgroße Zwiebel
2 Knoblauchzehen
1 mittelgroße Möhre
1 Stange Bleichsellerie
300 g reife Fleischtomaten
6 EL Olivenöl
650 g Tintenfische (Seppie), küchenfertig vorbereitet, in Streifen geschnitten
1/8 l trockener Weißwein
1 Msp. gemahlener Peperoncino (kleine, scharfe Pfefferschote), ersatzweise Cayennepfeffer
Salz
500 g Mangold
weißer Pfeffer, frisch gemahlen

Zubereitungszeit: 1 1/1 Std.

Pro Portion: 810 kJ/190 kcal

1 Zwiebel und Knoblauch schälen, Möhre und Sellerie putzen, waschen, dann das ganze Gemüse sehr fein hacken. Tomaten mit kochendheißem Wasser überbrühen, häuten und quer halbieren. Kerne mit einem Teelöffel herauslösen. Dann Tomaten ohne Stielansätze kleinhacken.

2 Das Öl erhitzen. Das Gemüse ohne Tomaten darin etwa 5 Min. bei schwacher Hitze unter Rühren anbraten. Tintenfischstreifen abbrausen, trockentupfen, zum Gemüse geben und etwa 5 Min. mitbraten. Wein angießen und unter Rühren bei mittlerer Hitze verdampfen lassen. Tomaten untermischen, mit Peperoncino würzen, dann Tintenfisch zugedeckt bei schwacher Hitze etwa 30 Min. köcheln.

3 Inzwischen in einem großen Topf reichlich Salzwasser zum Kochen bringen. Den Mangold putzen, welke Blätter entfernen, die Stiele großzügig kürzen. Mangold im Salzwasser knapp garkochen. Abgießen, in einem Sieb gut abtropfen lassen, dann, leicht abgekühlt, grob hacken.

4 Den Mangold mit dem Tintenfisch mischen. Mit Salz und Pfeffer würzen. Zugedeckt noch etwa 15 Min. garen. Dazu frisches Weißbrot servieren.

Wein: Zu diesem delikaten Gericht schmeckt ein Galestro ausgezeichnet.

Tip! Der Tintenfisch wird besonders zart, wenn man einen Weinkorken mitköchelt. Am Ende der Kochzeit wieder entfernen.

Merluzzo in umido

Ligurien · Gelingt leicht   Kabeljau in pikanter Sauce

Zutaten für 4 Portionen:
1 EL getrocknete Steinpilze
1 Stange Bleichsellerie
1 Bund Petersilie
1 mittelgroße Zwiebel
2 Knoblauchzehen
1 mittelgroße Möhre
3 Sardellenfilets
2 EL Pinienkerne
1 EL Kapern
4 EL Olivenöl
1 kg Kabeljau am Stück
Salz
weißer Pfeffer, frisch gemahlen
2 EL Mehl
etwas Fleisch- oder Fischbrühe (selbstgemacht oder instant)

Zubereitungszeit: 1 1/4 Std.

Pro Portion: 1200 kJ/290 kcal

1 Steinpilze in lauwarmem Wasser etwa 30 Min. einweichen, dann gut ausdrücken und grob zerkleinern.

2 Sellerie putzen, waschen, Petersilie waschen und trockenschütteln. Zwiebel und Knoblauchzehen schälen. Alles fein hacken. Möhre putzen, waschen und fein raspeln. Sardellenfilets mit einer Gabel zu Brei zerdrücken. Pinienkerne und Kapern kleinhacken.

3 In einer feuerfesten Kasserolle das Öl erhitzen und die zerkleinerten Zutaten bei schwacher Hitze darin etwa 10 Min. braten. Vom Herd nehmen. Backofen auf 200° vorheizen.

4 Den Fisch gründlich waschen, trockentupfen, innen und außen mit Salz und Pfeffer einreiben, rundum in Mehl wenden, dann in die Kasserolle geben. Angebratenes Gemüse auch über dem Fisch verteilen.

5 Die Kasserolle mit passendem Deckel verschließen. Den Fisch im Backofen (Mitte; Gas Stufe 3) etwa 20 Min. garen, Backofen ausschalten und den Fisch noch 15 Min. ziehen lassen. Ab und zu mit der Sauce beträufeln. Falls zuviel Bratfond verdampft ist, etwas Brühe dazugießen. Den Kabeljau auf vier Teller verteilen und am besten mit Petersilienkartoffeln servieren.

Wein: Trinken Sie zu diesem Gericht einen frischen weißen Vermentino.

Aragosta catalana

Sardinien · Sommergericht
Langusten-Salat

Zutaten für 4 Portionen:
2 frische Langusten-Schwänze
(je etwa 300 g), küchenfertig
vorbereitet
1 Staudensellerie
7 EL Weinessig
Salz
2 mittelgroße, reife Tomaten
1 Bund Lauchzwiebeln
1 Knoblauchzehe
1 Bund glatte Petersilie
6 EL Olivenöl, kaltgepreßt
schwarzer Pfeffer, frisch gemahlen

Zubereitungszeit: 1 Std.

Pro Portion: 1100 kJ/260 kcal

1 Langusten-Schwänze waschen und beiseite legen. Vom Sellerie 3 Stengel abnehmen, waschen und in Stücke schneiden, in einen großen Topf geben. 2–3 l Wasser, 3 EL Essig und 2 EL Salz hinzufügen und aufkochen. Die Langusten-Schwänze darin bei schwacher Hitze zugedeckt 20–25 Min. garen. Den Topf vom Herd nehmen und die Langusten-Schwänze offen im Sud leicht abkühlen lassen.

2 Vom übrigen Sellerie den Strunkansatz, zähe Stiele sowie die Blättchen abschneiden. Einige Blättchen aufheben. Die knackigen Stiele waschen, in Scheibchen schneiden und in eine Schüssel geben. Tomaten waschen, halbieren, Stielansätze, Kerne und Flüssigkeit entfernen. Das Fruchtfleisch würfeln und zum Sellerie geben.

3 Von den Lauchzwiebeln Wurzelansätze und harte Röhren abschneiden. Die Zwiebeln waschen und in Ringe schneiden, ebenfalls in die Schüssel geben. Den Knoblauch schälen und durch die Knoblauchpresse dazudrücken. Die Petersilie waschen, trockenschütteln, die Blättchen mit den zurückbehaltenen Sellerieblättern fein hacken und zum übrigen Gemüse geben.

4 In einem kleinen Schüsselchen aus 4 EL Essig, dem Olivenöl, Salz und Pfeffer eine Marinade rühren und unter das Gemüse mischen. Die Langusten-Schwänze aus dem Sud nehmen, diesen beiseite stellen. Die Langusten-Schwänze auf ein Brett legen und mit einem scharfen Brotmesser der Länge nach halbieren.

5 Das Langustenfleisch aus den Panzern lösen, mit einer Drehung aus den Schwanzenden ziehen.

6 Den schwarzen Darm, der bei jeder Languste am Rücken sichtbar wird, mit der Messerspitze vorsichtig und gründlich entfernen.

7 Das Fleisch in etwa 2 cm große Stücke schneiden, in eine Schüssel legen und mit 3–4 EL Kochsud begießen. Etwa 1 Min. durchziehen lassen, dann unter den Gemüsesalat mischen, abschmecken und gleich servieren.

Info: Statt der beiden großen Langusten-Schwänze können Sie auch die entsprechende Menge Riesengarnelen nehmen. Tiefgekühlte Langusten-Schwänze müssen über Nacht im Kühlschrank aufgetaut werden, erst dann kochen. Bereits gegarte Langusten-Schwänze gibt man etwa 1 Min. in den sprudelnd kochenden, vorbereiteten Sud.

Secondi piatti: pesce

Involtini di pesce spada

Kalabrien · Pikant

Schwertfisch-Rouladen

Zutaten für 4 Portionen:
4 Scheiben Schwertfisch (je 150 g),
ohne Knorpel und Haut
Salz
schwarzer Pfeffer, frisch gemahlen
125 g Mozzarella
40 g luftgetrockneter, dünn
geschnittener Schinken
2 Knoblauchzehen
1 Bund glatte Petersilie
2 EL Pecorino, frisch gerieben
1 EL Mehl · 30 g Butter
½ l trockener Weißwein
außerdem: 8 Zahnstocher

Zubereitungszeit: 55 Min.

Pro Portion: 1800 kJ/430 kcal

1 Die Fischscheiben abspülen und mit Küchenpapier abtrocknen. Mit einem scharfen Fleisch- oder Filetiermesser jede Scheibe einmal quer durchschneiden. Die 8 Fischscheiben von beiden Seiten mit Salz und Pfeffer würzen.

2 Mozzarella in 8 Scheiben schneiden, den Schinken in 8 Portionen teilen. Knoblauch schälen und und durch die Knoblauchpresse drücken. Petersilie waschen, trockenschütteln, Blättchen hacken. Knoblauch und Petersilie mit dem Pecorino vermischen.

3 Auf jede Schwertfisch-Scheibe etwas Pecorino-Mischung, je 1 Scheibe Mozzarella und etwas Schinken geben, aufrollen und mit Holzspießchen verschließen. Das Mehl auf einen Teller sieben und die Rouladen darin wenden. Überschüssiges Mehl abschütteln.

4 Die Butter in der Pfanne erhitzen, bis sie schäumt. Die Fischröllchen bei mittlerer Hitze darin rundum hellbraun anbraten. Den Wein angießen und den Fisch noch etwa 10 Min. zugedeckt bei schwacher Hitze garen. Eventuell noch 2–3 EL Wasser unterrühren, falls die Flüssigkeit zu stark verdampft. Die Sauce mit Salz und Pfeffer abschmecken und die Fischröllchen servieren. Dazu Weißbrot und Salat reichen.

Getränk: Ein frischer Weißwein wie der Etna Bianco von Sizilien paßt sehr gut dazu.

Schwertfisch

Schwertfisch, Pesce spada, wird besonders in Kalabrien und auf Sizilien als Delikatesse geschätzt. Sein Fleisch ist muskulös und dennoch zart und köstlich. In seiner Konsistenz ähnelt es weniger dem eines Fisches, so daß es – auch vom Geschmack her – oft mit Kalbfleisch verglichen wird. Schwertfisch wird hauptsächlich an der Straße von Messina zwischen März und September gefangen. In Bagnara und Scilla in Kalabrien und in den Fischerorten bei Messina liegen die Boote mit den langen, schmalen, ausklappbaren Brücken und dem Ausguck-Korb im Mast. Mit ihrer Hilfe versuchen die Fischer, sich so lautlos und so nahe wie möglich an den scheuen, schlauen Fisch heranzumachen, um ihn dann mit der Harpune zu fangen. Da er mit dem Thunfisch verwandt ist, werden Schwert- und Thunfisch auch meist ähnlich zubereitet, in der Pfanne in Olivenöl gebraten und mit Salz, Pfeffer, Petersilie und Zitronensaft gewürzt, im Ofen gebacken oder als Röllchen zubereitet.

Nach dem schmalen Schwert am Kopf erhielt der Fisch seinen Namen.

Secondi piatti: pesce

Orata al forno con patate

Apulien · Raffiniert **Überbackene Goldbrasse mit Kartoffeln**

Zutaten für 4 Portionen:
1 frische Goldbrasse (etwa 800 g)
(ersatzweise andere Brassen,
küchenfertig vorbereitet)
5 mittelgroße Kartoffeln
Salz
schwarzer Pfeffer aus der Mühle
2 Knoblauchzehen
2 Rosmarinzweige
6 EL Olivenöl, kaltgepreßt
6 Salbeiblätter
4 EL trockener Weißwein
1 Zitrone

Zubereitungszeit: 1½ Std.
(+ 15 Min. Wässern)

Pro Portion:
2000 kJ/480 kcal

1 Goldbrasse schuppen, ausnehmen, gründlich innen und außen abspülen und etwa 15 Min. in kaltes Salzwasser legen, mit Küchenpapier trockentupfen. Kartoffeln waschen, schälen und in Stücke schneiden.

2 Den Fisch innen and außen mit Salz und Pfeffer würzen. Knoblauchzehen schälen und im ganzen mit einem Rosmarinzweig in den Fischbauch geben.

3 Backofen auf 200° (Gas Stufe 3) vorheizen. Eine große Gratinform mit 3 EL Olivenöl ausgießen. Kartoffelstücke auf den Boden schichten, Salbeiblätter und 1 Rosmarinzweig darauf verteilen, die Kartoffeln mit 1 EL Olivenöl beträufeln, salzen und pfeffern und etwa 15 Min. (Mitte) backen.

4 Den vorbereiteten Fisch auf die Kartoffelscheiben betten und im Backofen weitere 30–35 Min. garen. Ab und zu Weißwein angießen.

5 Zitrone vierteln. Die Goldbrasse auf einer Platte mit den Kartoffeln und den Zitronenvierteln anrichten und mit 2 EL Olivenöl beträufeln. Heiß servieren und erst am Tisch zerlegen.

Trota in padella

Piemont · Raffiniert **Forelle in der Pfanne**

Zutaten für 4 Portionen:
4 frische Forellen zu je 250–300 g, küchenfertig vorbereitet
Salz
schwarzer Pfeffer aus der Mühle
1 unbehandelte Zitrone
2 EL Sultaninen
1 Zwiebel · 1 Knoblauchzehe
1 Stange Bleichsellerie
8 Salbeiblätter · 1 Rosmarinzweig
60 g Butter · 3 EL Weißweinessig
3 Lorbeerblätter
300 ml Fischfond · 1 EL Mehl

Zubereitungszeit: 55 Min.

Pro Portion:
1700 kJ/
400 kcal

1 Forellen säubern, wenn nötig ausnehmen, gründlich waschen und trockentupfen. Die Fische innen und außen salzen und pfeffern. Zitrone heiß waschen, abtrocknen und Schale abreiben. Sultaninen etwa 15 Min. in lauwarmem Wasser einweichen.

2 Zwiebel und Knoblauch schälen und kleinhacken. Bleichsellerie putzen, waschen und fein schneiden. Kräuter abbrausen und trockentupfen.

3 In einer breiten Pfanne 50 g Butter zerlassen und das Gemüse darin etwa 5 Min. andünsten. Salbeiblätter hinzufügen. Forellen in die Pfanne legen und beidseitig 2–4 Min. anbraten. Mit Essig ablöschen. Abgeriebene Zitronenschale, Sultaninen, Rosmarinzweig und Lorbeerblätter dazugeben. Fische bei schwacher Hitze offen fertiggaren (wenn sich die Rückenflosse leicht herausziehen läßt, ist der Fisch gar). Mehrmals mit der Hälfte des Fischfonds begießen. Den Backofen auf 150° (Gas Stufe 1) vorheizen.

4 Forellen aus der Pfanne nehmen und im vorgeheizten Backofen auf einer Platte warm stellen. Das Mehl in 2 El Wasser verrühren und die Sauce damit binden. Die Sauce kurz aufkochen, nach und nach den restlichen Fischfond angießen und eindicken lassen. Die restliche Butter einrühren. Lorbeerblätter und Rosmarinzweig entfernen. Sauce mit Salz und Pfeffer abschmecken und mit den Forellen anrichten.

Triglie alla genovese

Ligurien · Gelingt leicht

Gebackene Meerbarben

Zutaten für 4 Personen:
2 EL getrocknete Steinpilze
4 Meerbarben, küchenfertig vorbereitet (je etwa 250 g)
1 mittelgroße Zwiebel
1 Bund Petersilie · 1 EL Kapern
4 Sardellenfilets · 5 EL Olivenöl
1/8 l trockener Weißwein
knapp 1 EL Tomatenmark
200 ml Fischbrühe (selbstgemacht oder instant) · Salz
1 Msp. zerstoßene Fenchelsamen
1 EL Butter
2–3 EL Semmelbrösel · 2 Zitronen

Zubereitungszeit: 1 Std.
Pro Portion: 1800 kJ/430 kcal

1 Pilze etwa 15 Min. in lauwarmem Wasser einweichen, dann ausdrücken.

2 Fische unter fließendem Wasser waschen, trockentupfen.

3 Zwiebel schälen, Petersilie waschen, trockenschütteln. Beides zusammen mit den Pilzen, Kapern und Sardellen ganz fein hacken. In einer Kasserolle das Öl leicht erhitzen, das Feingehackte darin kurz anbraten, Wein angießen und bei starker Hitze verdampfen lassen. Tomatenmark mit Fischbrühe verrühren, dann in die Kasserolle gießen. Mit Salz und Fenchel würzen. Zugedeckt bei mittlerer Hitze etwa 15 Min. köcheln lassen. Bei Bedarf etwas Wasser nachgießen.

4 Backofen auf 200° vorheizen. Eine feuerfeste Form mit der Butter ausstreichen. Die Fische nebeneinander hineinlegen, mit der Sauce begießen, mit Semmelbröseln bestreuen. Im Backofen (Mitte; Gas Stufe 3) etwa 15 Min. backen, dann herausnehmen.

5 Fische mit dem Saft von 1 Zitrone beträufeln und halben Zitronenscheiben garnieren.

Wein: Ein frischer weißer Pigato schmeckt zu diesem Gericht am besten.

Luccio in stufato

Lombardei · Gelingt leicht

Geschmorter Hecht

Zutaten für 4 Portionen:
4 Hechtfiletscheiben, gleichmäßig geschnitten (je etwa 200 g)
200 g Frühlingszwiebeln
2 dünne Stangen Bleichsellerie
200 g junge Möhren
3 EL Olivenöl
2 EL Butter
Mehl zum Wenden
1/8 l leichter trockener Rotwein
Salz
weißer Pfeffer, frisch gemahlen
Gemüsebrühe nach Bedarf (selbstgemacht oder instant)
Sellerieblätter zum Garnieren

Zubereitungszeit: 1 Std.
Pro Portion: 1400 kJ/330 kcal

1 Fischscheiben kurz abbrausen, trockentupfen. Zwiebeln schälen, Sellerie und Möhren putzen und waschen. Das Gemüse kleinschneiden.

2 In einer breiten Kasserolle Öl und Butter erhitzen, das Gemüse darin unter Rühren bei schwacher Hitze etwa 10 Min. anbraten, dann an den Kasserollerand schieben. Fischscheiben im Mehl wenden, dann nebeneinander in die Kasserolle legen und auf beiden Seiten leicht anbraten.

3 Den Wein angießen, mit Salz und Pfeffer würzen. Fisch zugedeckt bei ganz schwacher Hitze garen. Bei Bedarf Brühe dazugießen. Backofen auf 75° vorheizen.

4 Nach etwa 15 Min. Fisch auf vorgewärmte Platte legen und im Backofen warm halten (Gas Stufe 1). Die Sauce durch ein Sieb passieren und den Fisch damit begießen. Mit kleingehackten Sellerieblättern garnieren. Sofort mit Weißbrot servieren.

Wein: Zum Hecht schmeckt ein Pinot bianco di Franciacorta sehr gut.

Tip! Man kann auch einen ganzen, küchenfertig vorbereiteten Hecht mit dem Gemüse anbraten, gießt dann aber mit etwa 1/4 l Brühe auf und läßt den Fisch ganz langsam in etwa 45 Min. garen.

Secondi piatti: pesce

Anguilla alla piacentina

Emilia-Romagna Aal in würziger Sauce

Zutaten für 4 Portionen:
800 g Aal, küchenfertig vorbereitet, vom Händler gehäutet und in 6–7 cm lange Stücke geschnitten
1 kleine Zwiebel
1 Knoblauchzehe
1 Stange Bleichsellerie
½ Bund Petersilie
3–4 Salbeiblättchen
2 EL Olivenöl · 20 g Butter
weißer Pfeffer, frisch gemahlen
Muskatnuß, frisch gerieben
1 EL Tomatenmark
⅛ l trockener Weißwein
2 EL Mehl
1 Lorbeerblatt
Fischbrühe nach Bedarf (selbstgemacht oder instant)
Salbeiblätter zum Garnieren

Zubereitungszeit: 1 Std.

Pro Portion: 2900 kJ/690 kcal

1 Aalstücke kurz abbrausen und mit Küchenpapier trockentupfen.

2 Zwiebel und Knoblauch schälen, getrennt kleinhacken. Sellerie putzen, waschen, Petersilie und Salbei waschen, trockentupfen. Alles ganz fein hacken. In einer breiten Pfanne Öl und Butter leicht erhitzen, Zwiebel darin glasig braten. Mit Pfeffer und Muskat würzen. Tomatenmark in Weißwein verrühren, in die Pfanne gießen.

3 Aalstücke leicht in Mehl wenden, nebeneinander in die Pfanne legen. Das Feingehackte mit dem Lorbeerblatt dazugeben. Die Sauce mit Salz und Pfeffer abschmecken. Zugedeckt bei ganz schwacher Hitze in 20–25 Min. garen. Sollte die Sauce zu stark eindicken, etwas Wasser oder Brühe angießen. Vor dem Servieren Lorbeerblatt entfernen. Mit Salbeiblättern garnieren.

Wein: Ein trockener weißer Sauvignon paßt sehr gut zum Aal.

Variante: Anguilla alla perugina (Aal in Tomatensauce)
2 geschälte, kleingehackte Knoblauchzehen und 1 geschälte, in Ringe geschnittene Zwiebel in 4 EL Olivenöl bei schwacher Hitze anbraten. Aalstücke dazugeben und rundum gut anbraten. 4 EL Weißwein angießen, verdampfen lassen, 300 g passierte Tomaten und ½ Bund gehackte Petersilie dazugeben. Mit Salz und Pfeffer würzen, in etwa 20 Min. bei schwacher Hitze garen. Fischstücke mehrmals wenden.

Trote affogate

Toskana · Gelingt leicht Forellen nach Arezzoer Art

Zutaten für 4 Portionen:
4 frische Forellen, küchenfertig vorbereitet (je 250 g)
Salz
weißer Pfeffer, frisch gemahlen
2 EL Mehl
1 großer Bund Petersilie
3 Knoblauchzehen
6 EL Olivenöl
¼ l trockener Weißwein
Petersilie zum Garnieren

Zubereitungszeit: 1 Std.

Pro Portion: 1400 kJ/330 kcal

1 Fische gründlich waschen, trockentupfen, innen und außen salzen und pfeffern, leicht im Mehl wenden. Petersilie waschen, trockenschütteln, Knoblauch schälen. Beides sehr fein hacken.

2 Öl in eine große Pfanne geben oder zwei Pfannen verwenden. Petersilie und Knoblauch unter ständigem Rühren bei schwacher Hitze braten, bis der Knoblauch leicht gelb wird.

3 Dann Forellen in die Pfanne legen und auf beiden Seiten jeweils 2–3 Min. anbraten. Etwas Wein angießen, bei schwacher Hitze etwas eindampfen lassen und so nach und nach Wein aufbrauchen. Fische auf diese Weise in 15–25 Min. fertiggaren, dabei einmal wenden. Auf einer Platte anrichten, mit der heißen Sauce begießen, Petersilie garnieren und mit Salzkartoffeln sofort servieren.

Variante: Trote all'astigiana
(Forellen im Backofen geschmort)
4 Forellen wie angegeben vorbereiten. In die Bauchhöhle jeweils 1 Lorbeerblatt, 10 g Butter füllen, salzen und pfeffern. Fische in flache schmale Kasserolle legen, mit 400 ml Weißwein begießen, kleingeschnittene Schale von ½ unbehandelten Zitrone dazugeben. Alles salzen, pfeffern, 20 g Butterflöckchen darauf verteilen und bei schwacher Hitze etwa 5 Min. aufkochen lassen. Im vorgeheizten Backofen bei 200° (Gas Stufe 3) in 15 Min. fertiggaren. Fische auf vorgewärmter Platte anrichten. Sauce durch ein Sieb geben, dann auf dem Herd bei starker Hitze auf die Hälfte eindampfen lassen, 20 g Butter einrühren, über die Fische gießen.

Sarde in saor

Venetien · Aromatisch **Marinierte Sardinen**

Zutaten für 4 Portionen:
50 g Sultaninen
2 große Zwiebeln
750 g frische Sardinen
2 EL Mehl
neutrales Öl zum Braten
Salz
4 EL Olivenöl, kaltgepreßt
1/4 l milder Weißweinessig
1 Prise Zimt
1 Gewürznelke
weißer Pfeffer, frisch gemahlen
2 EL Pinienkerne
Petersilie und Zitronenachtel zum Garnieren

Zubereitungszeit: 45 Min.
(+ 24 Std. Marinieren)

Pro Portion: 2000 kJ/480 kcal

1 Sultaninen in lauwarmem Wasser 1/2 Std. einweichen, dann herausnehmen. Zwiebeln schälen und in dünne Scheiben schneiden.

2 Sardinen vom Schwanz bis zum Kopf mit der stumpfen Seite eines Küchenmessers schuppen, ohne die Haut zu verletzen. Am saubersten geht das unter Wasser, wo die feinen Schuppen nicht wegfliegen können. Köpfe abschneiden.

3 Sardinen am Bauch aufschneiden, Innereien mit den schwarzen Häutchen an den Bauchlappen entfernen. Fische innen und außen gründlich waschen, abtrocknen und durch das Mehl ziehen.

4 In breiter Pfanne reichlich Öl stark erhitzen, Fische darin auf beiden Seiten bei starker Hitze knusprig braten. Aus der Pfanne nehmen und auf mehrere Lagen Küchenpapier legen und gut abtropfen lassen. Von beiden Seiten mit Salz würzen.

5 In einem Topf das Olivenöl erhitzen, Zwiebelscheiben darin glasig braten. Essig angießen. Mit Zimt, Gewürznelke und Pfeffer würzen. Etwa 2 Min. bei starker Hitze offen kochen lassen, dann vom Herd nehmen.

6 Sardinen in eine Schüssel schichten, dabei auf jeder Lage Zwiebelscheiben, Sultaninen und Pinienkerne verteilen, etwas Essig darüber träufeln. Mit restlichem Essig begießen. Zugedeckt an kühlem Ort mindestens 24 Std. marinieren.

7 Zum Servieren die Fische aus der Marinade nehmen, durchsieben. Fische auf einer Platte auf den Zwiebeln aus der Marinade anrichten, Sultaninen und Pinienkerne darüberstreuen, mit gehackter Petersilie und Zitronenachteln garnieren.

Wein: Zu diesem Fischgericht paßt der goldgelbe, frisch schmeckende Tocai friuliano.

Variante: Sarde alla ligure
(Marinierte Sardinen auf ligurische Art) 2 Knoblauchzehen, 1 kleine Zwiebel schälen und fein hacken. Mit je 1/8 l Weißwein und Weißweinessig, 1/2 TL Salz, 1 Lorbeerblatt, 1 TL Rosmarinblättchen bei starker Hitze etwa 2 Min. offen kochen lassen, abseihen. 1/2 Bund in feine Streifen geschnittenes Basilikum und 2 EL fein gehackte Petersilie unterrühren. Mit Pfeffer würzen. 750 g gebratene Sardinen mit Scheiben von 1/2 Zitrone in eine Schüssel legen und mit dem Sud begießen. Vor dem Servieren zugedeckt etwa 10 Min. ziehen lassen.

Secondi piatti: pesce

Sarde ripiene

Sardinien · Kräftig

Gefüllte Sardinen

Zutaten für 4–6 Portionen:
1 Brötchen
⅛ l Milch zum Einweichen
12 große frische Sardinen
(etwa 1 kg)
Salz
Saft von ½ Zitrone
4 Sardellenfilets
1 Knoblauchzehe · 2 Eier
1–2 EL Pecorino, frisch gerieben
schwarzer Pfeffer aus der Mühle
Mehl zum Wenden
4 EL Olivenöl, kaltgepreßt
1 Bund Petersilie
2 Zitronen

Zubereitungszeit: 1¼ Std.

Bei 6 Portionen pro Portion:
1600 kJ/380 kcal

1 Brötchen vierteln und in einer Schüssel mit Milch einweichen.

2 Sardinen ausnehmen, Köpfe abschneiden, Fische schuppen, an der Bauchseite öffnen und die Mittelgräte mitsamt dem Schwanz entfernen. Die Fische unter fließendem Wasser gründlich waschen und abtrocknen. Innen leicht salzen und mit dem Saft von ½ Zitrone beträufeln. Backofen auf 220° (Gas Stufe 4) vorheizen.

3 Brot gut ausdrücken und fein hacken. Sardellenfilets abspülen und trockentupfen. Knoblauch schälen und zusammen mit den Sardellen im Mörser zerstoßen. Brot untermischen und alles zu einer cremigen Paste verrühren. Eier verquirlen, Pecorino dazugeben und unter die Sardellenpaste ziehen. Mit Salz und Pfeffer würzen.

4 Sardinen mit der Mischung füllen und zusammenklappen. Gefüllte Fische in Mehl leicht wenden. 3 EL Olivenöl in eine Gratinform gießen. Fische einschichten und mit 1 EL Olivenöl beträufeln. Im vorgeheizten Backofen in 20–30 Min. goldgelb backen.

5 Petersilie waschen, trockenschütteln und fein hacken. 2 Zitronen in Scheiben schneiden. Sardinen auf einer vorgewärmten Platte anrichten, mit Petersilie bestreuen und mit halbierten Zitronenscheiben garnieren.

Wein: Ein junger sardischer Weißwein, z. B. Nurugus di Cagliari, paßt gut.

Tonno fresco in umido

Marken · Pikant

Frische Thunfischscheiben in Tomatensauce

Zutaten für 4 Portionen:
4 Scheiben frischer Thunfisch (600 g)
Mehl zum Wenden
5 EL Olivenöl, kaltgepreßt
1 kleine Zwiebel
1 Stange Bleichsellerie
1 Bund Petersilie
Salz
schwarzer Pfeffer aus der Mühle
2 Gewürznelken
½ l passierte Tomaten

Zubereitungszeit: 30 Min.

Pro Portion: 2100 kJ/500 kcal

1 Thunfischscheiben unter fließendem Wasser abspülen, abtrocknen und kurz in Mehl wälzen. In einer Pfanne 2 EL Olivenöl erhitzen. Thunfisch darin auf beiden Seiten ganz kurz anbraten und auf Küchenpapier abtropfen lassen.

2 Zwiebel schälen. Sellerie putzen, wenn nötig Fäden abziehen, Petersilie waschen und trockenschütteln, alles fein hacken. In einer Pfanne 3 EL Olivenöl erhitzen, Zwiebel darin glasig dünsten. Sellerie und die Hälfte der Petersilie etwa 5 Min. mitschmoren lassen. Salzen, pfeffern und mit Gewürznelken aromatisieren.

3 Das gedünstete Gemüse mit den passierten Tomaten ablöschen und etwa 10 Min. eindicken lassen. Thunfischscheiben hineinlegen und unter Wenden in etwa 10 Min. fertiggaren.

4 Thunfischtranchen auf einer vorgewärmten Platte anrichten, mit der Sauce umgießen und mit der übrigen Petersilie bestreuen. Heiß servieren.

Tip! Mit diesem Rezept kann man auch Zahnbrasse, frischen Lachs und Seebarsch zubereiten.

Baccalà alla calabrese

Kalabrien · Braucht etwas Zeit

Klippfisch auf kalabrische Art

Zutaten für 4 Portionen:
500 g Klippfisch
Salz
1 große Zwiebel
1 Bund glatte Petersilie
4 EL Olivenöl, kaltgepreßt
2 EL Tomatenmark
800 g Kartoffeln, festkochend
schwarzer Pfeffer, frisch gemahlen
1 Bund Basilikum
100 g schwarze Oliven

Zubereitungszeit: 30 Min.
(+ 24 Std. Einweichen
+ 1 Std. Garen)

Pro Portion:
3100 kJ/740 kcal

1 Den Klippfisch in reichlich kaltes Wasser legen und etwa 24 Std. einweichen, dabei das Wasser zwei- bis dreimal erneuern. Am nächsten Tag 1 ½ l Wasser mit 1 TL Salz aufkochen. Den Klippfisch darin zugedeckt etwa 30 Min. bei schwacher Hitze köcheln, mit einem Schaumlöffel vorsichtig herausnehmen, abtropfen und abkühlen lassen. Den Sud aufheben und beiseite stellen. Den Fisch in etwa 4 cm große Stücke schneiden, dabei Haut und Gräten entfernen.

2 Für die Sauce die Zwiebel schälen, vierteln und in dünne Streifen schneiden. Die Petersilie waschen, trockenschütteln und die Blättchen hacken. Das Olivenöl in einem Topf erhitzen, die Zwiebel darin glasig braten, die Petersilie unterrühren. Das Tomatenmark in ¼ l Wasser verrühren und in den Topf gießen. Die Sauce zugedeckt bei schwacher Hitze etwa 15 Min. köcheln lassen.

3 Inzwischen die Kartoffeln schälen und in nicht zu dünne Scheiben schneiden. Mit den Fischstücken in die Sauce geben. Mit Salz und Pfeffer würzen. Basilikum waschen, trockenschütteln, die Blättchen abzupfen und vorsichtig unter die Zutaten im Topf mischen. Soviel von dem beiseite gestellten Kochsud unterrühren, daß alle Zutaten bedeckt sind.

140

4 Das Gericht zugedeckt weitere 10 Min. köcheln lassen. Die Oliven entsteinen, vierteln, dazugeben und alles noch etwa 15 Min. köcheln lassen, bis die Kartoffeln gar sind. Den Eintopf abschmecken und servieren.

Getränk: Ein junger Rotwein, ein Etna Rosso, paßt zu diesem deftigen Gericht.

Variante: Baccalà alla Messinese
(Klippfisch nach Art von Messina)
Für dieses Gericht aus Sizilien 500 g Klippfisch etwa 24 Std. wässern, dabei das Wasser zwei- bis dreimal erneuern. Leicht gesalzenes Wasser mit 1 Lorbeerblatt aufkochen und den Fisch darin etwa 3 Min. sprudelnd kochen, herausheben, abtropfen lassen, in 3–4 cm große Stücke schneiden, dabei Haut und Gräten entfernen. 1 große geschälte, gewürfelte Zwiebel in 5 EL Olivenöl glasig braten. 1 kleine Dose gehäutete Tomaten (285 g Abtropfgewicht) mit Saft unterrühren, Tomaten zerdrücken und alles aufkochen. Die Fischstücke dazwischen legen und alles bei mittlerer Hitze etwa 1 Min. dünsten. 500 g geschälte, in Achtel geschnittene festkochende Kartoffeln, 50 g entsteinte, geviertelte Oliven, 1 EL Kapern, 3 zarte, in Scheibchen geschnittene Selleriestangen und einige gehackte Sellerieblättchen untermischen, mit Salz und Pfeffer würzen. Das Gericht zugedeckt bei schwacher Hitze etwa 1 Std. garen. Gelegentlich umrühren und nach Bedarf etwas vom Fischsud dazugießen. Nach Geschmack kann man noch 2 EL Rosinen und 1 EL Pinienkerne dazugeben und die letzten 30 Min. mitgaren.

Info: Baccalà oder Pescestocco, Klippfisch genannt, wird im Süden Italiens besonders gerne gegessen, vor allem in den Provinzen Latium, Kalabrien und auf Sizilien. S. a. Glossar.

Stoccafisso in »potacchio«

Marken · Braucht etwas Zeit
Stockfisch in pikanter Sauce

Zutaten für 4 Portionen:
600 g Stockfisch
300 g reife Tomaten
1 mittelgroße Zwiebel
6 Sardellenfilets
1 Zweig Rosmarin
1 Knoblauchzehe
1 Bund Petersilie
5 EL Olivenöl
½ Chilischote
⅛ l trockener Weißwein
Salz
schwarzer Pfeffer, frisch gemahlen

Zubereitungszeit: 2 ½ Std.
(+ 48 Std. Einweichen)

Pro Portion: 2800 kJ/670 kcal

1 Stockfisch etwa 48 Std. wässern, dabei das Wasser häufig wechseln. Fisch danach häuten, entgräten und in 2 x 3 cm große Stücke schneiden.

2 Tomaten mit kochendheißem Wasser überbrühen, häuten, quer halbieren, entkernen, Stielansätze entfernen, Fruchtfleisch kleinhacken. Zwiebel schälen, in Ringe, Sardellen in kleine Stücke schneiden. Knoblauch schälen, Rosmarinblättchen und Petersilie waschen, trocknen und alles fein hacken. Einige Petersilienblätter zum Garnieren zurückbehalten.

3 In einer Kasserolle das Olivenöl leicht erhitzen, Zwiebelringe darin glasig braten. Sardellen, Rosmarin, Knoblauch und die Hälfte der Petersilie kurz mitbraten, dann Tomaten und Chilischote dazugeben. Stockfisch hineingeben, Wein angießen, zugedeckt bei schwacher Hitze etwa 1 Std. garen.

4 Vor dem Servieren die Chilischote entfernen, Fisch evtl. mit Salz und Pfeffer abschmecken, restliche kleingehackte Petersilie unterziehen, mit Petersilienblättern garnieren. Dazu schmeckt frisches Weißbrot.

Stockfisch

Trocknen und Salzen ist eine der ältesten Methoden, Fische für längere Zeit zu konservieren. So wurde auch Binnenländern die Möglichkeit gegeben, Fischgerichte auf den Tisch zu bringen. Für die Herstellung von Stockfisch werden vor allem Kabeljau, aber auch Seelachs, Schellfisch, Leng und Lumb verwendet. Nachdem man den Kopf entfernt hat, wird der Fisch ausgenommen und an der Luft getrocknet. Das Fleisch wird bei dieser Konservierungsmethode hart wie ein Stock, was dem Fisch auch seinen Namen gegeben hat. Das fertig getrocknete Fleisch muß einheitlich weiß bis gelblich sein.

Durch Trocknen konservierter Fisch: der Stockfisch.

Wenn es rötliche oder rote Flecken aufweist, darf man es auf keinen Fall verwenden. Vor der Zubereitung muß der Stockfisch einige Tage in kaltem, am besten schwach fließendem Wasser eingeweicht werden. Ein mehrstündiges Bad in kalter Milch am Ende der Prozedur macht das Fleisch noch zarter. Klippfisch, Baccalà, wird aus den gleichen Fischsorten hergestellt, nur daß diese vor dem Lufttrocknen gesalzen werden.

Secondi piatti: pesce

Triglie alla livornese

Livorno (Toskana) · Festlich **Rotbarben in würziger Tomatensauce**

Zutaten für 4 Portionen:
1 Stange Bleichsellerie
1 Bund Petersilie
750 g reife Tomaten
3 Knoblauchzehen
5 EL Olivenöl, kaltgepreßt
1 getrocknete Chilischote
Salz
⅛ l trockener Rotwein
8 kleine oder 4 große Rotbarben (1200 g)

Zubereitungszeit: 1 Std.
(+ 15 Min. Wässern)

Pro Portion: 2100 kJ/500 kcal

1 Sellerie putzen, abspülen und in 1 cm große Stücke schneiden. Petersilie waschen, trockenschütteln und fein hacken. Tomaten kurz in kochendes Wasser tauchen, enthäuten, die Stengelansätze und die Kerne entfernen. Das Fruchtfleisch kleinhacken. Knoblauchzehen schälen und in Scheibchen schneiden.

2 In einer großen Pfanne 5 EL Olivenöl erhitzen. Knoblauch und die Hälfte der Petersilie kurz darin andünsten, dann Gemüse und Chilischote im ganzen dazugeben, umrühren und salzen. Die Sauce zugedeckt bei mittlerer Hitze etwa 20 Min. köcheln lassen. Ab und zu mit Rotwein begießen.

3 Rotbarben ausnehmen, schuppen und unter fließendem Wasser waschen. Die Fische etwa 15 Min. in kaltes Salzwasser legen, dann gut abtrocknen. Barben vorsichtig in die Pfanne mit der Sauce legen. Zugedeckt 15–20 Min. bei geringer Hitze mitschmoren, ohne sie zu wenden.

4 Den Fisch mit der restlichen Petersilie bestreuen. Als Beilage Weißbrot reichen.

Calamari ripieni

Sardinien · Für Gäste **Gefüllte Kalmare mit Mangold**

Zutaten für 4 Portionen:
8 mittelgroße Kalmare (1 kg)
Saft von ½ Zitrone
4 Sardellenfilets
1 Bund Petersilie · 1 Rosmarinzweig
2 Knoblauchzehen · 1 Ei
3 EL Semmelbrösel · Salz
schwarzer Pfeffer aus der Mühle
3 EL Olivenöl
0,2 l trockener Weißwein
500 g Mangold
nach Belieben 3 EL passierte Tomaten

Zubereitungszeit: 1¾ Std.

Pro Portion: 1800 kJ/430 kcal

1 Kalmare (Tintenfische mit langgestrecktem Körper zum Füllen) nach dem Rezept auf S. 18 vorbereiten. Fangarme für die Füllung verwenden. Körperbeutel innen mit dem Saft von ½ Zitrone beträufeln.

2 Fangarme zerkleinern, Sardellenfilets abspülen, trockentupfen und fein hacken. Petersilie und Rosmarin waschen, trockenschütteln. Knoblauch schälen und mit den Kräutern klein hacken. In einer Schüssel das Ei verquirlen, Kräuter, Sardellen und zerkleinerte Fangarme mit den Semmelbröseln vermischen, leicht salzen und pfeffern.

3 Tintenfischbeutel mit der Mischung locker füllen, mit weißem Küchenzwirn fest zunähen. In einer großen Kasserolle das Olivenöl erhitzen, gefüllte Kalmare rundum kräftig anbraten, mit einigen Tropfen Olivenöl beträufeln und mit dem Wein aufgießen. Die Temperatur reduzieren und zugedeckt bei geringer Hitze etwa 30 Min. schmoren lassen, bis das Fleisch zart ist (zur Probe mit einer Gabel einstechen).

4 Inzwischen den Mangold putzen, dabei die Stielenden kürzen, waschen und in 1 cm breite Streifen schneiden. Dann in kochendem Salzwasser kurz blanchieren, mit Eiswasser abschrecken und gut ausdrücken. Mangold zu den Kalmare 3–5 Min. vor Ende der Garzeit geben und durchschwenken. Salzen und pfeffern, nach Belieben 3 EL passierte Tomaten hinzufügen.

Secondi piatti: pesce

Fritto misto del golfo

Kampanien · Für den Sommer

Gemischte fritierte Fische

Zutaten für 4 Portionen:
500 g kleine Fische (z. B. Sardellen, Rotbarben, winzige Seezungen)
300 g kleine Tintenfische (Sepie), küchenfertig vorbereitet
300 g Garnelen
Pflanzenöl zum Fritieren
Mehl zum Wenden
3 Zitronen
Salz

Zubereitungszeit: 1 Std.
(+ 15 Min. Wässern)

Pro Portion: 1000 kJ/240 kcal

1 Die Fischchen gründlich säubern. Köpfe und Flossen abschneiden, schuppen und unter fließendem Wasser abspülen. Fische etwa 15 Min. in eine Schüssel mit kaltem Salzwasser legen, dann in einem Sieb abtropfen lassen.

2 Küchenfertig vorbereitete Tintenfische gründlich waschen. Körper in Ringe, Tentakel in Stücke schneiden. Garnelen schälen, das Schwanzende daranlassen, Darmfaden entfernen.

3 Backofen auf 75° vorheizen. In einer Friteuse oder in einer Pfanne reichlich Pflanzenöl erhitzen. Fische und Meeresfrüchte trockentupfen, in Mehl wälzen, portionsweise ins heiße Öl geben und knusprig ausbacken. Dabei die Hitze etwas reduzieren, damit die Fische auch innen garen. Die Fische im Backofen warm halten. Dann die Tintenfische und am Schluß die Garnelen goldgelb fritieren.

4 Die fertigen Meeresfrüchte nach und nach mit einem Schaumlöffel herausheben, auf Küchenpapier abtropfen lassen und auf einer vorgewärmten Platte anrichten.

5 Zitronen heiß waschen, trockenreiben und in Achtel schneiden. Das Fritto misto mit Zitronenspalten garnieren, mit Salz bestreuen und sehr heiß servieren.

Wein: Dazu paßt trockener Weißwein.

Gamberoni allo spiedo

Ligurien · Exklusiv

Garnelenspieße mit grüner Sauce

Zutaten für 4 Portionen:
2 Knoblauchzehen
1 Bund Petersilie
10 EL Olivenöl, kaltgepreßt
(+ Öl zum Bestreichen)
32 mittelgroße Garnelen (ca. 800 g, roh oder vorgekocht) · Salz
schwarzer Pfeffer aus der Mühle
1 EL Kapern · 1 EL Pinienkerne
2 Sardellenfilets
3 schwarze Oliven
2 Zitronen · 1 Eigelb · 8 Spieße

Zubereitungszeit: 1 Std.
(+ 1 Std. Marinieren)

Pro Portion: 2000 kJ/480 kcal

1 Knoblauch schälen. Petersilie waschen, abtropfen lassen und die Hälfte zusammen mit den Knoblauchzehen fein hacken. Kräuter in einem Teller mit 5 EL Olivenöl vermischen.

2 Garnelen waschen, abtrocknen und in der Marinade wenden, salzen und pfeffern und etwa 1 Std. durchziehen lassen.

3 Inzwischen die Sauce zubereiten: Abgetropfte Kapern mit Pinienkernen, Sardellenfilets, entkernten Oliven, übriger Petersilie und dem Saft von ½ Zitrone im Mixer pürieren. Eigelb in einer Schüssel schaumig schlagen, nach und nach 5 EL Olivenöl unterrühren. Zum Schluß die pürierte Masse dazugeben und zu einer cremigen Sauce glattrühren. Salzen und pfeffern.

4 Jeweils 4 Garnelen auf einen Spieß stecken. Unter dem vorgeheizten Grill oder über der Glut eines Holzkohlenfeuers rohe Garnelen etwa 10 Min., vorgekochte etwa 2 Min. auf jeder Seite grillen. Dabei immer wieder mit Olivenöl bestreichen.

5 Die fertigen Gamberoni auf vorgewärmten Tellern anrichten und mit Zitronenspalten garnieren. Dazu die Sauce und Weißbrot reichen.

Secondi piatti: pesce

Tonno alla Favignana

Sizilien · Geht schnell

Thunfisch nach Art der Insel Favignana

Zutaten für 4 Portionen:
4 Scheiben Thunfisch (je etwa 150 g)
Salz
schwarzer Pfeffer, frisch gemahlen
Olivenöl für die Form
50 g grüne Oliven, entsteint
1 EL Kapern
½ Bund glatte Petersilie
2 EL Paniermehl
3 EL Olivenöl, kaltgepreßt

Zubereitungszeit: 20 Min.
(+ 20 Min. Garen)

Pro Portion: 1900 kJ/450 kcal

1 Den Backofen auf 180° vorheizen. Die Thunfischscheiben kalt abspülen und trockentupfen. Sparsam mit Salz und Pfeffer bestreuen. Eine große flache Auflaufform mit Olivenöl einpinseln und den Fisch hineinlegen.

2 Die Oliven vierteln und mit den Kapern vermischen, über den Fischscheiben verteilen. Die Petersilie waschen, trockenschütteln, die Blättchen, bis auf ein paar wenige, fein hacken und über die Fischscheiben streuen.

3 Zuletzt alles mit dem Paniermehl bestreuen und mit Olivenöl beträufeln. Den Thunfisch in den Ofen (Mitte, Umluft 160°) schieben und etwa 20 Min. backen, mit den restlichen Petersilienblättchen garnieren und sofort servieren.

Variante: Tonno alla Siracusana
(Thunfisch nach Art von Syracus)
Eine große, dicke Scheibe Thunfisch von 600 g mit 3 in Stifte geschnittenen Knoblauchzehen und 4 Gewürznelken spicken. Aus 2 Kardamomkapseln die Samenkerne entnehmen, im Mörser grob zerstoßen, mit ein wenig Salz und Pfeffer vermischen und den Fisch von beiden Seiten damit bestreuen. 5 EL Olivenöl in einer Pfanne mittelstark erhitzen und den Thunfisch mit 1 großen in Streifen geschnittenen Zwiebel von jeder Seite etwa 2 Min. anbraten. 1 große, reife gewürfelte Tomate überstreuen. ⅛ l Weißwein mit ⅛ l Wasser und 4 EL Weinessig vermischen und über den Fisch gießen. Mit 1 TL getrocknetem Oregano bestreuen und den Fisch zugedeckt in 6–7 Minuten fertiggaren. Den Fisch warm oder kalt servieren.

Cozze alla paesana

Kampanien · Gelingt leicht Miesmuscheln in Tomatensauce

Zutaten für 4 Portionen:
2 kg Miesmuscheln, vorgereinigt
2 Zwiebeln · 4 Knoblauchzehen
1 Stange Lauch
2 Stangen Bleichsellerie
6 EL Olivenöl, kaltgepreßt
2 kleine frische oder getrocknete Peperoncini
2 Lorbeerblätter
je 1 kleiner Zweig frischer Rosmarin und Thymian (oder je 1 gute Msp. getrocknete Kräuter)
1 große Dose geschälte Tomaten (480 g Abtropfgewicht)
1/2 l trockener Weißwein · Salz
schwarzer Pfeffer, frisch gemahlen

Zubereitungszeit: 50 Min.

Pro Portion: 1100 kJ/260 kcal

1 Die Muscheln in einer großen Schüssel mit kaltem Wasser bedeckt 15–20 Min. stehenlassen. Inzwischen Zwiebeln und Knoblauch schälen und in dünne Scheiben schneiden. Vom Lauch harte Blätter und Wurzelansatz abschneiden, Lauch waschen und in Streifchen schneiden. Selleriestangen waschen, in Scheibchen schneiden.

2 In einem großen Topf das Olivenöl mittelstark erhitzen. Das Gemüse unter Rühren darin andünsten. Die Peperoncini waschen und im Ganzen mit den Lorbeerblättern hinzufügen. Die Kräuter waschen, trockenschütteln und dazugeben. Die Tomaten mit Saft unter das Gemüse rühren und zerdrücken, offen bei schwacher Hitze etwa 10 Min. sanft köcheln lassen.

3 Inzwischen geöffnete Muscheln aussortieren und wegwerfen. Die übrigen in frischem Wasser waschen, bis sich kein Sand mehr am Schüsselboden absetzt. Die Muscheln abgießen und in einem Sieb abtropfen lassen.

4 Den Wein unter die Tomatensauce rühren und bei starker Hitze aufkochen. Die Sauce mit Salz und Pfeffer würzen. Die Muscheln hineingeben und zugedeckt bei starker Hitze 6–7 Min. kochen, zwischendurch den Topf mehrmals rütteln. Geschlossene Muscheln entfernen und wegwerfen. Geöffnete Muscheln und die Sauce in eine Schüssel schütten, Rosmarin- und Thymianzweig entfernen und servieren. Dazu Weißbrot reichen.

Cozze gratinate alla tarantina

Tarent (Apulien) · Raffiniert Gefüllte und überbackene Miesmuscheln

Zutaten für 4 Portionen:
2 kg frische Miesmuscheln
2 Bund Petersilie
4 Knoblauchzehen
6 EL Semmelbrösel
6 EL Pecorino, frisch gerieben
10 EL Olivenöl, kaltgepreßt
Salz
schwarzer Pfeffer aus der Mühle
2 Zitronen

Zubereitungszeit: 1½ Std.

Pro Portion: 2300 kJ/550 kcal

1 Miesmuscheln unter fließendem Wasser entbarten und abbürsten. Bereits geöffnete Muscheln herauslesen und wegwerfen. ¼ l Wasser zum Kochen bringen. Miesmuscheln zugedeckt bei starker Hitze dämpfen, bis sich die Muscheln geöffnet haben. Jetzt noch geschlossene Muscheln aussondern.

2 Petersilie waschen, trockenschütteln. Knoblauch schälen. Beides zusammen fein hacken und in eine Schüssel geben. Semmelbrösel, Käse und 7 EL Olivenöl hinzufügen und alles gut vermischen. Mit Salz und Pfeffer würzen.

3 Backofen auf 200° (Gas Stufe 3) vorheizen. Abgekühlte Muscheln in der Mitte auseinanderbrechen. Leere Schalen wegwerfen. Muschelhälften mit Füllung bestreichen und in eine flache feuerfeste Gratinform legen. Im Backofen portionsweise etwa 10 Min. backen, bis die Füllung leicht braun geworden ist.

4 Zitronen waschen und achteln. Cozze gratinate mit dem übrigen Olivenöl beträufeln und mit Zitronenspalten dekorieren. Knuspriges Weißbrot dazu servieren.

Wein: Dazu paßt ein frischer Weißwein aus Apulien, z. B. Castel del Monte.

Muscheln

Die in der italienischen Küche am häufigsten verwendeten Muschelarten sind Miesmuscheln (Cozze, Mititi, Muscoli), Meerdatteln (Datteri di mare), Venusmuscheln (Vongole) und Herzmuscheln (Cuore edule). Die 5 bis 10 cm lange Auster des kleinen Mannes ist blauschwarz und besitzt löffelförmige Schalen. Heute züchtet man die Schaltierart meist in künstlichen Kulturen, den »Muschelgärten«. Die Muscheln wachsen in italienischen Kulturen an Gras- und Hanfseilen heran. Haben die Muscheln ihre handelsübliche Größe erreicht, werden die Taue auf Boote gehievt und abgeerntet. Dabei löst man die verankerten Miesmuscheln von ihren Haftfäden, ihrem »Bart«.

Frische Muscheln werden auf unzähligen italienischen Märkten angeboten.

Meerdatteln vom Golf von La Spezia gelten als Delikatesse. Venusmuscheln findet man in unterschiedlichen Größen und Farben. Typisch sind ihre strahlig verlaufenden, gestreiften Rillen. Es gibt viele Arten von Herzmuscheln, die auf Schlamm- und Sandböden bis zu 10 m Tiefe leben. Sie sind herzförmig und besitzen rauhe, gewölbte Schalen mit Rillen. Venus- und Herzmuscheln werden mit Spezialschiffen geerntet. Unter Hochdruck preßt man Wasser in den Meeresboden und saugt den aufgewirbelten Sand mit den Muscheln durch ein Rohr an Bord.

Secondi piatti: pesce

Torta di pesce

Kampanien · Braucht etwas Zeit

Fischtorte

Zutaten für 4–6 Portionen,
runde Gratinform 28 cm Ø:
Für den Teig:
125 g Butter
250 g Mehl
Salz
4 EL Milch

Für die Füllung:
200 g Rundkornreis
Salz
nach Belieben ½ Briefchen
Safran, 62,5 mg
2 Eier
100 g Parmesan, frisch gerieben
weißer Pfeffer aus der Mühle
2 kleine Zwiebeln
1 Möhre
1 Stange Bleichsellerie
1 Bund Petersilie
200 g Champignons
4 EL Olivenöl
100 g frische enthülste Erbsen
(ersatzweise tiefgekühlte)
⅛ l Weißwein
1 Knoblauchzehe
500 g Fischfilet (z. B. Kabeljau,
Meeräsche oder Seebarsch)
Saft von 1 Zitrone
2 EL Rosinen
2 EL Pinienkerne
3 EL Butter
1 EL Semmelbrösel

Zubereitungszeit: 2 Std.
(+ 1 Std. Ruhen, 30 Min. Marinieren)

Bei 6 Portionen
pro Portion: 3200 kJ/760 kcal

1 Butter in Stücke schneiden. Mehl in eine Schüssel geben, ½ TL Salz hinzufügen und mit der Butter vermischen. Die Masse mit kalter Milch zu einem glatten Teig kneten. Teig etwa 1 Std. im Kühlschrank ruhen lassen.

2 Reis in ½ l kochendem Salzwasser gar kochen, bis die ganze Flüssigkeit verdampft ist. Nach Belieben Safran in 3 EL heißem Wasser auflösen und unter den Reis mischen. Eier verquirlen und mit 60 g geriebenem Parmesan unter den heißen Reis mischen. Mit Pfeffer würzen. Reis abkühlen lassen.

3 Zwiebeln schälen und kleinschneiden. Möhre und Sellerie putzen, Petersilie waschen, trockenschütteln. Das ganze Gemüse fein hacken. Pilze putzen, kurz überbrausen, trockentupfen und in Scheiben schneiden.

4 In einer Pfanne 2 EL Olivenöl erhitzen. Zwiebeln glasig dünsten, das gehackte Gemüse anschmoren, die Hälfte der Petersilie und dann die Pilze mitbraten. Grüne Erbsen dazugeben. Mit Weißwein ablöschen und ohne Deckel unter Rühren bei mittlerer Hitze 10–15 Min. einkochen lassen, salzen.

5 Knoblauchzehe schälen, in feine Scheiben schneiden. Das Fischfilet abbrausen, trockentupfen, mit dem Saft von 1 Zitrone beträufeln und etwa 30 Min. ziehen lassen. Dann den Fisch mit Salz bestreuen. In einer Pfanne 2 EL Olivenöl erhitzen, Knoblauch kurz darin andünsten. Das Fischfilet beidseitig anbraten und mit einer Gabel zerpflücken. Backofen auf 200° (Gas Stufe 3) vorheizen.

6 Die restliche Petersilie, die Rosinen, Pinienkerne und das gedünstete Gemüse unter den Fisch mischen.

7 Eine Gratinform mit 1 EL Butter ausstreichen und mit Semmelbröseln ausstreuen. Den Teig mit einem Nudelholz ausrollen und darauf legen, ringsherum einen Teigrand bilden. Die Hälfte vom Reis in die Form füllen, die vorbereitete Fisch-Gemüse-Mischung einschichten und mit dem übrigen Reis abdecken. 2 EL Butter in Flöckchen darauf verteilen. 40 g Parmesan darüber streuen. Im vorgeheizten Backofen etwa 30 Min. bei 180° (Gas Stufe 2) backen. Die Fischtorte lauwarm oder kalt mit gemischtem Salat servieren.

Wein: Dazu schmeckt ein aromatischer Weißwein aus Venetien, z. B. ein Bianco di Custoza.

SECONDI PIATTI: CARNE

Saltimbocca alla romana

Latium · Schnell **Kalbsschnitzel mit Schinken und Salbei**

Zutaten für 4 Portionen:
8 dünne Kalbsschnitzel (ca. 500 g)
100 g Butter
8 frische Salbeiblätter
8 Scheiben luftgetrockneter Schinken (Parma oder San Daniele)
Salz
weißer Pfeffer aus der Mühle
4 EL Marsalawein oder Weißwein

Zubereitungszeit: 20 Min.

Pro Portion: 1600 kJ/380 kcal

1 Kalbsschnitzel vorsichtig flach klopfen. In einer großen Pfanne Butter aufschäumen lassen, Salbeiblätter etwa 1 Min. darin schwenken, herausnehmen und beiseite legen.

2 Schinkenscheiben in der Salbeibutter etwa 2 Min. leicht anbraten und ebenfalls herausnehmen. Zum Salbei geben, warm stellen.

3 Kalbsschnitzel in der gleichen Pfanne pro Seite etwa 2 Min. braten. Mit wenig Salz und Pfeffer würzen.

4 Auf einer vorgewärmten Servierplatte die Kalbsschnitzel mit je 1 Scheibe Schinken und 1 Salbeiblatt anrichten und abgedeckt warm stellen.

5 Den Bratenfond mit Marsalawein und 1 EL Wasser ablöschen, aufrühren und über die Saltimbocca gießen. Sofort servieren. Weißbrot und Salat der Saison dazu reichen.

Wein: Ein frischer, leichter Weißwein aus Latium, z. B. ein Frascati oder ein Est! Est!! Est!!! di Montefiascone, passen gut dazu.

Info: Saltimbocca heißt wortwörtlich übersetzt: »Spring in den Mund!« Wie der Name ausdrückt, ist es nur ein Häppchen.

Salbei

Hausgärtchen in Südtirol mit Salbeistrauch.

Der Name Salbei kommt vom lateinischen »salvus« und heißt gesund. Schon vor 2000 Jahren empfahl der griechische Arzt Dioskorides Salbei zum Blutstillen, gegen Fieber und Nierensteine. Heute wird Salbei eher als Küchenkraut geschätzt. Die zarten Blätter des Echten Salbei kann man während des ganzen Sommers ernten. Die beste Erntezeit ist allerdings Mai/Juni, kurz vor dem Erscheinen der violett-bläulichen oder weißlichen Blüten, denn dann enthalten die Blätter die meiste Würzkraft. Die grünlich-silbergrauen filzigen Blätter enthalten ein ätherisches Öl, das dem Salbei den Duft und ein leicht bitteres Aroma verleiht. Das traditionelle Würzmittel bereichert viele Fleisch- und Fischgerichte der italienischen Küche. Erst beim Kochen entwickelt Salbei – sparsam verwendet – seinen vollen Geschmack. Auch getrockneter Salbei, dessen Blätter sich leicht zerreiben lassen, behält seine Würzkraft. Eine pikante Beilage zu Fleischgerichten sind frische Salbeiblätter, durch den Ausbackteig gezogen und in Fett schwimmend gebacken. Vielleicht wird Salbei deshalb so häufig als Gewürz verwendet, weil der Aberglaube besagt, sein Genuß mache den Menschen unsterblich.

Vitello tonnato

Piemont • Raffiniert — Kalbfleisch mit Thunfischsauce

Zutaten für 6 Portionen:
1 Stange Bleichsellerie
1 Möhre
1 Zwiebel
1 Lorbeerblatt
2 Gewürznelken
1 kg Kalbsnuß
¾ l trockener Weißwein
Salz
1 Dose Thunfisch ohne Öl (150 g)
3 in Öl eingelegte Sardellenfilets
2 Eigelb
3 EL Kapern
2 unbehandelte Zitronen
200 ml Olivenöl
Pfeffer aus der Mühle

Zubereitungszeit: 2 Std.
(+ 24 Std. Marinieren,
+ 3–4 Std. Kühlen)

Pro Portion: 2800 kJ/670 kcal

1 Den Sellerie, die Möhre und 1 Zwiebel grob zerteilen, mit 1 Lorbeerblatt und 2 Gewürznelken, dem Fleisch und ¾ l Weißwein in einen Topf geben. Zugedeckt 24 Std. durchziehen lassen.

2 Soviel Wasser angießen, daß das Fleisch gerade bedeckt ist, mit 1 TL Salz aufkochen. Bei schwacher Hitze offen knapp 1 Std. gar ziehen lassen. Im Sud abkühlen lassen.

3 Den Thunfisch abtropfen lassen, 3 Sardellenfilets trockentupfen und klein schneiden. Thunfisch, Sardellen, 2 Eigelb, 2 EL Kapern mit dem Saft von ½ Zitrone fein pürieren. Mit einigen EL Brühe vom Sud und etwa 200 ml Olivenöl nach und nach zu einer sämigen Sauce rühren. Salzen und pfeffern.

4 Das Fleisch in dünne Scheiben schneiden, auf einer Platte anrichten. Gleichmäßig mit der Sauce überziehen, 3–4 Std. abgedeckt kühl stellen und durchziehen lassen. 1½ Zitronen in dünne Scheiben schneiden und das Fleisch damit garnieren. 1 EL Kapern darüberstreuen.

Sorgfältig werden die Kapern verlesen.

Kapern

sind die grünen, noch geschlossenen pfefferkorn- bis erbsengroßen Blütenknospen des Kapernstrauches. Dieser Strauch wächst im Mittelmeergebiet und wird besonders in Süditalien angebaut. Ganz früh am Morgen werden die Kapern geerntet, denn dann sind sie so, wie sie sein sollen: hart und fest verschlossen, von oliv- bis blaugrüner Farbe. In diesem Stadium fehlt den Kapernknospen jegliche Würze. Nach dem Pflücken ruht die Tagesernte über Nacht – die Knospen welken und trocknen leicht an. Anschließend werden sie nach Größen sortiert, dann in ein würziges Bad eingelegt – entweder in purem Salz, in Salzlake oder in Essig. So bekommen Kapern ihren typischen Geschmack.

Kapern gibt es in unterschiedlichen Qualitäten – auf den ersten Blick erkennbar an der Größe der Knospen: Nonpareilles heißt die feinste und begehrteste Sorte. Die Rangfolge setzt sich fort mit größeren und pikanter werdenden Sorten: Surfines, Fines, Mifines, Capucines, Capotes und Capperoni.

Kapern geben vielen italienischen Gerichten eine raffinierte Note – zum Beispiel auch der sizilianischen Caponata und anderen Gerichten.

Secondi piatti: carne

Manzo alla sarda

Sardinien · Braucht etwas Zeit

Rindfleisch auf sardische Art

Zutaten für 4 Portionen:
1 kg Bratenfleisch vom Rind
(z. B. aus der Keule)
300 ml trockener Weißwein
3 Gewürznelken
1 EL Wacholderbeeren · Salz
schwarzer Pfeffer, frisch gemahlen
20 g getrocknete Steinpilze
80 g Butter · 4 Anchovisfilets
2 EL Zitronensaft
4 Scheiben italienisches Weizenbrot
aus Sauerteig
Muskatnuß, frisch gerieben

Zubereitungszeit: 30 Min.
(+12 Std. Marinieren
+ 1 Std. Garen)

Pro Portion: 2800 kJ/670 kcal

1 Das Fleisch waschen, in Würfel von etwa 5 cm Kantenlänge schneiden und in eine Schüssel geben. Wein, Gewürznelken, leicht zerstoßene Wacholderbeeren, etwas Salz und Pfeffer hinzufügen. Das Fleisch zugedeckt kühl stellen und über Nacht marinieren.

2 Am nächsten Tag die Pilze mit 75 ml warmem Wasser bedeckt einweichen. Das Fleisch aus der Marinade nehmen und abtropfen lassen. Die Marinade durch ein Sieb gießen und aufheben. Das Fleisch trockentupfen.

3 In einem Bräter 40 g Butter erhitzen, die Fleischwürfel darin bei starker Hitze rundum braun anbraten. Die Marinade und die Pilze mit der Flüssigkeit dazugießen. Das Fleisch bei mittlerer Hitze zugedeckt 45 Min. – 1 Std. schmoren, bis es weich ist. Dann alles offen kochen lassen, bis die Sauce stark eingekocht ist. Den Bräter beiseite stellen.

4 Die Anchovisfilets mit 20 g Butter und dem Zitronensaft mit der Gabel zerdrücken und vermischen. Die Brotscheiben mit der restlichen Butter leicht einstreichen, in der Pfanne rösten und auf Teller legen. Die Fleischwürfel darauf verteilen. Anchovispaste in die Sauce rühren, mit Salz, Pfeffer und Muskat abschmecken und über dem Fleisch verteilen, sofort servieren.

Scaloppine alla pizzaiola

Neapel · Gelingt leicht
Kalbsschnitzel mit Tomaten

Zutaten für 4 Portionen:
500 g Eiertomaten
2 Knoblauchzehen
2 Zweige frischer oder 1 TL getrockneter Oregano
4 EL Olivenöl, kaltgepreßt
4 Kalbsschnitzel (je etwa 150 g)
Salz
schwarzer Pfeffer, frisch gemahlen

Zubereitungszeit: 40 Min.

Pro Portion: 1000 kJ/240 kcal

1 Die Tomaten mit kochendheißem Wasser übergießen, kurz stehenlassen, mit kaltem Wasser abschrecken und häuten. Die Tomaten halbieren, Stielansätze und Kerne entfernen, das Fruchtfleisch grob würfeln. Den Knoblauch schälen und klein würfeln. Frischen Oregano waschen, trockenschütteln und die Blättchen hacken.

2 In einer Pfanne 2 EL Olivenöl erhitzen, den Knoblauch darin glasig braten. Dann die Tomaten dazugeben und etwa 2 Min. braten, bis sie zerfallen. Inzwischen vier Teller warm stellen. Die Tomaten mit Salz und Pfeffer würzen, den frischen oder getrockneten Oregano unterrühren und alles noch etwa 5 Min. bei schwacher Hitze zugedeckt sanft köcheln lassen.

3 Inzwischen die Kalbsschnitzel von beiden Seiten leicht mit Pfeffer bestreuen. Das restliche Olivenöl in einer Pfanne erhitzen und die Schnitzel bei starker Hitze von jeder Seite insgesamt etwa 4 Min. braten. Dann etwas salzen, auf die vorgewärmten Teller legen und mit den gedünsteten Tomaten anrichten. Dazu schmeckt Brot oder Nudeln.

Getränk: Ein roter Greco di Tufo aus Kampanien paßt sehr gut dazu.

Variante: Scaloppine alla bolognese (Schnitzel mit Schinken und Käse) Schnitzel vorsichtig flach klopfen, durch 2 EL Mehl und durch 1 verquirltes Ei ziehen, in Butter von beiden Seiten 2 Min. braten. Nebeneinander in eine feuerfeste Form legen, mit je einer Scheibe Parmaschinken und Parmesanhobeln belegen und warm halten. Den Bratsatz mit 8 EL Marsala lösen, über die Schnitzel träufeln. Zugedeckt bei schwacher Hitze den Käse schmelzen lassen. Mit Weißbrot servieren.

Ossobuco alla milanese

Mailand • Für Gäste **Geschmorte Kalbshaxe**

Zutaten für 6–8 Portionen:
4 mittelgroße Möhren
4 Stangen Bleichsellerie
3 mittelgroße Zwiebeln
3 Knoblauchzehen
4 EL Butter
6–8 Kalbshaxenscheiben (quer zum Knochen gesägt, etwa 3 kg)
Salz · schwarzer Pfeffer aus der Mühle
Mehl zum Wenden
6 EL Olivenöl, kaltgepreßt
¼ l Weißwein
1 kg reife Fleischtomaten (oder Tomaten aus der Dose)
1 Bund Petersilie
¼ l Fleischbrühe + Brühe zum Begießen
je ½ TL Thymian und Oregano
2 Lorbeerblätter

Für die Gremolata:
2 unbehandelte Zitronen
2 Bund glatte Petersilie
5 Knoblauchzehen

Zubereitungszeit: 50 Min. (+ 2–3 Std. Schmorzeit)

Bei 8 Portionen pro Portion: 2400 kJ/570 kcal

1 Möhren, Sellerie, Zwiebeln und Knoblauchzehen klein würfeln. Im Bräter bei schwacher Hitze Butter zerlassen. Sobald sie klar ist, das Gemüse unter Rühren darin anschmoren, bis es leicht gebräunt ist.

2 Die Kalbshaxen mit Küchengarn rund binden. Salzen, pfeffern, in Mehl wenden. Überschüssiges Mehl wieder abklopfen. In Olivenöl in einer großen Pfanne portionsweise bei mäßiger Hitze hellbraun braten. Herausnehmen und auf das angeschmorte Gemüse setzen.

3 Das Öl aus der Pfanne gießen. Bratfond mit ¼ l Weißwein aufkochen, dabei rühren, bis der Satz aufgelöst und der Wein auf 4–6 EL eingekocht ist. Den Backofen auf 175° (Gas Stufe 2) vorheizen.

4 Die Tomaten mit kochendem Wasser überbrühen, häuten, halbieren und die Kerne entfernen. Tomaten aus der Dose auf einem Sieb abtropfen lassen. In Stücke schneiden. Petersilie mit Stengeln grob hacken.

5 Pfannenfond mit Fleischbrühe aufgießen, gehackte Petersilie, Thymian, Oregano, Lorbeerblätter und Tomatenstücke dazugeben. Aufkochen, salzen und pfeffern.

6 Die Sauce über die Fleischstücke gießen. Auf dem Herd aufkochen. Deckel auflegen und in den Ofen schieben. 2–3 Std. schmoren, dabei die Scheiben alle 30 Min. mit etwas Brühe übergießen.

7 Für die Gremolata: Schale von 2 Zitronen fein abreiben. Petersilie fein hacken. 5 Knoblauchzehen ganz fein würfeln. Alles vermischen. Fertig geschmortes Fleisch in eine Schüssel heben. Gemüse mit Sauce darüber schöpfen. Mit Gremolata bestreuen.

Secondi piatti: carne

Bollito misto con salsa verde

Piemont/Aostatal

Gemischtes gekochtes Fleisch mit grüner Sauce

Zutaten für 10–12 Portionen:
Salz · 500 g Kalbskopf
3 Stangen Sellerie · 3 Möhren
1 Stange Lauch · 2 Zwiebeln
500 g Hochrippe vom Rind
500 g Rinderbeinschinken
2 große Markknochen
500 g gerollte Kalbsbrust
1 Poularde (etwa 1,2 kg)
750 g leicht gepökelte, gekochte Rinderzunge
Für die Sauce:
1 Brötchen · 4 Bund Petersilie
3 Schalotten · 1–2 Knoblauchzehen
2 EL Kapern · 6 Sardellenfilets
4 Cornichons · 3–4 TL Weinessig
etwa 1/4 l Olivenöl
Salz · schwarzer Pfeffer

Zubereitungszeit: 2 1/2–3 Std.
Bei 12 Portionen pro Portion:
2700 kJ/640 kcal

1 In einem großen Topf 3 l Wasser aufkochen, salzen. Kalbskopf gründlich unter fließendem Wasser waschen, dabei alle Knochensplitter und Blutgerinnsel sorgfältig entfernen, dann ins Wasser geben. Zugedeckt bei ganz schwacher Hitze etwa 1 Std. kochen lassen.

2 Inzwischen Sellerie putzen, eventuell harte Fäden abziehen, Möhren schaben, Lauch putzen, der Länge nach aufschneiden und gründlich waschen. Zwiebeln schälen und das ganze Gemüse in Scheiben schneiden. Rindfleisch kurz abbrausen. Wenn der Kalbskopf weich ist, aus der Brühe nehmen, auf einem Sieb auskühlen lassen. Die Hochrippe, den Rinderbeinschinken, die beiden Markknochen und die Kalbsbrust in den Topf geben und bei schwacher Hitze etwa 1 Std. kochen lassen. Dann die Poularde dazugeben und 1 weitere Std. garen. 1/2 Std. vor Ende der Garzeit das Gemüse in den Topf geben. Bei schwacher Hitze kochen, bis alle Fleischsorten gar sind, mit einer Gabel testen. Stücke, die schon weich sind, aus dem Topf nehmen und später noch einmal kurz in der Suppe erhitzen.

3 Inzwischen die grüne Sauce zubereiten. Zunächst das Brötchen entrinden und in Wasser einweichen. Petersilienblättchen abzupfen, mit Schalotten, Knoblauch, Kapern, Sardellenfilets und Cornichons im Mörser zerstampfen oder im Blitzhacker fein zerkleinern.

4 Das gut ausgedrückte Brötchen mit dem Weinessig verrühren, zerkleinerte Zutaten untermischen. In dünnem Strahl unter Rühren so viel Olivenöl dazugießen, daß eine sämige Sauce entsteht. Mit Salz und Pfeffer abschmecken.

5 Das Fleisch vom Kalbskopf lösen, etwa 10 Min. mit der Rinderzunge in der Suppe ziehen lassen.

6 Zum Servieren alle Fleischsorten in Scheiben oder gefällige Stücke schneiden und auf einer gut vorgewärmten Platte anrichten. Mit »Salsa verde« und dem Gemüse servieren. Als Beilage reicht man Salzkartoffeln und eingelegte Senffrüchte (Mostarda di Cremona).

Wein: Zu diesem festlichen Essen sollten Sie einen trockenen roten Barbera trinken.

Info: Zum echten »Bollito misto« gehört zusätzlich entweder eine stark mit Knoblauch gewürzte, gekochte Schweinswurst oder ein »Zampone«, ein gut gewürzter gefüllter Schweinefuß. In der durchgeseihten Brühe werden kleine Teigwaren »al dente« gegart und mit frisch geriebenem Parmesan als »primo« gereicht.

Tip! Wenn Ihnen die Arbeit mit dem Kalbskopf zu aufwendig ist, können Sie beim Metzger statt dessen die Kalbsbäckchen mit der Schwarte bestellen. Lieben Sie die Poulardenbrust besonders saftig, teilen Sie die Poularde und geben Sie die Brust erst mit dem Gemüse in die Brühe.

Cima ripiena alla genovese

Ligurien · Etwas aufwendiger

Gefüllte Kalbsbrust

Zutaten für 6–8 Portionen:
30 g getrocknete Steinpilze
1 mittelgroße Möhre
2 Knoblauchzehen
½ Bund Petersilie
½ Kalbshirn
(ersatzweise 1 Brötchen ohne Rinde, in Milch eingeweicht)
1 Kalbsbries
(ersatzweise die unten angegebene Hackfleischmenge um 200 g erhöhen)
50 g Kalbsknochenmark aus etwa 3 großen Knochen
Salz
1,2 kg entbeinte Kalbsbrust, vom Metzger Tasche einschneiden lassen
2 l Gemüsebrühe (selbstgemacht oder instant)
50 g Butter
200 g Hackfleisch vom Kalb
80 g frische enthülste Erbsen (ersatzweise tiefgekühlte)
2 EL Pinienkerne oder geschälte Pistazien
3 Eier
3 EL Parmesan, frisch gerieben
1 TL frische oder ½ TL getrocknete Majoranblättchen
schwarzer Pfeffer, frisch gemahlen
Muskatnuß, frisch gerieben
Petersilie zum Garnieren

Zubereitungszeit: 3 Std.

Bei 8 Portionen pro Portion:
2500 kJ/600 kcal

1 Pilze in lauwarmem Wasser einweichen. Möhre schälen, in kleine Würfel schneiden. Knoblauch schälen, Petersilie waschen, trockenschütteln, beides fein hacken.

2 Hirn, Bries und Kalbsknochen etwa 5 Min. in kochendem Salzwasser blanchieren, eiskalt abschrecken. Hirn und Bries von Häutchen und Blutgerinnseln befreien, Mark aus den Kalbsknochen lösen. Hirn, Bries und Mark in kleine Würfel schneiden. Kalbsbrust kurz abwaschen und abtrocknen.

3 Die Gemüsebrühe in einem großen Topf erhitzen. In einer Pfanne die Butter zerlassen. Hirn, Bries und Mark leicht darin anbraten, dann in eine Schüssel umfüllen und abkühlen lassen. Abgetropfte, ausgedrückte Pilze, Knoblauch und Petersilie dazugeben.

4 Hackfleisch, Erbsen, Pinienkerne oder Pistazien leicht untermischen. Eier mit Parmesan und Majoran verquirlen, unter die Fleischmasse mischen. Mit Salz, Pfeffer und Muskatnuß kräftig abschmecken.

5 Die Kalbsbrust mit der Masse nur zu etwa ⅔ füllen, da sich diese beim Kochen stark ausdehnt. Die Öffnung mit Holzspießchen zustecken. Anschließend Küchengarn kreuzförmig um die Spießchen wickeln.

6 Kurz vor dem Siedepunkt die Kalbsbrust in die Brühe geben, zunächst etwa 30 Min. offen bei mittlerer Hitze, dann noch mindestens 1 ½ Std. zugedeckt bei schwächster Hitze garen.

7 Topf vom Herd nehmen, das Fleisch im Sud etwa 30 Min. nachziehen lassen. Holzspießchen und Küchengarn entfernen. Auskühlen lassen, in dünne Scheiben schneiden. Mit Petersilienblättern garnieren und frischem Weißbrot servieren.

Variante: Sie können statt Kalbhackfleisch Schweinehackfleisch und Speckwürfelchen nehmen, statt Erbsen gehackte Spinatblätter, Zwiebeln und verschiedene Kräuter, z. B. Petersilie, Basilikum und Rosmarin.

Tip! Wenn man die gefüllte Kalbsbrust beim Abkühlen mit einem Teller bedeckt und mit einem Gewicht beschwert, läßt sie sich besser schneiden.

Wichtiger Hinweis: Die original italienische Füllung der Kalbsbrust wird mit Kalbshirn und -bries zubereitet. Diese Zutaten sind jedoch aufgrund des BSE-Virus (Rinderwahnsinn), der bei Rindern auftreten kann, möglicherweise nicht ganz unbedenklich. Sie können diese Innereien, durch die in Klammern angegebenen Zutaten ersetzen.

Spiedini

Sizilien · Geht schnell **Rouladen auf Spießchen**

Zutaten für 4 Portionen:
4 dünne Kalbsschnitzel (etwa 700 g)
3 EL Olivenöl, kaltgepreßt
6 EL Paniermehl
2 EL Pecorino, frisch gerieben
2 EL Pinienkerne
2 EL Rosinen
2 mittelgroße Zwiebeln · Salz
schwarzer Pfeffer, frisch gemahlen
Olivenöl zum Einölen
8 Lorbeerblätter
außerdem: 4 Holzspießchen

Zubereitungszeit: 30 Min.

Pro Portion: 1700 kJ/400 kcal

1 Den Elektro- oder Holzkohlegrill vorheizen. Die Fleischscheiben waschen, mit Küchenpapier trockentupfen und nebeneinander auf ein Brett legen. Jede Scheibe mit dem Fleischklopfer noch dünner klopfen und in 3 Teile schneiden. Jede Scheibe von beiden Seiten leicht mit dem Öl einpinseln.

2 Das Paniermehl mit dem Käse vermischen, bei mittlerer Hitze in einer trockenen Pfanne unter Rühren etwa 1 Min. anrösten und in ein Schüsselchen geben. Pinienkerne und Rosinen grob hacken und hinzufügen. Die Zwiebeln schälen. 1 Zwiebel sehr klein würfeln und unter die Paniermehlmischung rühren, mit Salz und Pfeffer würzen.

3 Auf jede Fleischscheibe etwas von dieser Mischung geben, bis sie aufgebraucht ist. Die Scheiben fest zusammenrollen. Die übrige Zwiebel in große Stücke oder Scheiben schneiden. Die 4 Holzspießchen einölen.

4 Jeweils 3 Rouladen quer aufgespießt abwechselnd mit 1 Lorbeerblatt und 1 Zwiebelstück dazwischen eng auf die Spieße stecken. Rouladen und Zwiebeln mit etwas Salz und Pfeffer bestreuen und über glühender Holzkohle oder unter dem Elektrogrill rundum insgesamt 6–8 Min. grillen, dann sofort servieren. Dazu Weißbrot reichen.

Getränk: Dazu paßt ein sizilianischer Weißwein wie ein Donna Fugata.

Pinienkerne

Bei entsprechender Lagerung halten Pinienkerne fast 3 Monate.

Pinienkerne, Pineolen oder Pignoli sind die Samen der südeuropäischen »Pinie Pinus Pinea«, der charakteristischen Kiefernart der Mittelmeerländer, die auch als Schirmpinie bezeichnet wird. Ihr heutiges Verbreitungsgebiet reicht von Spanien bis in die Türkei und bis nach Südamerika. Bevorzugte Standorte sind Küstengebiete. Ihre dicken, 8 – 15 cm langen, eiförmigen Zapfen reifen am Baum etwa drei Jahre. Dann öffnen sich ihre Schuppen und lassen die Samenkerne fallen, oder man holt mit Stangen die noch geschlossenen Zapfen herunter und legt sie in die Sonne, bis sie sich öffnen und sammelt sie zum Entkernen ein. Die Samen sind bis 2 cm lang und stecken in braunen, harten Schalen. Nach dem Schälen zeigen sich die weißlichen, weichen Pinienkerne. Sie schmecken leicht süß-säuerlich, ein wenig harzig, und angenehm mandelartig. Kühl, trocken und luftig gelagert halten sie sich 2–3 Monate. Die besten Pinienkerne kommen in Italien aus der Toskana. In Süditalien gibt man Pinienkerne gerne in pikante Fleisch- und Fischgerichte, in Cuscus, aber auch in Backwerk. Pinienkerne haben neben ihrem guten Geschmack auch einen hohen Gehalt an Mineralstoffen (Kalzium, Phosphor, Eisen) und Vitaminen (Provitamin A, B_1 und B_2).

Coda in agrodolce
Ochsenschwanz süß-sauer

Rom · Braucht etwas Zeit

Zutaten für 4 Portionen:
1,5 kg Ochsenschwanz in Stücken
1 Möhre · 2 Stangen Sellerie
2 mittelgroße Zwiebeln
1 Lorbeerblatt · 3 Gewürznelken
1 TL Pfefferkörner · Salz
100 g magerer Speck, ohne Schwarte
2 Knoblauchzehen · 3 EL Olivenöl
50 g Orangeat · 50 g Pinienkerne
50 g Rosinen
30 g Zartbitterschokolade
¼ l trockener Weißwein
2 EL Rotweinessig
schwarzer Pfeffer, frisch gemahlen
nach Belieben: Orangenblätter
zum Garnieren

Zubereitungszeit: 40 Min.
(+ 3 Std. Garen)
Pro Portion: 4100 kJ/400 kcal

1 Die Ochsenschwanzstücke waschen und in einen großen Topf legen. Die Möhre schälen und in dicke Scheiben schneiden. Den Sellerie waschen und in Stücke schneiden. 1 Zwiebel schälen und vierteln. Das Gemüse mit dem Lorbeerblatt, Gewürznelken, Pfefferkörnern, 1 TL Salz und 1½–2 l Wasser zu dem Ochsenschwanz geben, so daß er bedeckt ist. Alles etwa 2 Std. bei mittlerer Hitze zugedeckt kochen. Ochsenschwanz in ein Sieb abgießen, dabei die Brühe auffangen, beides beiseite stellen.

2 Den Speck klein würfeln. Die zweite Zwiebel und den Knoblauch schälen und beides klein würfeln. Das Olivenöl in einem Bräter erhitzen und den Speck bei mittlerer Hitze auslassen. Die Zwiebel und den Knoblauch hinzufügen und mitbraten, bis sie sich leicht bräunen. Orangeat, Pinienkerne, Rosinen und Schokolade dazugeben und rühren, bis die Schokolade geschmolzen ist. Wein und Essig dazugießen, alles aufkochen und mit Salz und Pfeffer abschmecken. Die Sauce zugedeckt etwa 5 Min. köcheln lassen.

3 Ochsenschwanzstücke in die Sauce legen und darin etwa 1 Std. zugedeckt bei schwacher Hitze köcheln lassen. Gelegentlich umrühren und nach Bedarf noch ein wenig von der beiseite gestellten Brühe nachgießen. Das Gericht abschmecken, auf Teller verteilen und servieren. Dazu paßt Brot am besten. Nach Belieben mit Orangenblättern garnieren.

Ragù del macellaio
Metzger-Ragout

Apulien · Gut vorzubereiten

Zutaten für 4 Portionen:
je 150 g Kalbs-, Rinder- und
Schweinefleisch aus der Keule
oder Schulter
150 g Lammfleisch aus der Keule
1 mittelgroße Zwiebel
500 g Tomaten
4 EL Olivenöl, kaltgepreßt
⅛ l trockener Rotwein · Salz
schwarzer Pfeffer, frisch gemahlen
nach Belieben: 2 EL gehackte
Petersilie

Zubereitungszeit: 30 Min.
(+ 1½ Std. Garen)
Pro Portion: 1700 kJ/400 kcal

1 Das Fleisch in Würfel von etwa 3 cm Kantenlänge schneiden. Die Zwiebel schälen und klein würfeln. Die Tomaten mit kochendheißem Wasser übergießen, kurz stehenlassen, kalt abschrecken und häuten. Die Tomaten halbieren, die Stielansätze herausschneiden und das Fruchtfleisch würfeln.

2 Olivenöl in einem Bräter erhitzen und die Fleischwürfel bei starker Hitze darin anbraten, bis der Saft verdampft ist und das Fleisch sich bräunt. Die Zwiebel hinzufügen und mitbraten, bis sie glasig wird. Alles mit dem Rotwein ablöschen und aufkochen, dann auf mittlere Hitze zurückschalten.

3 Die Tomaten dazugeben. Etwas Salz und Pfeffer darüber streuen und umrühren. Das Ragout zugedeckt bei schwacher Hitze etwa 1½ Std. köcheln lassen, nach Belieben mit gehackter Petersilie überstreuen und servieren.

Getränk: Dazu paßt ein Rotwein aus den apulischen Anbaugebieten wie der San Severo Rosso.

Tip! Dieses opulente Ragout aus Apulien wird auch im übrigen Italien sehr gerne gegessen. Es wird meist mit Nudeln serviert.

Secondi piatti: carne **171**

Polpettone alla fiorentina

Toskana · Deftig Hackbraten mit Tomaten geschmort

Zutaten für 6 Portionen:
3 EL getrocknete Steinpilze
200 g Weißbrot vom Vortag
ohne Rinde
etwa ¼ l Milch
600 g reife Tomaten
50 g rohen Schinken,
in Scheiben geschnitten
700 g Rinderhackfleisch
2 Eier
50 g Parmesan, frisch gerieben
Salz
schwarzer Pfeffer, frisch gemahlen
Semmelbrösel
4 EL Olivenöl
⅛ l trockener Rotwein

Zubereitungszeit: 1 ½ Std.

Pro Portion: 2300 kJ/550 kcal

1 Pilze in Wasser, Brot in Milch einweichen. Tomaten überbrühen, häuten, quer halbieren, entkernen, Stielansätze entfernen, Fruchtfleisch grob hacken. Schinken ganz fein hacken.

2 In einer Schüssel das Rinderhackfleisch, den Schinken, das gut ausgedrückte Weißbrot, Eier und Parmesan, Salz und Pfeffer mit den Händen so lange durchkneten, bis eine gleichmäßige Masse entsteht. Daraus einen Braten formen und in Semmelbröseln wälzen. Pilze gut ausdrücken, kleinschneiden.

3 In einer großen Kasserolle das Öl erhitzen, den Braten unter vorsichtigem Wenden auf beiden Seiten bei mittlerer Hitze leicht anbräunen. Nach und nach mit dem Wein begießen. Sobald dieser verdampft ist, die Tomaten und die Pilze dazugeben.

4 Zugedeckt langsam bei ganz schwacher Hitze in etwa 1 Std. fertiggaren, dabei immer wieder mit der Sauce begießen. Bei Bedarf mit Salz und Pfeffer nachwürzen. Dazu schmeckt am besten frisches Weißbrot.

Wein: Zu diesem Braten sollten Sie einen Brunello di Montalcino trinken.

Tip! Dieser »Polpettone« schmeckt kalt, aber auch aufgewärmt, vorzüglich. Wenn Sie mehr Portionen zubereiten wollen, müssen Sie die im Rezept genannten Mengen entsprechend abwandeln. Formen Sie aus dem Hackfleischteig dann auch zwei Braten: Sie zerbrechen beim Wenden nicht so leicht.

Arista alla fiorentina

Toskana · Aromatisch **Florentiner Schweinebraten**

Zutaten für 6 Portionen:
3–4 Knoblauchzehen
5–6 Rosmarinzweige
Salz
schwarzer Pfeffer, frisch gemahlen
1 EL Olivenöl
1 kg ausgelöstes Kotelettstück vom Schwein

Zubereitungszeit: 2 Std.

Pro Portion: 1400 kJ/330 kcal

1 Backofen auf 200° vorheizen. Knoblauchzehen schälen. Rosmarinzweige waschen und trockenschütteln. Von zwei Zweigen die Blätter abstreifen, mit dem Knoblauch zusammen sehr fein hacken, mit Salz, Pfeffer und Öl in einer kleinen Schüssel mischen.

2 Das Fleisch kurz waschen, abtrocknen, rundum an mehreren Stellen mit einem spitzen Messer etwa 1 cm tief einstechen, die kleinen Löcher jeweils mit 1 Msp. von der Gewürzmischung füllen. Das Fleisch mit Küchengarn zu einem Rollbraten schnüren. Die restlichen Rosmarinzweige gut verteilt unter das Garn schieben. Den Braten gut mit Salz und Pfeffer würzen.

3 Den Braten auf den Backrost (Mitte; Gas Stufe 3) legen, Fettpfanne darunter schieben und das Fleisch etwa 1 1/2 Std. braten, dabei immer wieder mit dem Bratensaft beträufeln. Servieren Sie dazu Kartoffeln oder Gemüse, das Sie in der Fettpfanne mitgeschmort haben.

Wein: Ein rubinroter Nobile di Montepulciano paßt am besten.

Info: Den Namen »Arista« erhielt dieser Braten von griechischen Bischöfen, die ihn, als er ihnen anläßlich eines ökomenischen Konzils vorgesetzt wurde, »aristos«, das heißt »vorzüglich«, fanden!

Tip! Sie können diesen Braten auch im Haushaltsgrill oder bei schönem Wetter stilecht auf dem Drehspieß Ihres Holzkohlengrills zubereiten.

Scaloppine al marsala

Sizilien · Geht schnell

Schweineschnitzel mit Marsala

Zutaten für 4 Portionen:
4 Schweineschnitzel (je etwa 120 g)
20 g magerer, geräucherter Speck, ohne Schwarte
1 Knoblauchzehe
2 EL Olivenöl, kaltgepreßt
Salz
schwarzer Pfeffer, frisch gemahlen
1 TL Mehl
200 ml trockener Marsala
20 g kalte Butter

Zubereitungszeit: 20 Min.

Pro Portion: 1500 kJ/360 kcal

1 Backofen auf 75° vorheizen. Das Fleisch kalt abspülen und mit Küchenpapier trockentupfen. Jedes Schnitzel halbieren. Den Speck sehr klein würfeln. Die Knoblauchzehe schälen. Öl in einer Pfanne bei mittlerer Hitze heiß werden lassen, den Speck darin auslassen. Den Knoblauch durch die Knoblauchpresse dazudrücken, leicht mitbraten, beide Zutaten dürfen nicht braun werden.

2 Die Schnitzel darauf legen und in jeweils 1–2 Min. pro Seite bei mittlerer Hitze braten, dann aus der Pfanne nehmen. Mit etwas Salz und Pfeffer bestreuen, im Ofen (Umluft 50°) warm stellen. Bratensatz in der Pfanne mit Mehl bestreuen und verrühren. 2 EL Wasser dazugeben und unterrühren. Nach und nach den Marsala unterrühren und aufkochen, so daß eine sämige Sauce entsteht.

3 Die Sauce mit Salz und Pfeffer abschmecken und die Butter hineinrühren. Die Schnitzel mit dem ausgetretenen Fleischsaft in die Pfanne geben, in der Sauce wenden, erneut erhitzen und servieren.

Getränk: Dazu schmeckt ein trockener, fruchtiger Weißwein wie z. B. der Rapitalà aus der Provinz Palermo.

Tip! Dieses schnelle Gericht können Sie mit Brot, aber auch mit Reis servieren

Murseddu

Kalabrien · Sehr pikant

Geschmorte Innereien

Zutaten für 4 Portionen:
je 200 g Kalbsleber und Schweineleber
200 g vorgegarte Kutteln
3 Knoblauchzehen
1 EL Olivenöl, kaltgepreßt
1 EL Schweineschmalz
50 ml trockener Rotwein
1 kleine Dose geschälte Tomaten (240 g Abtropfgewicht)
Salz · schwarzer Pfeffer
1 Peperoncino (siehe Info S. 110)
4 Scheiben italienisches Weizenbrot

Zubereitungszeit: 30 Min.
(+ 50 Min. Garen)

Pro Portion: 1400 kJ/330 kcal

1 Von der Kalbs- und Schweineleber die Häutchen und Röhren abtrennen und wegwerfen. Die Leber in etwa 1 cm große Stücke schneiden. Die Kutteln in ein Sieb geben, abspülen, abtropfen lassen und in Streifchen schneiden. Knoblauch schälen und klein würfeln.

2 Backofen auf 180° vorheizen. Öl und Schmalz in einem Bräter erhitzen. Den Knoblauch darin glasig braten. Die Leber hinzufügen und bei starker Hitze unter Wenden etwa 2 Min. rundum anbraten. Den Rotwein dazugießen und verdampfen lassen. Die Tomaten aus dem Saft heben, dazugeben, zerdrücken und alles aufkochen lassen. Die Kutteln unterrühren.

3 Alles mit Salz und Pfeffer würzen. Den Peperoncino waschen, halbieren, Stiel und Kerne entfernen, die Schote hacken und unter das Ragout mischen. Dieses noch etwa 5 Min. bei starker Hitze durchkochen, in eine feuerfeste, breite Auflaufform füllen und offen im Ofen (Mitte; Umluft 160°) 45–50 Min. garen. Das Brot im Toaster leicht anrösten, in Teller legen und das Ragout darauf anrichten.

Info: Dieses Gericht wird in Kalabrien in kleinen Lokalen in Marktnähe schon am Vormittag angeboten und mit einem Glas Rotwein genossen. Je nach Geschmack kann man noch etwas Lunge und Herz hinzufügen.

Secondi piatti: carne

Trippa all'anconetana

Marken · Deftig
Kutteltopf mit Gemüse

Zutaten für 6 Portionen:
1 kg vorgekochte Kutteln, beim Metzger vorbestellen
80 g Speck, durchwachsen, ohne Schwarte · 1 große Zwiebel
3 Knoblauchzehen · 1 Stange Sellerie
1 Möhre · 1 Bund Petersilie
1 unbehandelte Zitrone
1 Schinkenknochen, beim Metzger vorbestellen (ersatzweise eine kleine geräucherte Schweinshaxe)
2 EL Olivenöl · 2 EL Tomatenmark
¼ l trockener Weißwein · Salz schwarzer Pfeffer · 1 Prise Majoran
50 g Parmesan, frisch gerieben

Zubereitungszeit: 3 Std.

Pro Portion: 2300 kJ/550 kcal

1 Vorgekochte Kutteln unter fließendem Wasser gründlich waschen, abtrocknen, mit scharfem Messer in feine Streifen schneiden. Speck ganz fein hacken.

2 Zwiebel, Knoblauch schälen, Sellerie, Möhre putzen und waschen, Petersilie waschen, trockenschütteln. Alles fein hacken. Zitronenschale abreiben. Schinkenknochen gut abwaschen.

3 In einer Kasserolle den Speck in dem Öl auslassen, das kleingehackte Gemüse mit der Zitronenschale darin unter Rühren bei mittlerer Hitze etwa 5 Min. anbraten, dann Kuttelstreifen und Schinkenknochen dazugeben, etwa 5 Min. mitbraten.

4 Tomatenmark mit Weißwein verrühren, zu den Kutteln gießen. Mit Salz, Pfeffer und Majoran würzen. Zugedeckt bei schwacher Hitze in etwa 2 ½ Std. fertiggaren, dabei mehrmals umrühren. Bei Bedarf etwas heißes Wasser angießen. Vor dem Servieren den Schinkenknochen entfernen. Den Käse extra reichen.

Variante: Trippa alla piacentina (Kutteln mit weißen Bohnen) Kutteln nach Rezept zubereiten, Olivenöl durch Butter ersetzen. Statt mit Majoran und Zitronenschale mit 6 Salbeiblättern und 1 Lorbeerblatt würzen. Etwa 10 Min. vor Ende der Garzeit 250 g gekochte, abgetropfte weiße Bohnen untermischen. Kutteln sehr heiß ohne Käse servieren.

Fegatelli di maiale

Toskana · Etwas aufwendiger
Leberspießchen mit Fenchel

Zutaten für 4 Portionen:
150 g Schweinenetz, beim Metzger vorbestellen
600 g Schweineleber
2 Knoblauchzehen
1 EL Fenchelsamen
Salz · 6 Pfefferkörner
6 EL Semmelbrösel
4 dicke Scheiben festes Weißbrot vom Vortag
16 Lorbeerblätter · 2–3 EL Olivenöl

Zubereitungszeit: 1 Std.

Pro Portion: 1800 kJ/430 kal

1 Schweinenetz etwa 2 Min. in kochendheißem Wasser brühen, dann in kaltes Wasser legen. Netz vorsichtig auf einem Tuch ausbreiten, mit Küchenpapier abtrocknen. Leber waschen, trockentupfen. Netz und Leber jeweils in 12 möglichst gleich große Stücke schneiden.

2 Knoblauch schälen, mit Fenchelsamen, Salz und Pfefferkörnern am besten im Mörser zerkleinern. Semmelbrösel untermischen. Brotscheiben in 16 etwa gleich große Stücke schneiden.

3 Leberstückchen in der Gewürzmischung wenden und einzeln im Schweinenetz einwickeln. Abwechselnd mit Brot und Lorbeerblatt auf 4 Spießchen stecken, dabei mit Brot beginnen und abschließen.

4 Eine große Grillpfanne leicht ölen. Die Spieße darin offen bei mittlerer Hitze etwa 20 Min. rundum braten. Mit frischem Weißbrot servieren.

Braciole di maiale alle olive

Chieti (Abruzzen) · Gelingt leicht

Schweinekoteletts mit schwarzen Oliven

Zutaten für 4 Portionen:
4 Schweinekoteletts
Salz
Pfeffer aus der Mühle
Mehl zum Wenden
6 EL Olivenöl, kaltgepreßt
¼ l trockener Weißwein
100 g roher Schinken
1 mittelgroße Zwiebel
1 Knoblauchzehe
16 schwarze Oliven
300 g Tomaten (ersatzweise aus der Dose)
1 Lorbeerblatt
1 Bund Petersilie
1 hartgekochtes Ei

Zubereitungszeit: 50 Min.

Pro Portion: 3400 kJ/810 kcal

1 Backofen auf 150° (Gas Stufe 1) vorheizen. Von den Schweinekoteletts das Fett entfernen. Den Rand ab und zu einschneiden, damit die Koteletts sich beim Braten nicht wölben. Die Koteletts salzen, pfeffern und in Mehl wenden. In einer Pfanne 3 EL Olivenöl erhitzen. Das Fleisch von beiden Seiten etwa 3 Min. kräftig anbraten. Mit der Hälfte des Weines begießen und etwa 2 Min. ziehen lassen. Koteletts herausnehmen, auf einer feuerfesten Platte in den Backofen stellen, um sie warm zu halten.

2 Schinken würfeln. Zwiebel schälen, in feine Ringe schneiden. Knoblauchzehe schälen und fein hacken. Das Ganze mit 3 EL Olivenöl in die Pfanne geben und bei mittlerer Hitze kurz andünsten. Oliven halbieren und entkernen. Tomaten überbrühen, abschrecken, Haut abziehen, die Früchte vierteln, entkernen und mit den Oliven und dem Lorbeerblatt hinzufügen. Alles salzen und pfeffern. Zugedeckt etwa 10 Min. kochen lassen. Lorbeerblatt entfernen. Den restlichen Weißwein dazugießen und die Sauce offen etwas einkochen lassen.

3 Schweinekoteletts aus dem Backofen nehmen und in die Pfanne mit der Sauce legen (ausgetretenen Fleischsaft dazugeben). Petersilie waschen, trockenschütteln, fein hacken und über das Fleisch verteilen. Das Fleisch zugedeckt etwa 15 Min. bei schwächster Hitze schmoren lassen.

4 Schweinekoteletts auf einer Platte anrichten. Das hartgekochte Ei klein hacken und in die Sauce geben. Das Fleisch mit der Sauce überziehen und heiß servieren.

Fegato alla veneziana

Venetien · Gelingt leicht   Gebratene Kalbsleber mit Zwiebeln

Zutaten für 4 Portionen:
400 g weiße Zwiebeln
1 Bund Petersilie
4 frische Salbeiblätter
50 g Butter
4 EL Olivenöl
¼ l Fleischbrühe (oder fertiger Kalbsfond aus dem Glas)
500 g Kalbsleber
Mehl zum Wenden
Salz
weißer Pfeffer aus der Mühle

Zubereitungszeit: 30 Min.

Pro Portion: 1600 kJ/380 kcal

1 Zwiebeln schälen und mit einem scharfen Messer in dünne Ringe schneiden. Petersilie und Salbeiblätter waschen und trockenschütteln, Petersilie fein hacken. In einer Pfanne die Hälfte der Butter und des Olivenöls erhitzen. Salbeiblätter darin schwenken, herausnehmen und beiseite legen. Zwiebelringe hineingeben und unter häufigem Umrühren bei schwacher Hitze etwa 15 Min. dünsten, bis sie weich und glasig sind. Dabei ab und zu mit etwas Fleischbrühe übergießen. Zwiebeln auf einem Teller warm stellen.

2 Kalbsleber sorgfältig enthäuten, ganz kurz abspülen, trockentupfen und in schmale Scheiben schneiden. Restliches Fett erhitzen. Leber in Mehl wenden und mit den Salbeiblättern in die Pfanne geben, beidseitig goldbraun anbraten. Restliche Fleischbrühe angießen und noch 2–4 Min. leise schmoren lassen, bis die ganze Flüssigkeit verdampft ist. Zum Schluß die Leberscheiben salzen und pfeffern.

3 Auf einen vorgewärmten Servierteller legen, mit den Zwiebeln anrichten. Petersilie über die Leberscheiben streuen. Heiß mit Polenta (Rezept S. 83) als Beilage servieren.

Variante: Fegato al vino bianco
(Kalbsleber in Weißwein)
500 g Leberscheiben in der Pfanne mit 50 g Butter 1–2 Min. anbraten. In einer Schüssel ¼ l trockenen Weißwein mit 1 EL Mehl verrühren, über die Leberscheiben gießen und 2–4 Minuten schmoren lassen. Salzen und pfeffern.

Costolette d'agnello
Lammkoteletts

Kalabrien · Gelingt leicht

Zutaten für 4 Portionen:
1 kleine Zwiebel
500 g Tomaten
2 kleine rote Paprikaschoten
100 g grüne Oliven
1 Bund glatte Petersilie
5 EL Olivenöl, kaltgepreßt
Salz
schwarzer Pfeffer, frisch gemahlen
8 Lammkoteletts (etwa 800 g)
½ TL getrockneter Oregano

Zubereitungszeit: 40 Min.

Pro Portion: 3600 kJ/860 kcal

1 Die Zwiebel schälen, vierteln und in Streifchen schneiden. Die Tomaten mit kochendheißem Wasser übergießen, kurz stehenlassen und häuten. Tomaten halbieren, Saft und Kerne mit einem Löffelchen auskratzen, die Stielansätze herausschneiden und das Tomatenfleisch würfeln.

2 Paprikaschoten halbieren, Kerne und Innenteile entfernen, die Schoten waschen, vierteln und in Streifen schneiden. Die Oliven halbieren, Steine entfernen, das Olivenfleisch würfeln. Petersilie waschen, trockenschütteln und die Blättchen hacken.

3 In einer Pfanne 2 EL Öl erhitzen, die Zwiebel bei mittlerer Hitze darin glasig braten. Tomaten, Paprika, Oliven und Petersilie hinzufügen und unter Wenden etwa 10 Min. dünsten, mit Salz und Pfeffer abschmecken. Die Lammkoteletts waschen und trockentupfen. Das restliche Öl in einer zweiten Pfanne stark erhitzen, die Koteletts von beiden Seiten, je nach Dicke, insgesamt 3–4 Min. braten, mit Salz und Pfeffer bestreuen. Koteletts mit dem Fett aus der Pfanne zum Gemüse geben. Mit Oregano bestreuen, servieren.

Getränk: Dazu paßt ein roter Cirò aus Kalabrien.

Polpette al ragù
Fleischklößchen in Tomatensauce

Sizilien · Gelingt leicht

Zutaten für 4 Portionen:
¼ l Milch
2 trockene Brötchen
500 g Rinderhackfleisch
2 Eier
1 Bund glatte Petersilie
2 Knoblauchzehen
Salz
schwarzer Pfeffer, frisch gemahlen
2 EL Pecorino, frisch gerieben
3 EL Mehl
6 EL Olivenöl, kaltgepreßt
1 große Dose geschälte Tomaten
(480 g Abtropfgewicht)
75 ml trockener Rotwein
1 Bund Basilikum

Zubereitungszeit: 45 Min.

Pro Portion: 2300 kJ/550 kcal

1 Die Milch erwärmen. Die Brötchen in Würfel schneiden, in eine Schüssel geben, mit der Milch übergießen und etwa 5 Min. einweichen. Hackfleisch und Eier in eine Schüssel geben. Die Brötchen ausdrücken und zum Hackfleisch geben. Petersilie waschen, trockenschütteln, die Blättchen fein hacken und über das Fleisch streuen.

2 Den Knoblauch schälen, durch die Knoblauchpresse zum Fleisch drücken. Salz und Pfeffer sowie den Käse darüber streuen. Alles gründlich verkneten, bis sich alle Zutaten gut miteinander verbunden haben, dann abschmecken (wenn Sie kein rohes Fleisch abschmecken mögen, braten Sie einfach ein wenig auf Probe und würzen dann nach Geschmack nach).

3 Das Mehl in einen tiefen Teller sieben. Aus jeweils 1 TL Fleischmasse Bällchen formen, leicht in Mehl wenden. 4 EL Olivenöl in einer Pfanne erhitzen und die Bällchen darin bei mittlerer Hitze in 6–7 Min. rundum hellbraun braten. Auf Küchenpapier entfetten.

4 Das restliche Olivenöl in einem Topf mit breitem Boden erhitzen, die Tomaten leicht abtropfen lassen und mit dem Wein hinzufügen. Tomaten zerdrücken. Alles etwa 10 Min. bei starker Hitze offen kochen. Basilikum waschen, die Blättchen in Stücke zupfen und in die Sauce geben. Diese mit Salz und Pfeffer abschmecken. Die Klößchen hineingeben und etwa 15 Min. bei schwacher Hitze köcheln lassen, mit italienischem Weißbrot servieren.

Secondi piatti: carne

Sardinien · Frühlingsgericht

Agnello con finocchietti
Lamm mit kleinen Fenchelknollen

Zutaten für 4 Portionen:
800 g möglichst kleine knackige Fenchelknollen
Salz
800 g Lammfleisch aus der Keule
1 mittelgroße Zwiebel
3 EL Olivenöl, kaltgepreßt
3 EL Tomatenmark
1 TL Mehl
schwarzer Pfeffer, frisch gemahlen

Zubereitungszeit: 30 Min.
(+ 55 Min. Garen)

Pro Portion: 2500 kJ/600 kcal

1 Den Fenchel waschen. Die zähen, faserigen Blätter und harten Stiele abschneiden. Das Fenchelgrün abschneiden und in einem kleinen Frischhaltebeutel aufheben. In einem großen Topf 2 l Wasser mit 1 TL Salz aufkochen und die ganzen Knollen darin 10–15 Min., je nach Dicke, vorgaren, in ein Sieb abgießen, das Fenchelwasser auffangen und aufheben. Die Knollen abtropfen lassen.

2 Das Lammfleisch waschen, von Sehnen und Häutchen befreien und in Würfel von etwa 3 cm Kantenlänge schneiden. Die Zwiebel schälen und klein würfeln. Olivenöl in einem Bräter stark erhitzen und das Fleisch darin rundum hellbraun anbraten. Die Zwiebel unterrühren und glasig braten. Tomatenmark in ¾ l Fenchelwasser glatt rühren. Mehl über das Fleisch streuen und unterrühren, dann das Fenchelwasser mit dem Tomatenmark dazugeben. Alles aufkochen und das Fleisch bei schwacher Hitze zugedeckt etwa 30 Min. garen.

3 Die Fenchelknollen in dünne Scheiben schneiden und nach den 30 Min. unter das Fleisch mischen. Das Gericht noch etwa 10 Min. zugedeckt köcheln lassen, mit Salz und Pfeffer abschmecken, in eine Schüssel geben. Das aufbewahrte Fenchelgrün hacken, über Fleisch und Fenchel streuen und servieren. Dazu paßt dunkles Weizenbrot.

Molise · Deftig

Agnello cacio e uova
Lamm mit Käse und Eiern

Zutaten für 4 Portionen:
750 g Lammfleisch aus der Keule
2 Knoblauchzehen
1 Zweig frischer Rosmarin
Salz
schwarzer Pfeffer, frisch gemahlen
3 EL Olivenöl, kaltgepreßt
200 ml trockener Weißwein
1 kleine rote Paprikaschote
50 g Pecorino, frisch gerieben
2 Eier

Zubereitungszeit: 50 Min.
(+ 1 Std. Garen)

Pro Portion: 2600 kJ/620 kcal

1 Den Backofen auf 200° vorheizen. Das Fleisch kalt abspülen, Sehnen und Häutchen entfernen, das Fleisch in Würfel von etwa 3 cm Kantenlänge schneiden und in eine feuerfeste Tonform legen.

2 Knoblauch schälen und in Scheibchen schneiden, diese zwischen den Fleischwürfeln verteilen. Rosmarin waschen und ebenfalls dazwischen legen. Etwas Salz und Pfeffer über das Fleisch streuen. Das Fleisch mit dem Olivenöl beträufeln und darin wenden.

3 Das Fleisch im Ofen (Mitte; Umluft 180°) offen etwa 20 Min. garen, dann die Hälfte des Weins darüber gießen. Etwa 20 Min. weitergaren, den restlichen Wein über das Fleisch gießen und wieder für etwa 20 Min. in den Backofen stellen. Den Backofen dabei auf 180° (Umluft 160°) herunterschalten.

4 Die Paprikaschote halbieren, Stiel und Innenteile herausschneiden. Die Schote waschen und sehr fein hacken. Paprikastückchen mit Käse und Eiern in einer Schüssel verquirlen. Die Form aus dem Ofen nehmen, die Eiermischung auf dem Fleisch verteilen und unterheben. Die Form erneut etwa 10–15 Min. in den Ofen stellen, bis die Eier fest geworden sind. Das Gericht in der Form auftragen. Dazu paßt zum Beispiel dunkles Weizenbrot.

Secondi piatti: carne

Coniglio fritto

Toskana · Köstlich **Gebackenes Kaninchen**

Zutaten für 6 Portionen:
1 Ei
6 EL Mehl
⅛ l Milch
Salz
1 junges zartes Kaninchen (etwa 1,5 kg, möglichst vom Händler in 14–16 Teile hacken lassen)
schwarzer Pfeffer aus der Mühle
Pflanzenöl zum Ausbacken
2 Zitronen

Zubereitungszeit: 50 Min.
(+ 1 Std. Ruhen)

Pro Portion: 1900 kJ/450 kcal

1 In einer Schüssel das Ei schlagen, mit 5 EL Mehl verrühren. Nach und nach Milch dazugießen, bis ein cremiger, nicht zu flüssiger Ausbackteig entsteht. Leicht salzen. Den Teig etwa 1 Std. ruhen lassen.

2 Falls nötig, Kaninchen möglichst an den Gelenkstellen in 14–16 mundgerechte Stücke hacken. Kaninchenstücke unter fließendem Wasser abspülen, dabei alle Knochensplitter entfernen und abtrocknen. Mit Salz und Pfeffer würzen. Kaninchenstücke mit dem restlichen Mehl bestäuben und einzeln durch den Ausbackteig ziehen.

3 In einer Kasserolle reichlich Pflanzenöl erhitzen. Fleischstücke portionsweise auf beiden Seiten bei mittlerer Hitze in 5–10 Min. goldgelb ausbacken, dann bei schwacher Hitze unter öfterem Wenden in 20–30 Min. fertiggaren lassen.

4 Fleischstücke auf Küchenpapier gut abtropfen lassen. Zitronen heiß waschen, trockenreiben und in Spalten schneiden. Kaninchenstücke auf einer vorgewärmten Platte mit Zitronenachteln anrichten und heiß servieren.

Agnello in umido

Abruzzen · Für Gäste **Lamm in der Sauce mit grünen Erbsen**

Zutaten für 4 Portionen:
4 Knoblauchzehen
1 Rosmarinzweig
1 kg Lammfleisch aus der Keule
Salz
schwarzer Pfeffer aus der Mühle
50 g geräucherter, durchwachsener Speck
6 EL Olivenöl
⅛ l trockener Weißwein
400 g reife Tomaten (oder aus der Dose)
1 Bund Petersilie
1 TL Thymianblätter, frisch oder getrocknet
500 g frische enthülste oder tiefgekühlte Erbsen

Zubereitungszeit: 2 Std.

Pro Portion: 4000 kJ/950 kcal

1 Knoblauchzehen schälen und in Scheiben schneiden. Den Rosmarinzweig waschen, trockentupfen und die Blättchen abzupfen. Lammfleisch kurz überbrausen und abtrocknen. Mit einem spitzen Messer in gleichmäßigen Abständen Löcher in das Fleisch stechen, dann mit Rosmarin und Knoblauch spicken. Salzen und pfeffern.

2 Speck würfeln. In einer großen Kasserolle Olivenöl erhitzen. Speck in die Kasserolle geben. Gespicktes Lammfleisch etwa 15 Min. darin anbraten. Mit Weißwein begießen und diesen offen verdampfen lassen.

3 Frische Tomaten überbrühen, enthäuten und die Kerne entfernen (Tomaten aus der Dose abtropfen lassen). Fruchtfleisch in Stücke schneiden. Petersilie waschen, trockenschütteln und fein hacken. Tomaten und Petersilie zum Lammfleisch geben. Mit Salz und Thymian würzen. Kurz aufkochen lassen, dann zugedeckt 30–40 Min. bei schwacher Hitze schmoren.

4 Frische Erbsen in die Kasserolle geben und im Bratensaft etwa 15 Min. bei schwacher Hitze ziehen lassen, bis sie zart sind. Tiefgekühlte Erbsen nur etwa 5 Min. köcheln lassen.

5 Das Fleisch auf einer vorgewärmten Platte anrichten, grüne Erbsen rundherum anordnen, Lamm mit der Sauce übergießen und heiß servieren.

Wein: Dazu paßt ein trockener Rotwein aus Sardinien, z. B. ein Oliena.

Secondi piatti: carne

Anitra ripiena

Kalabrien · Herzhaft
Gefüllte Ente

Zutaten für 4 Portionen:
30 g getrocknete Steinpilze
1 Ente (etwa 1,8 kg), küchenfertig vorbereitet
200 g Enten- oder Hühnerleber
50 g magerer, geräucherter Speck, ohne Schwarte
2 kleine Zwiebeln · 1 Knoblauchzehe
1 El Olivenöl, kaltgepreßt
1 Bund glatte Petersilie
1 Eigelb · Salz
schwarzer Pfeffer, frisch gemahlen
1 Prise Cayennepfeffer
1 Möhre · 1 Stange Bleichsellerie
20 g Schweineschmalz
1 EL Tomatenmark
100 ml trockener Weißwein
außerdem: Küchengarn und/oder Zahnstocher

Zubereitungszeit: 45 Min.
(+ 1 ½ Std. Garen)

Pro Portion: 4800 kJ/1100 kcal

1 Die Pilze mit 150 ml warmem Wasser bedeckt einweichen. Inzwischen die Ente außen und innen kalt abspülen und mit Küchenpapier trockentupfen. Für die Füllung Leber und Speck in kleine Würfel schneiden und in eine Schüssel geben. 1 Zwiebel und die Knoblauchzehe schälen, klein würfeln, im Öl glasig braten, leicht abkühlen lassen, zur Leber geben. Petersilie waschen, trockenschütteln, die Blättchen hacken und ebenfalls in die Schüssel geben.

2 Die Pilze in ein Sieb abgießen, die Flüssigkeit dabei auffangen. Pilze und Eigelb zu den Zutaten in der Schüssel geben, alles vermischen und mit Salz und Pfeffer würzen. Die Ente innen und außen leicht mit Salz, Pfeffer und einer Prise Cayennepfeffer einreiben. Die Füllung in die Bauchöffnung geben, diese mit Küchengarn oder Zahnstochern schließen.

3 Beine und Flügel der Ente mit Küchengarn an den Rumpf binden. Die restliche Zwiebel und die Möhre schälen und klein würfeln. Sellerie waschen und in kleine Würfel schneiden.

4 Das Schmalz in einem Bräter erhitzen. Die Ente mit der Brust nach unten hineinlegen, das Gemüse darüber streuen. Die Ente zusammen mit dem Gemüse bei mittlerer Hitze 8–10 Min. anbraten, dabei wenden. Tomatenmark in dem Wein verrühren und mit dem Pilzwasser über die Ente gießen.

5 Die Ente zugedeckt bei mittlerer Hitze etwa 1 ½ Stunde schmoren. Zwischendurch wenden und mit der Schmorflüssigkeit begießen. Die Ente im Topf etwa 10 Min. zugedeckt abkühlen lassen. Zu reichliches Fett auf der Sauce vorsichtig mit einem Löffel abnehmen. Die Ente tranchieren und auf einer Platte mit der Füllung und der Sauce anrichten. Dazu Weißbrot servieren.

Pollo alla romana

Rom · Gelingt leicht **Huhn auf römische Art**

Zutaten für 4 Portionen:
1 fleischiges Brathuhn (etwa 1,2 kg), küchenfertig vorbereitet
60 g magerer Speck, ohne Schwarte
4 Knoblauchzehen
300 g gut reife Tomaten
30 g Schweineschmalz
2 Zweige frischer oder
½ TL getrockneter Majoran
Salz
schwarzer Pfeffer, frisch gemahlen
⅛ l trockener Weißwein
2 rote Paprikaschoten
1 EL Olivenöl, kaltgepreßt

Zubereitungszeit: 1 Std.

Pro Portion:
2300 kJ/550 kcal

1 Das Huhn innen und außen mit kaltem Wasser abspülen und mit Küchenpapier abtrocknen, mit der Geflügelschere in 8 Portionsstücke schneiden.

2 Den Speck klein würfeln. Den Knoblauch schälen und hacken. Die Tomaten mit kochendheißem Wasser übergießen, kurz stehenlassen, kalt abschrecken und häuten. Tomaten halbieren, Stielansätze herausschneiden und das Fruchtfleisch würfeln.

3 Schmalz in einem Bräter mittelstark erhitzen. Speck, Knoblauch und Hühnerteile hineingeben und zusammen unter Wenden 6–8 Min. anbraten. Frischen Majoran waschen. Die Zweige nach der Hälfte der Bratzeit in den Topf geben (getrockneten Majoran überstreuen), alles mit Salz und Pfeffer würzen. Den Wein dazugießen und aufkochen lassen. Die Tomatenstücke unterrühren. Alles zugedeckt bei schwacher Hitze etwa 30 Min. garen.

4 Paprikaschoten halbieren, Stielansätze, Kerne und Innenteile entfernen. Die Schoten waschen und abtropfen lassen, vierteln und in Streifen schneiden. Öl in einer Pfanne bei mittlerer Hitze heiß werden lassen und die Paprikastücke unter Rühren etwa 10 Min. dünsten. Paprikaschoten unter das Fleisch mischen und noch etwa 5 Min. mitgaren, abschmecken und mit herzhaftem Weizenbrot servieren.

Getränk: Ein Frascati paßt gut dazu.

Pollo con le olive

Siena (Toskana) · Gelingt leicht

Geschmortes Huhn mit Oliven

Zutaten für 4 Portionen:
1 Huhn (etwa 1,5 kg)
Salz
schwarzer Pfeffer aus der Mühle
10 frische Salbeiblätter
3 Knoblauchzehen
4 EL Olivenöl
⅛ l trockener Weißwein
600 g reife Eiertomaten
(oder Tomaten aus der Dose)
150 g schwarze fleischige Oliven

Zubereitungszeit: 1 Std.

Pro Portion: 3300 kJ/790 kcal

1 Küchenfertiges Huhn in 4 Teile zerlegen und waschen, dabei alle Knochensplitter entfernen. Abtrocknen. Mit Salz und Pfeffer würzen. Salbeiblätter waschen, trockentupfen. 6 Blätter fein hacken. Knoblauch schälen und in Scheibchen schneiden.

2 In einer breiten Kasserolle das Olivenöl erhitzen. Knoblauch und die gehackten Salbeiblätter in Öl schwenken und die Hühnerteile darin anbraten. Mit etwas Weißwein begießen.

3 Tomaten überbrühen, enthäuten, Stengelansätze und Kerne entfernen (Tomaten aus der Dose abtropfen lassen). Fruchtfleisch klein hacken und zum Huhn geben. Kurz mitdünsten und mit dem restlichen Weißwein ablöschen. Alles zugedeckt bei schwacher Hitze etwa 15 Min. schmoren.

4 Oliven halbieren, entkernen und dazugeben. Die Geflügelteile zugedeckt in weiteren 15 Min. fertiggaren.

5 Das Huhn auf einer vorgewärmten Platte mit den übrigen Salbeiblättern anrichten, mit der Sauce überziehen und servieren. Dazu Weißbrot reichen.

Wein: Ein leichter Rotwein aus dem Piemont, z. B. ein Dolcetto d'Alba, schmeckt vorzüglich dazu.

Fricassea di pollo

Ligurien · Für Gäste

Frikassee vom Maishähnchen

Zutaten für 4 Portionen:
1 Maishähnchen (etwa 1 kg)
Salz
weißer Pfeffer aus der Mühle
Mehl zum Wenden
1 große weiße Zwiebel
3 EL Butter
4 EL Olivenöl
⅛ l trockener Weißwein
1 Lorbeerblatt
¼ l Hühnerbrühe
2 Eigelb
Saft von 1 Zitrone
nach Belieben einige Petersilienblätter

Zubereitungszeit: 1¼ Std.

Pro Portion: 2300 kJ/550 kcal

1 Hähnchen sorgfältig innen und außen waschen und mit Küchenpapier abtrocknen. Mit einer Geflügelschere in 10–12 Stücke zerlegen, Knochensplitter entfernen, die Geflügelteile salzen, pfeffern und in Mehl wenden.

2 Zwiebel schälen und in dünne Ringe schneiden. In einer Kasserolle Butter und Olivenöl erhitzen. Hähnchenstücke darin rundum kräftig anbraten. Die gebräunten Teile auf einen Teller legen. Zwiebelringe im Bratensatz glasig dünsten, mit Weißwein ablöschen, Lorbeerblatt hinzufügen und die Sauce eindicken lassen, dann die Hälfte der Brühe angießen und etwa 2 Min. aufkochen. Geflügelteile wieder in die Kasserolle geben. Zugedeckt bei schwacher Hitze in 20–30 Min. fertiggaren. Zwischendurch ab und zu mit Brühe begießen und immer wieder einkochen lassen.

3 Backofen auf 150° (Gas Stufe 1) vorheizen. Die Kasserolle vom Herd nehmen. Geflügelteile aus der Sauce nehmen, auf eine feuerfeste Platte legen und im Backofen warm halten.

4 Eigelb mit Zitronensaft verquirlen. Zum Bratenfond geben und kräftig unterrühren. Salzen und pfeffern. Bei schwacher Hitze erhitzen, nicht kochen lassen. Geflügelstücke auf heißen Tellern anrichten, mit Sauce übergießen und nach Belieben mit einigen Petersilienblättern garnieren.

Secondi piatti: carne

Faraona al cartoccio

Toskana · Gelingt leicht **Perlhuhn in Folie gebacken**

Zutaten für 4 Portionen:
1 Perlhuhn, küchenfertig vorbereitet
(+ Magen, Herz und Leber)
1 Knoblauchzehe
1 Schweinenetz, beim Metzger vorbestellen
2 EL Butter
8–10 frische Salbeiblätter
Salz
weißer Pfeffer, frisch gemahlen
100 g Bauchspeck ohne Schwarte, in dünne Scheiben geschnitten
1–2 EL Olivenöl

Zubereitungszeit: 2 Std.

Pro Portion: 2200 kJ/520 kcal

1 Perlhuhn innen und außen gründlich waschen und abtrocknen. Innereien putzen, waschen und trockentupfen. Knoblauch schälen, mit einer Messerklinge plattdrücken.

2 Schweinenetz aufrollen, etwa 2 Min. in kochendem Wasser brühen, dann in kaltes Wasser legen. Vorsichtig auf einem Tuch ausbreiten und abtrocknen.

3 In einer kleinen Kasserolle Butter zerlassen, Knoblauch, Innereien und 8–10 Salbeiblätter unter Rühren leicht anbräunen. Knoblauch und Salbei entfernen. Innereien etwas abkühlen lassen, fein hacken, in die Kasserolle zurückgeben, mit Salz und Pfeffer würzen, gut vermischen. Mit dieser Masse das Innere des Huhns ausstreichen. Backofen auf 200° vorheizen.

4 Das Huhn außen leicht mit Salz einreiben, mit Speckscheiben belegen, in das Schweinenetz einwickeln. Huhn auf leicht eingeölte Alufolie legen, diese verschließen. Mit der Gabel an einigen Stellen Löcher in die Folie stechen.

5 Das Huhn im Backofen (Mitte; Gas Stufe 3) in etwa 1 ½ Std. garen, in der Folie servieren und bei Tisch zerteilen. Dazu schmeckt kurz gegartes Gemüse, z. B. Broccoli.

Pollo alla cacciatora

Emilia-Romagna · Deftig **Hähnchen nach Jägerart**

Zutaten für 4 Portionen:
1 Hähnchen, küchenfertig vorbereitet (etwa 1,2 kg)
Salz
weißer Pfeffer, frisch gemahlen
2 Zwiebeln
50 g Räucherspeck, durchwachsen, ohne Schwarte
250 g reife Tomaten
3 EL Olivenöl
⅛ l trockener Weißwein
1 Msp. Rosmarinpulver
1 Msp. Salbeipulver

Zubereitungszeit: 1 Std.

Pro Portion: 1900 kJ/450 kcal

1 Das Hähnchen in 8 Stücke teilen, waschen, abtrocknen, salzen und pfeffern. Zwiebeln schälen, in dünne Ringe schneiden. Speck sehr fein hacken. Tomaten überbrühen, häuten, quer halbieren, Stielansätze und Kerne entfernen, Fruchtfleisch kleinhacken.

2 In einer großen Pfanne das Öl stark erhitzen, Zwiebeln darin unter Rühren goldgelb braten, dann herausnehmen. Im selben Öl bei schwacher Hitze den Speck auslassen. Hühnerteile dazugeben, bei starker Hitze rundum etwa 10 Min. anbraten. Wein angießen, eindampfen lassen, dabei die Fleischstücke mehrmals wenden. Tomaten und Zwiebeln dazugeben, mit Salz, Pfeffer, Rosmarin und Salbei würzen. Zugedeckt bei schwacher Hitze etwa 20 Min. garen.

Variante: Pollo alla salvia
(Hähnchen mit Salbei)
Ofen auf 200° vorheizen. Hähnchen säubern, in die Bauchhöhle Salz, Pfeffer, 1 Knoblauchzehe und 10 Salbeiblätter geben. Hähnchen und eine Kasserolle mit 2 EL Olivenöl einstreichen, in den Ofen schieben. Wenn es Farbe annimmt, das Geflügel wenden und mit Bratensaft bepinseln. Zerteilt auf einer vorgewärmten Platte servieren.

Secondi piatti: carne

Tacchino al latte

Toskana · Delikat

Geschmorter Truthahn in Milch

Zutaten für 4 Portionen:
1 kg Truthahnfleisch in Stücken
(Truthahnbrust oder -keule)
1 Zwiebel · 2 Möhren
1 Stange Bleichsellerie
4 Knoblauchzehen
4–6 Salbeiblätter
4 EL Olivenöl · 60 g Butter · Salz
weißer Pfeffer aus der Mühle
4 cl Weinbrand
¼ l Milch
250 g frische Pilze (Steinpilze,
Egerlinge oder Maronen)

Zubereitungszeit: 1½ Std.

Pro Portion: 2100 kJ/500 kcal

1 Truthahnstücke abspülen und mit Küchenpapier abtrocknen. Zwiebel schälen, Möhren und Sellerie putzen, waschen und alles zusammen fein hacken. Knoblauchzehen schälen. Salbeiblätter waschen und abtupfen.

2 In einer großen Kasserolle Olivenöl zusammen mit den ganzen Knoblauchzehen erhitzen. 30 g Butter im heißen Öl zerlassen und die Salbeiblätter darin schwenken. Knoblauch wieder entfernen. Das Truthahnfleisch darin rundum golden anbraten. Mit Salz und Pfeffer würzen. Gemüse dazugeben und unter Rühren mitdünsten. Weinbrand mit ⅛ l Wasser verdünnen und das Geflügel damit nach und nach ablöschen. Zugedeckt bei schwacher Hitze 45–55 Min. je nach Größe der Fleischstücke schmoren lassen, dabei immer wieder etwas Flüssigkeit angießen. Das Fleisch mit Milch auffüllen und die Sauce unter Rühren etwas eindicken lassen. Truthahnstücke im vorgeheizten Backofen warm stellen.

3 Pilze putzen und in Scheiben schneiden. 30 g Butter zerlassen, Pilze darin kurz andünsten. Mit der Sauce ablöschen und etwa 10 Min. ziehen lassen. Truthahnstücke mit der Pilzsauce überziehen.

Faraona con patate

Emilia-Romagna · Festlich

Perlhuhn mit Kartoffeln und Schalotten

Zutaten für 4 Portionen:
1 kleines Perlhuhn (etwa 1 kg)
mit der Leber
8 EL Olivenöl, kaltgepreßt
3 Salbeiblätter
Mehl zum Bestäuben · Salz
3 Scheiben geräucherter, durch-
wachsener Speck ohne Schwarte
2 Knoblauchzehen
1 kleine Orange oder Mandarine
schwarzer Pfeffer aus der Mühle
300 g junge kleine Kartoffeln
300 g Schalotten
1 Rosmarinzweig

Zubereitungszeit: 1¼ Std.

Pro Portion: 2600 kJ/620 kcal

1 Vom Perlhuhn die Leber herausnehmen. In einer kleinen Pfanne 1 EL Olivenöl erhitzen und mit 1 Salbeiblatt aromatisieren. Leber leicht mit Mehl bestäuben und kurz darin anbraten. Mit etwas Salz bestreuen und abkühlen lassen. Leber in kleine Stücke schneiden, 1 Scheibe Speck würfeln. Knoblauch schälen und mit den restlichen Salbeiblättern fein hacken. Orange oder Mandarine pellen, in Schnitze teilen und das Fruchtfleisch klein schneiden. Alles in einer kleinen Schüssel locker vermischen.

2 Perlhuhn sorgfältig abspülen, mit einem Küchentuch abtrocknen, innen und außen mit Salz und Pfeffer einreiben. Das Huhn mit der vorbereiteten Mischung füllen und mit Küchenzwirn zunähen. Die Brustpartie mit den übrigen Speckscheiben abdecken und festbinden. Backofen auf 220° (Gas Stufe 4) vorheizen.

3 Kartoffeln schälen, waschen, abtrocknen und in Scheiben schneiden. Schalotten schälen und halbieren. Eine Bratreine mit 3 EL Olivenöl ausgießen. Kartoffelscheiben auf dem Boden auslegen, mit 3 EL Olivenöl beträufeln, salzen und pfeffern. Die Rosmarinblätter vom Zweig zupfen und verteilen. Ringsherum die Schalotten im ganzen anordnen. Perlhuhn mit 1 EL Olivenöl bestreichen und in die Mitte setzen. Die Reine in den Backofen (Mitte) schieben und das Perlhuhn auf jeder Seite in 20–30 Min. knusprig braten, bis sich der Flügel leicht löst.

Secondi piatti: carne

Piemont · Aromatisch

Quaglie alla piemontese
Wachteln mit Marsala und Trüffel

Zutaten für 4 Portionen:
8 Wachteln, küchenfertig vorbereitet
8 dünne Scheiben Räucherspeck, durchwachsen, ohne Schwarte (etwa 100 g)
1 Stange Sellerie · 4 Zweige Petersilie
2–3 Zweige Basilikum
1 kleiner Zweig Salbei
1 weiße Trüffel (etwa 30 g), ersatzweise Trüffelöl
5 EL Butter · Salz
schwarzer Pfeffer · 100 ml Marsala
1 EL Mehl · 1/4 l Geflügelbrühe
300 g Reis
4 EL Parmesan, frisch gerieben

Zubereitungszeit: 1 1/2 Std.
Pro Portion: 3400 kJ/810 kcal

1 Wachteln kurz abspülen, abtrocknen, Innereien herausnehmen. Mit Speckscheiben umwickeln, diese mit Küchengarn festbinden. Sellerie, Petersilie, Basilikum und Salbei waschen, trockentupfen, zu einem Sträußchen zusammenbinden. Trüffel unter fließendem Wasser gründlich bürsten, dann gut abtrocknen.

2 In einer großen Kasserolle 1 EL Butter schmelzen, die Wachteln bei schwacher Hitze von allen Seiten anbräunen. Mit Salz und Pfeffer würzen, das Kräutersträußchen hinzufügen, mit 2 EL Marsala beträufeln, zugedeckt bei ganz schwacher Hitze 35–40 Min. schmoren. Mehrmals wenden, dann mit restlichem Marsala beträufeln.

3 Die Brühe erhitzen. In einer kleinen Kasserolle 2 EL Butter schmelzen, das Mehl unter Rühren kurz anschwitzen, dann die Brühe angießen und weiterrühren, bis die Sauce kocht. Die Wachteln damit aufgießen, dann zugedeckt bei schwacher Hitze in etwa 1 Std. fertiggaren.

4 Inzwischen Reis kochen, abgießen und abtropfen lassen. Von den Wachteln das Küchengarn, aus der Sauce das Kräutersträußchen entfernen. Reis mit restlicher Butter und dem Parmesan mischen, auf eine vorgewärmte Servierplatte geben. Wachteln darauf legen. Sauce passieren und darüber gießen. Fein gehobelte Trüffelscheibchen darüber verteilen bzw. mit etwas Trüffelöl beträufeln.

Kostbare Ausstellungsstücke auf der Trüffelmesse in Alba.

Trüffel

Trüffel (Terfeziaceae) gelten als die feinsten und wertvollsten aller Pilze. Sie sind unterirdisch wachsende Schmarotzerpilze, die z. B. im Piemont im Herbst mit Hilfe von besonders abgerichteten Hunden aufgespürt werden. Ihren besonderen Geschmack erhalten die Trüffel durch Mineralien, die sie dem Baum, mit dem sie in Symbiose leben, entziehen. Äußerlich sind »die Diamanten der Küche« unscheinbar bis unansehnlich: Sie gleichen alten, verschrumpelten Kartoffeln. Die Trüffelknollen werden vor ihrer Verwendung gründlich gebürstet, mit Wasser oder besser Weißwein gewaschen und gut getrocknet. Im Piemont genießt man die kostbaren Trüffel meist roh: In dünne Scheibchen über die verschiedensten Gerichte gehobelt, machen sie diese zu kulinarischen Highlights.

194 Secondi piatti: carne

Bistecchine di cinghiale

Sardinien · Wintergericht
Wildschwein-Koteletts

Zutaten für 4 Portionen:
80 g Backpflaumen ohne Steine
60 g Rosinen
4 Wildschweinkoteletts
(je etwa 250 g)
Salz
schwarzer Pfeffer, frisch gemahlen
50 g magerer Speck, ohne Schwarte
3 EL Olivenöl, kaltgepreßt
30 g Zartbitter-Schokolade
1 TL Zucker
4 Lorbeerblätter
75 ml Rotweinessig
75 ml trockener Rotwein
1 Prise Zimt, gemahlen

Zubereitungszeit: 30 Min.
(+ 2 Std. Einweichen)

Pro Portion: 2200 kJ/520 kcal

1 Pflaumen und Rosinen getrennt voneinander mit lauwarmem Wasser bedeckt etwa 2 Std. einweichen. Nach etwa 1½ Std. die Koteletts kalt abspülen, trockentupfen, dann von allen Seiten mit Salz und Pfeffer bestreuen.

2 Den Speck in kleine Würfel schneiden. Olivenöl in einer Pfanne erhitzen und den Speck darin auslassen, bis er sich zu bräunen beginnt. Die Koteletts darauf legen und von jeder Seite bei mittlerer Hitze insgesamt 10–12 Min. braten.

3 Inzwischen die Schokolade fein reiben und mit dem Zucker, den Lorbeerblättern, Rotweinessig und Rotwein in einem kleinen Topf erhitzen. Pflaumen und Rosinen abgießen und abtropfen lassen. Die Pflaumen vierteln, mit den Rosinen und dem Zimt in die Sauce geben. Alles etwa 2 Min. bei schwacher Hitze köcheln lassen und über die Koteletts gießen. Einmal kräftig aufkochen lassen, mit Salz und Pfeffer abschmecken und servieren. Dazu paßt Bauernbrot.

Getränk: Dazu schmeckt ein trockener Cannonau di Sardegna sehr gut.

Info: Das sardische Wildschwein, heißt es, ist kleiner und auch wilder als seine Artgenossen vom Festland. Früher garte man Wildschweinbraten gerne »a carrixiu«, in einer Erdgrube, bedeckt mit Kräuterzweigen der Macchia wie Thymian, Salbei, Myrte und Rosmarin. Auf die Grube wurde Erde gehäuft und darüber ein Feuer entzündet. Unter dieser Hitze garte das Fleisch langsam im eigenen Saft.

Tip! Auch Spanferkel- oder Schweinekoteletts kann man auf sardische Art zubereiten.

Coniglio in peperonata

Basilikata · Deftig Kaninchen mit Paprikagemüse

Zutaten für 4 Portionen:
1 Kaninchen (etwa 1 kg), küchenfertig vorbereitet und vom Fleischer in Portionsstücke zerteilt
2 Lorbeerblätter
2 Peperoncini
50 ml Rotweinessig
750 g rote und grüne Paprikaschoten
2 Knoblauchzehen
4 Anchovisfilets · Salz
schwarzer Pfeffer, frisch gemahlen
30 g Butter
3 EL Olivenöl, kaltgepreßt
1 kleiner Zweig frischer oder
1 Msp. getrockneter Rosmarin

Zubereitungszeit: 30 Min.
(+ 12 Std. Marinieren
+ 50 Min. Garen)

Pro Portion: 1800 kJ/430 kcal

1 Die Kaninchenteile waschen, trockentupfen, mit Lorbeerblättern und den ganzen Peperoncini in eine Schüssel legen. Essig mit ³⁄₈ l Wasser mischen und über das Kaninchen gießen, dieses darin über Nacht marinieren.

2 Am nächsten Tag Paprikaschoten halbieren, Kerne und Innenteile entfernen. Die Schoten waschen, vierteln und in Streifchen schneiden. Knoblauch schälen und kleinhacken. Anchovisfilets mit der Gabel zerdrücken. Eine Schüssel warm stellen.

3 Die Kaninchenteile aus der Marinade nehmen, abtropfen lassen, die Marinade aufheben. Kaninchen mit Küchenpapier abtrocknen, rundum leicht mit Salz und Pfeffer bestreuen. Butter und Öl in einem Bräter bei mittlerer Hitze heiß werden lassen, Knoblauch darin glasig braten. Anchovis unterrühren. Die Kaninchenteile in dieser Mischung 6–7 Min. rundum anbraten, bis sie sich leicht bräunen. Lorbeer und Peperoncini aus der Marinade hinzufügen. Rosmarin waschen, trockenschütteln und dazugeben. ¹⁄₄ l Marinade dazugießen, das Kaninchen zugedeckt bei mittlerer Hitze etwa 20 Min. schmoren.

4 Paprika hinzufügen und nach Bedarf noch etwas Wasser. Das Kaninchen weitere 20–30 Min. zugedeckt schmoren, gelegentlich umrühren. Fleisch und Gemüse mit Salz und Pfeffer abschmecken und in der vorgewärmten Schüssel servieren. Dazu paßt Bauernbrot.

Lepre in umido

Toskana · Für Gäste
Hasenragout mit Sauce

Zutaten für 4 Portionen:
1 EL Weinessig
1 kg Hasenrücken (vom Händler in 8 Stücke hacken lassen)
1 große Zwiebel
2 Möhren
2 Stangen Bleichsellerie
2 Knoblauchzehen
2 Speckscheiben ohne Schwarte
200 g frische gemischte Pilze, mit Steinpilzen
3 EL Olivenöl
Salz
2 Rosmarinzweige
50 g Butter
¼ l trockener Rotwein
½ l passierte Tomaten
2 Lorbeerblätter
schwarzer Pfeffer aus der Mühle

Zubereitungszeit: 1½ Std.
(+ 30 Min. Marinieren)

Pro Portion: 2700 kJ/640 kcal

1 Kaltes Wasser mit Weinessig in einer Schüssel mischen. Die Hasenstücke etwa 30 Min. ins Essigwasser legen. Fleisch herausnehmen, kurz überbrausen und abtrocknen.

2 Zwiebel schälen, in Ringe schneiden. Möhren und Sellerie putzen, Knoblauchzehen schälen und alles fein hacken. Speckscheiben in ½ cm breite Streifen schneiden. Pilze putzen, und grob zerkleinern.

3 In einer großen Kasserolle Olivenöl erhitzen. Die Hasenstücke mit Salz einreiben und etwa 15 Min. rundum kräftig anbraten. Speckstreifen und Zwiebelringe anbraten. Gehacktes Gemüse mit den Rosmarinzweigen dazugeben und etwa 5 Min. andünsten.

4 Inzwischen in einer Pfanne Butter zerlassen. Dann Pilze hinzufügen und etwa 5 Min. schmoren lassen.

5 ⅛ l Rotwein in die Kasserolle gießen und bei mittlerer Hitze ohne Deckel verdampfen lassen, dabei die Hasenteile mehrmals umdrehen. Pilze in die Kasserolle geben. Das Ragout nach und nach mit passierten Tomaten und dem restlichen Rotwein ablöschen, dann die Lorbeerblätter hinzufügen. Mit Salz und Pfeffer würzen und zugedeckt in 1 Std. bei schwächster Hitze weich schmoren.

6 Hasenstücke und Rosmarinzweige herausnehmen. Das Fleisch auf einer vorgewärmten Platte anrichten, mit der Sauce begießen und sofort servieren.

Rosmarin

Rosmarin (übersetzt Meerestau) ist ein immergrüner, buschiger bis zu 2 m hoher Gewürzstrauch. Im Mittelmeerraum wächst er wild an den Berghängen. Schon die alten Römer schätzten dieses Heil- und Gewürzkraut, das der Venus, der Göttin der Liebe, geweiht war. Rosmarin symbolisiert nicht nur die Liebe, es dient auch als natürliches Heilmittel bei vielerlei Beschwerden. Seine Blüten sind lavendelblau, seltener weiß. Die lederartigen nadelförmigen Blätter duften sehr intensiv, fast nach einem Hauch von Kampfer. Rosmarin

Blühender Rosmarinstrauch in der Toskana.

wird am besten nach der Blüte im Juni abgeerntet, frisch verwendet oder in Zweigen getrocknet. Das Würzkraut wird in der italienischen Küche vielseitig verwendet. Es paßt ausgezeichnet zu Fleisch, Geflügel, Wild, Fisch und Bohnen. Rosmarinzweige eignen sich auch zum Aromatisieren von Essig oder Olivenöl.

Secondi piatti: carne

Capriolo in salmi

Friaul · Braucht etwas Zeit **Rehragout**

Zutaten für 4 Portionen:
1 kg Rehfleisch (Schulter)
1 Zwiebel · 2 Knoblauchzehen
1 mittelgroße Möhre
1 Stange Bleichsellerie
½ Bund Petersilie
3–4 Salbeiblätter
1 Zweig Rosmarin
2 Lorbeerblätter
2 Gewürznelken · 1 Prise Zimt
½ l trockener Weißwein
⅛ l Weißweinessig
3 EL Olivenöl · 50 g Butter
Salbeiblätter zum Garnieren

Zubereitungszeit: 2 Std.
(+ 24 Std. Marinieren)

Pro Portion: 1900 kJ/450 kcal

1 Fleisch waschen, trockentupfen und in 3–4 cm große Würfel schneiden, dann in eine Schüssel legen.

2 Zwiebel und Knoblauch schälen und kleinhacken. Möhre und Sellerie putzen, waschen. Petersilie waschen, trockenschütteln, alles kleinschneiden. Salbei und Rosmarin waschen, trockentupfen, mit dem zerkleinerten Gemüse, den Lorbeerblättern, den Gewürznelken und dem Zimt zu den Fleischstücken geben und gut mischen. Weißwein und Essig darüber gießen, an einem kühlen Ort mindestens 24 Std. marinieren, dabei mehrmals umrühren.

3 Fleisch aus der Marinade nehmen, abtropfen lassen. Marinade durchseihen, Gemüse aufbewahren, Flüssigkeit auffangen. Salbei, Rosmarin, Lorbeer und Nelken entfernen.

4 In einer Kasserolle Olivenöl und Butter erhitzen, Fleisch darin portionsweise rundum gut anbraten, Gemüse dazugeben, kurz mitbraten, etwas Marinade angießen, mit Salz und Pfeffer würzen. Zugedeckt bei ganz schwacher Hitze in etwa 1 ¾ Std. fertiggaren. Ab und zu umrühren und bei Bedarf weitere Marinade angießen. Heiß zu Polenta servieren. Mit Salbeiblättern garnieren.

Wein: Zu diesem delikaten Wildgericht paßt ein trockener roter Pinot nero.

Lepre alla cacciatora

Umbrien · Braucht etwas Zeit Hasenragout nach Jägerart

Zutaten für 4 Portionen:
1 junger, gut abgehangener Hase, küchenfertig vorbereitet und vom Händler in 8–10 Stücke geteilt (etwa 1 1/4 kg)
1 mittelgroße Zwiebel
2 Knoblauchzehen
2 Stangen Bleichsellerie
1 mittelgroße Möhre
3 Zweige Rosmarin · 1 Zweig Salbei
2 Lorbeerblätter · 1/2 l Rotwein
6 EL Olivenöl · 2 EL Mehl
Salz · schwarzer Pfeffer

Zubereitungszeit: 3 Std.
(+ 24 Std. Marinieren)

Pro Portion: 2000 kJ/480 kcal

1 Die Fleischstücke gründlich waschen, dabei alle Knochensplitter, Haut und Sehnen sorgfältig entfernen. Fleischstücke abtrocknen, dann in eine Schüssel geben.

2 Zwiebel und Knoblauch schälen, Sellerie und Möhre putzen und waschen. Alles grob hacken, mit 1 Rosmarinzweig, Salbei und Lorbeer zum Fleisch geben. Rotwein angießen. Zugedeckt an einem kühlen Ort etwa 24 Std. marinieren.

3 Dann Fleisch herausnehmen, abtrocknen, mit dem Mehl bestäuben. Marinade durch ein Sieb gießen, wie Gemüse und Kräuter aufbewahren.

4 In einer Kasserolle das Olivenöl erhitzen, Hasenfleisch bei starker Hitze portionsweise rundum gut anbraten, dann Temperatur verringern, Gemüse und Kräuter kurz mitbraten, etwas Marinade angießen. Mit Salz und Pfeffer würzen. Zugedeckt bei ganz schwacher Hitze in etwa 2 1/2 Std. weichschmoren. Bei Bedarf weitere Marinade angießen.

5 Fleisch in eine Servierschüssel legen, Bratenfond durchseihen, alle anderen Zutaten entfernen. Sauce etwas einkochen, über das Fleisch gießen. Mit restlichen Rosmarinzweigen garnieren.

Tip! Der Hase schmeckt am besten, wenn Sie ihn am nächsten Tag in der Sauce noch einmal erhitzen und mit Polenta servieren.

Bagna cauda

Piemont · Gelingt leicht
Gemüsefondue mit Sardellensauce

Zutaten für 4–6 Portionen:
1 kleiner zarter Blumenkohl
200 g Broccoli
Salz
2 Fenchelknollen
1 junge Staude Bleichsellerie
3 Paprikaschoten (rot, grün und gelb)
1 Bund Möhren
2 Chicorée oder Zichorien
1 Bund Frühlingszwiebeln

Für die Dip-Sauce:
100 g Sardellenfilets in Öl
4 Knoblauchzehen
50 g Butter
200 ml Olivenöl, kaltgepreßt

Zubereitungszeit: 1 Std.

Bei 6 Portionen pro Portion:
2300 kJ/550 kcal

1 Blumenkohl putzen, Broccoli waschen, die holzigen Stielenden entfernen, und von den Stielen die dicke Haut abschälen. Das Gemüse in kochendem Salzwasser etwa 5 Min. sprudelnd kochen. Abgießen, in einem Sieb gut abtropfen lassen. Gemüse in Röschen teilen.

2 Vom Fenchel die Stiele, den Wurzelansatz, braune Stellen und die harten Rippen der Außenblätter entfernen. Die Knollen gründlich waschen und in Viertel teilen. Den Bleichsellerie in Stangen teilen, diese gründlich waschen, wenn nötig Fäden abziehen. Die Stangen gleichmäßig in etwa 5 cm lange Stücke schneiden.

3 Paprikaschoten waschen, halbieren. Stiele, Kerne und weiße Rippen entfernen. Die Schoten längs in etwa 1 cm breite Streifen schneiden. Möhren schälen und in Stifte schneiden. Chicorée putzen und in einzelne Blätter teilen. Die Blätter abbrausen und trockentupfen. Frühlingszwiebeln schälen, waschen und in längliche Stücke schneiden.

4 Sardellenfilets, wenn nötig, kurz wässern, abspülen und trockentupfen. Knoblauchzehen schälen und fein hacken. In einer schweren Pfanne oder Fonduepfanne Butter bei schwacher Hitze zerlassen. Den Knoblauch leicht andünsten. Sardellen dazugeben und mit einer Gabel zu Brei zerdrücken. Das Olivenöl nach und nach angießen. Unter häufigem Rühren etwa 5 Min. erhitzen, bis eine cremige Sauce entsteht. Weitere 5 Min. ziehen lassen.

5 Das Gemüse auf zwei Platten verteilen. Sardellensauce auf einem Rechaud am Tisch warm halten. Man nimmt sich ein Gemüsestück von der Platte, taucht es in die Sauce und ißt es von Hand. Dazu reichlich frisches Weißbrot anbieten.

Wein: Rotweine mit aristokratischem Charakter aus Piemont, wie z.B. ein Barolo, ein Bonarda oder ein Barbera, passen vorzüglich.

Tip! Man serviert die Bagna cauda traditionell in kleinen Steinguttöpfchen. Das klassische Gemüse zur Bagna cauda sind Karden (Cardi), die gebleichten Stengel einer Distelart.

Contorni e verdure

Caponata siciliana

Sizilien · Braucht etwas Zeit
Sizilianischer Gemüsetopf

Zutaten für 4–6 Portionen:
700 g Auberginen
Salz
2 mittelgroße weiße Zwiebeln
3 Stangen Bleichsellerie
500 g frische Tomaten
(oder aus der Dose)
10 EL Olivenöl, kaltgepreßt
schwarzer Pfeffer aus der Mühle
Mehl zum Wenden
4 Sardellenfilets in Öl
3 EL Weißweinessig
3 TL Zucker
50 g grüne Oliven
1 EL Kapern
1 EL Pinienkerne
nach Belieben 1 Bund Basilikum

Zubereitungszeit: 1 Std.
(+ 1 Std. Salzen der Auberginen)

Bei 6 Portionen pro Portion:
1000 kJ/240 kcal

1 Von den Auberginen die Stiele entfernen. Die Früchte waschen und längs in 1 cm dicke Scheiben schneiden. Die Gemüsestücke gleichmäßig mit Salz bestreuen, auf ein großes Sieb geben und 1 Std. ziehen lassen, damit die Bitterstoffe entzogen werden. Auberginen gründlich abspülen, mit Küchenpapier trockentupfen und in Würfel schneiden.

2 Zwiebeln schälen und in feine Ringe schneiden. Bleichsellerie putzen, Stangen teilen, diese gründlich waschen, wenn nötig Fäden abziehen und die Stangen in etwa 2 cm lange Stücke schneiden.

3 Tomaten kurz in kochendes Wasser tauchen, enthäuten, die Stengelansätze und die Kerne entfernen. Tomaten aus der Dose abtropfen lassen. Das Fruchtfleisch kleinhacken.

4 In einer Kasserolle 2 EL Olivenöl erhitzen, Zwiebeln darin glasig dünsten und danach Sellerie etwa 5 Min. schmoren lassen. Salzen und pfeffern. Gemüse in einer Schüssel beiseite stellen.

5 In einer flachen Bratpfanne 6 EL Olivenöl sehr heiß werden lassen. Auberginenwürfel leicht in Mehl wenden und portionsweise darin etwa

8–10 Min. goldbraun ausbacken. Auberginen mit einem Schaumlöffel auf Küchenpapier legen und abtropfen lassen.

6 Pfanne säubern und 2 EL Olivenöl darin erhitzen. Sardellenfilets kurz anbraten, Tomaten hineingeben und nach etwa 7 Min. das vorbereitete Gemüse hinzufügen. Essig mit Zucker mischen, angießen und unter Rühren weitere 10–15 Min. bei schwacher Hitze anschmoren. Oliven entkernen und grob zerkleinern. Kapern abtropfen lassen und mit den Pinienkernen einrühren. Alles salzen und pfeffern.

7 Caponata in eine Servierschüssel geben und kalt stellen. Nach Belieben mit Basilikumblättern garnieren und als Beilage oder auch als Vorspeise anrichten.

Variante: Man kann die Caponata auch mit 1 EL in lauwarmem Wasser eingeweichten Rosinen (etwa 15 Min.) ergänzen. Rosinen mit dem Gemüse anschmoren lassen.

Tip! Caponata schmeckt vorzüglich als Beilage zu Schweinekoteletts mit Oliven, als Vorspeise mit geröstetem Weißbrot und als Hauptgericht mit Parmaschinken und Pecorino.

Contorni e verdure 207

Peperonata

Sizilien · Ganz einfach

Paprikagemüse

Zutaten für 4 Portionen:
500 g reife Eiertomaten
1 kg rote und gelbe Paprikaschoten
2 große weiße Zwiebeln
6 EL Olivenöl, kaltgepreßt
Salz
1 Bund Basilikum

Zubereitungszeit: 50 Min.

Pro Portion: 940 kJ/220 kcal

1 Eiertomaten waschen und kurz in siedendes Wasser tauchen.

2 Tomaten mit dem Schaumlöffel aus dem Wasser nehmen und die Haut abziehen, Stengelansatz entfernen. Tomaten halbieren, in kleine Stücke hacken.

3 Paprikaschoten waschen, Deckel abschneiden. Schoten halbieren. Stiele, Kerne und weiße Rippen entfernen. Paprika in fingerbreite Streifen schneiden. Zwiebeln schälen, in feine Scheiben schneiden.

4 In einer Kasserolle 5 EL Olivenöl erhitzen, Zwiebelscheiben darin glasig dünsten.

5 Paprikastreifen dazugeben, leicht schmoren lassen und Tomatenwürfel hinzufügen. Mit Salz abschmecken.

6 Mischung mit ⅛ l Wasser ablöschen und bei schwacher Hitze zugedeckt 35 Min. leicht köcheln lassen. Ab und zu umrühren. Wenn sie zu trocken wird, zwischendurch noch etwas Wasser angießen.

7 Basilikum waschen, trockenschütteln und das Paprikagemüse mit den Blättern garnieren. Mit 1 EL Olivenöl beträufeln und heiß servieren.

Tip! Man kann die Peperonata mit 1–2 EL Kapern und/oder mit schwarzen Oliven anreichern. Mit 3 EL Essig abgelöscht, schmeckt sie auch kalt.

Fagioli all'uccelletto

Florenz · Braucht etwas Zeit

Weiße Bohnen mit Salbei

Zutaten für 4–6 Portionen:
400 g getrocknete weiße Bohnenkerne (oder 800 g frische Bohnen zum Entkernen)
Salz · 400 g frische Tomaten (oder aus der Dose)
10 frische Salbeiblätter
4 Knoblauchzehen
6 EL Olivenöl, kaltgepreßt
schwarzer Pfeffer aus der Mühle

Zubereitungszeit: 2 Std.
(+ 12 Std. Einweichen der getrockneten Bohnen)

Bei 6 Portionen pro Portion:
2000 kJ/480 kcal

1 Getrocknete Bohnen am Vorabend in 1 l Wasser einweichen. (Frische Bohnenkerne können gleich gekocht werden.) Am nächsten Tag die Bohnen in einen Topf mit 1 l Wasser geben, salzen und ohne Deckel zum Kochen bringen. Kurz aufwallen lassen und die Bohnen bei schwacher Hitze zugedeckt in etwa 1½ Std. weich köcheln. Frische Bohnenkerne haben kürzere Garzeiten (etwa 1 Std.). Am besten probieren, ob die Bohnen weich sind.

2 Frische Tomaten kurz in kochendes Wasser tauchen, enthäuten, die Stengelansätze und die Kerne entfernen. Tomaten aus der Dose abtropfen lassen. Das Fruchtfleisch in Stücke schneiden. Salbeiblätter waschen und abtupfen. Knoblauchzehen schälen und in feine Scheibchen schneiden.

3 In einer Kasserolle 4 EL Olivenöl erhitzen. Knoblauch und Salbeiblätter darin andünsten. Gegarte Bohnen abtropfen lassen, in die Kasserolle geben, mit Salz und reichlich schwarzem Pfeffer aus der Mühle würzen und etwa 5 Min. ziehen lassen.

4 Tomatenstücke hinzufügen und zugedeckt etwa 15 Min. bei schwacher Hitze garen. Mit dem restlichen Öl beträufeln und heiß servieren.

Contorni e verdure

Radicchio alla pancetta

Venetien · Gelingt leicht **Gebratener Radicchio**

Zutaten für 4 Portionen:
750 g Radicchio
(mehrere runde, feste Köpfe)
1 große Zwiebel
100 g Speck, durchwachsen, ohne Schwarte
3 EL Olivenöl, kaltgepreßt
Salz
schwarzer Pfeffer, frisch gemahlen

Zubereitungszeit: 30 Min.

Pro Portion: 750 kJ/180 kcal

1 Radicchio putzen, Köpfe längs vierteln und die Strünke flach schneiden, Radicchio kurz abbrausen und trockentupfen.

2 Zwiebel schälen und in dünne Scheiben, Speck in feine Streifen schneiden. Öl in einer großen Pfanne leicht erhitzen, Speck und Zwiebel bei schwacher Hitze etwa 15 Min. unter häufigen Rühren braten, die Zwiebelscheiben dürfen dabei nicht braun werden.

3 Radicchioviertel nebeneinander in die Pfanne legen, mit Salz und Pfeffer würzen. Offen bei schwacher Hitze etwa 5 Min. garen, dabei 1- bis 2mal vorsichtig wenden.

Variante: Radicchio alla trevisana
(Gegrillter Radicchio)
Langblättrige Radicchiostauden vierteln, mit Öl bestreichen, auf jeder Seite einige Min. in Haushaltsgrill knusprig grillen, mit Salz und Pfeffer würzen.

Verdure in intingolo

Lombardei · Vegetarisch **Gemüsetopf aus Mantua**

Zutaten für 4 Portionen:
400 g Zwiebeln
500 g gelbe Paprikaschoten
3 kleine, feste Zucchini
300 g reife Fleischtomaten
1 Stange Bleichsellerie
2 EL Olivenöl
3 EL Butter
2 EL Aceto balsamico
Salz
schwarzer Pfeffer, frisch gemahlen

Zubereitungszeit: 1 Std.

Pro Portion: 880 kJ/210 kcal

1 Zwiebeln schälen und in Scheiben schneiden. Paprikaschoten waschen, längs halbieren, Stielansätze, Kerne und weiße Rippen entfernen, in fingerbreite Streifen schneiden. Zucchini waschen, an beiden Enden kappen, dann in Scheibchen schneiden. Tomaten kurz mit kochendheißem Wasser überbrühen, häuten, quer halbieren, Stielansätze und Kerne entfernen, Fruchtfleisch grob zerkleinern. Selleriestange putzen, waschen, kleinschneiden.

2 In einer Kasserolle Öl und Butter erhitzen, Zwiebelscheiben darin bei mittlerer Hitze weich, aber nicht braun braten. Paprikastreifen, Zucchinischeibchen, Tomaten und Sellerie dazugeben. Essig darüber träufeln. Mit Salz und Pfeffer würzen.

3 Zugedeckt bei ganz schwacher Hitze in etwa 35 Min. fertiggaren, dabei mehrmals umrühren. Gemüsetopf heiß als Beilage zu gekochtem Fleisch oder mit frischem Weißbrot als vegetarisches Hauptgericht servieren.

Tip! Wenn Sie die Butter durch Olivenöl ersetzen, können Sie das Gericht auch zimmerwarm als Vorspeise anbieten.

In den Wintermonaten können Sie auch Tomaten aus der Dose statt der reifen Fleischtomaten verwenden. Sie sollten sie vorher gut abtropfen lassen.

Fagiolini alla genovese

Ligurien · Gelingt leicht

Grüne Bohnen in Sardellensauce

Zutaten für 4 Portionen:
600 g junge grüne Bohnen
(ersatzweise tiefgekühlte)
Salz
2 Knoblauchzehen
1 Bund Petersilie
4 Sardellenfilets
3 EL Olivenöl
50 g Butter
schwarzer Pfeffer, frisch gemahlen

Zubereitungszeit: 30 Min.

Pro Portion: 710 kJ/170 kcal

1 Grüne Bohnen putzen und waschen, in kochendes Salzwasser geben und darin knapp »al dente« kochen. Dann kalt abschrecken und gut abtropfen lassen.

2 Knoblauchzehen schälen. Petersilie waschen, trockenschütteln, mit den Sardellenfilets und dem Knoblauch zusammen sehr fein hacken.

3 In einer breiten Kasserolle das Olivenöl leicht erhitzen, Butter darin schmelzen lassen. Sardellenmischung hineingeben, etwa 5 Min. bei ganz schwacher Hitze unter Rühren anbraten.

4 Bohnen in die Kasserolle geben, untermischen, zugedeckt bei sehr schwacher Hitze in 10–15 Min. gar ziehen lassen. Mit Salz und Pfeffer abschmecken.

Tip! Diese Bohnen eignen sich nicht nur als Beilage, z.B. zu kurzgebratenem oder gegrilltem Fleisch. Sie können sie auch lauwarm als Vorspeise servieren.

Finocchi al prosciutto

Friaul · Gelingt leicht Fenchelgemüse mit Schinken

Zutaten für 4 Portionen:
4 mittelgroße Fenchelknollen (etwa 800 g)
2 mittelgroße Zwiebeln
150 g milder roher Schinken (San Daniele), in Scheiben geschnitten
2 EL Butter
1/8 l Gemüsebrühe (selbstgemacht oder instant)
Salz
weißer Pfeffer, frisch gemahlen
4 EL Parmesan, frisch gerieben, nach Belieben

Zubereitungszeit: 45 Min.

Pro Portion: 1100 kJ/260 kcal

1 Vom Fenchel Stiele, Wurzelansatz und harte Außenblätter entfernen. Knollen gründlich waschen und der Länge nach in etwa 1 cm dicke Scheiben schneiden. Fenchelgrün von 1 Knolle kleinhacken. Zwiebeln schälen, in dünne Ringe, Schinken in feine Streifen schneiden.

2 In einer breiten Kasserolle die Butter schmelzen, Zwiebelringe unter Rühren glasig braten, dann Schinken und Fenchel dazugeben und bei mittlerer Hitze etwa 5 Min. mitbraten, dabei die Fenchelscheiben mehrmals wenden. Brühe angießen. Mit Salz und Pfeffer würzen.

3 Fenchel zugedeckt bei schwacher Hitze etwa 20 Min. garen, er darf dabei nicht zerfallen. Vor dem Servieren evtl. Hitze verstärken und Flüssigkeit etwas eindampfen lassen. Das Gemüse mit dem Fenchelgrün und nach Belieben mit Parmesan bestreuen.

Wein: Dazu sollten Sie einen frischen, trockenen Soave trinken.

Variante: Finocchi lessi
(Salat aus gekochtem Fenchel)
4 mittelgroße geputzte Fenchelknollen halbieren, in Salzwasser mit etwas Zitronensaft etwa 20 Min. garen. Gut abgetropft jede Hälfte in 2–3 große Stücke schneiden, mit Zitronensaft und weißem Pfeffer würzen, mit gehackter Petersilie bestreuen. Etwa 1 Std. ziehen lassen. Zimmerwarm servieren.

Spinaci alla genovese

Ligurien · Gelingt leicht

Spinat mit Rosinen und Pinienkernen

Zutaten für 4–6 Portionen:
50 g Rosinen
1 kg frischer Blattspinat
1 Bund Petersilie
4 Sardellenfilets
6 EL Olivenöl
50 g Pinienkerne · Salz
schwarzer Pfeffer, frisch gemahlen
Muskatnuß, frisch gerieben

Zubereitungszeit: 35 Min.

Bei 6 Portionen pro Portion:
790 kJ/190 kcal

1 Rosinen etwa 15 Min. in lauwarmem Wasser einweichen. Spinat putzen, welke Blätter und grobe Stiele sorgfältig entfernen, dann das Gemüse mehrmals in reichlich kaltem Wasser waschen. Tropfnaß in einen Topf geben. Zugedeckt bei schwacher Hitze so lange dämpfen, bis die Blätter zusammenfallen. Herausnehmen, gut abtropfen lassen.

2 Petersilie waschen, trockenschütteln. Petersilie und Sardellen fein hacken. Rosinen und Spinat gut ausdrücken.

3 In einer Kasserolle das Olivenöl leicht erhitzen, Petersilie und Sardellen bei schwacher Hitze 2–3 Min. anbraten, Rosinen und Pinienkerne etwa 5 Min. mitbraten. Spinat untermischen. Mit Salz, Pfeffer und Muskatnuß würzen. Etwa 3 Min. bei schwacher Hitze unter häufigem Rühren mitbraten.

Wein: Trinken Sie zu diesem pikanten Gemüsegericht einen leichten Cinque Terre.

Tortino di melanzane

Toskana · Vegetarisch

Gratinierte Auberginen

Zutaten für 4 Portionen:
4 kleine, feste Auberginen
(etwa 500 g)
Salz
1 Bund Petersilie
8 Eier
3–4 EL Milch
schwarzer Pfeffer, frisch gemahlen
1 Msp. Majoran
Mehl zum Wenden
Olivenöl zum Braten

Zubereitungszeit: 1 Std.

Pro Portion: 1100 kJ/260 kcal

1 Auberginen waschen, trockentupfen, der Länge nach in 1/2 cm dicke Scheiben schneiden. Scheiben salzen, lagenweise auf einen großen Teller stapeln, mit einem zweiten Teller abdecken und ein Gewicht darauf stellen. Mindestens 30 Min. ziehen lassen.

2 Petersilie waschen, trockenschütteln und fein hacken. In einer Schüssel Eier verquirlen, Milch unterrühren. Mit Salz, Pfeffer und Majoran würzen, Petersilie (1 EL zurückbehalten) untermischen.

3 Backofen auf 190° vorheizen. Mehl auf einen flachen Teller geben.

4 Auberginen abspülen, trockentupfen und ganz leicht durch das Mehl ziehen. 2 EL Olivenöl in einer flachen Pfanne erhitzen. Auberginenscheiben portionsweise hineingeben, von beiden Seiten bei starker Hitze leicht braun braten. Gebratene Auberginenscheiben aus der Pfanne nehmen und auf Küchenpapier gut abtropfen lassen.

5 Den Boden einer flachen Gratinform mit den Auberginenscheiben auslegen. Die verquirlten Eier darüber gießen. Im Backofen (Mitte; Gas Stufe 3) etwa 20–25 Min. backen, so daß der Boden des »Tortino« fest wird, die Oberfläche aber noch etwas weich bleibt. Mit Petersilie bestreuen. Heiß servieren.

Wein: Trinken Sie zu den gratinierten Auberginen einen Elba bianco.

Variante: Tortino di zucchini (Gratinierte Zucchini)
500 g kleine Zucchini ungeschält längs in Scheiben schneiden, in Olivenöl ausbraten, in einer Gratinform mit den verquirlten, gewürzten Eiern begießen, wie im Rezept angegeben backen.

Melanzane alla parmigiana

Parma · Braucht etwas Zeit Auberginenauflauf

Zutaten für 4–6 Portionen:
1 kg Auberginen
Salz
600 g frische Tomaten
(oder aus der Dose)
1 Möhre
1 Stange Bleichsellerie
1 mittelgroße Zwiebel
2 Knoblauchzehen
3 EL Olivenöl, kaltgepreßt
(+ Olivenöl zum Ausbacken
+ zum Beträufeln)
1 Bund Basilikum
schwarzer Pfeffer aus der Mühle
1 frische, kleine Chilischote
Mehl zum Wenden
300 g Mozzarella
2 hartgekochte Eier
200 g Parmesan, frisch gerieben

Zubereitungszeit: 1 ¼ Std.
(+ 1 Std. Ziehenlassen der Auberginen)

Bei 6 Portionen pro Portion:
1700 kJ/400 kcal

1 Von den Auberginen die Stiele entfernen. Die Früchte waschen und der Länge nach in etwa 1 cm dicke Scheiben schneiden. Auberginen mit Salz bestreuen und auf ein Sieb legen. Um die Bitterstoffe zu entziehen, etwa 1 Std. ziehen lassen. Dann das Gemüse abspülen und trockentupfen.

2 Frische Tomaten überbrühen, enthäuten, die Stielansätze und die Kerne entfernen (Tomaten aus der Dose abtropfen lassen). Fruchtfleisch in Stücke schneiden. Möhre schälen und klein würfeln. Bleichsellerie waschen, wenn nötig Fäden abziehen. Die Stange in etwa ½ cm lange Stücke schneiden. Zwiebel und Knoblauch schälen und kleinhacken. In einer weiten Kasserolle 2 EL Olivenöl erhitzen, die Zwiebel darin glasig dünsten, den Knoblauch kurz mitbraten. Dann Möhre und Sellerie hinzufügen und anschmoren. Tomatenstücke hineingeben. Basilikum waschen, trockentupfen, die Hälfte davon in Streifen schneiden und dazugeben. Mit Salz, Pfeffer und 1 ganzen Chilischote würzen. Zugedeckt bei schwacher Hitze etwa 20 Min. köcheln lassen. Chilischote entfernen.

3 In zwei Pfannen reichlich Olivenöl erhitzen. Auberginenscheiben kurz in Mehl wenden und portionsweise hineingeben, 5–10 Min. auf beiden Seiten goldgelb ausbacken. Die Auberginen auf Küchenpapier abtropfen lassen.

4 Backofen auf 190° (Gas Stufe 3) vorheizen. Mozzarella abtropfen lassen und würfeln. Hartgekochte Eier schälen und in Scheiben schneiden. Gratinform mit 1 EL Olivenöl auspinseln.

5 Die Gratinform mit einer Schicht Auberginen auslegen, frisch geriebenen Parmesan darüber streuen, Mozzarellawürfel und Eierscheiben darauf verteilen und mit Tomatensauce bedecken. In dieser Reihenfolge die Gratinform weiter füllen, bis alle Zutaten aufgebraucht sind. 2 EL Parmesan zum Überbacken aufheben.

6 Auberginenauflauf im Backofen (Mitte) etwa 35 Min. gratinieren. Auberginenauflauf herausnehmen, mit 2 EL Parmesan bestreuen und wieder in den Backofen schieben. Weitere 5–10 Min. überbacken.

7 Auberginenauflauf abkühlen lassen. Die Melanzane alla parmigiana mit den übrigen Basilikumblättern garnieren. Mit einigen Tropfen Olivenöl beträufeln und kalt servieren.

Wein: Dazu paßt ein Rotwein aus der Emilia-Romagna, z. B. Lambrusco di Sorbara.

216 **Contorni e verdure**

Piselli alla fiorentina

Toskana · Ganz einfach

Grüne Erbsen mit Speck

Zutaten für 4 Portionen:
1 ¼ kg frische Erbsen (ersatzweise 400 g tiefgekühlte)
50 g Räucherspeck, durchwachsen, ohne Schwarte
1 Knoblauchzehe
½ Bund Petersilie
3 EL Olivenöl, kaltgepreßt
Salz
weißer Pfeffer, frisch gemahlen
1 Prise Zucker
⅛ l kochende Fleischbrühe (selbstgemacht oder instant)

Zubereitungszeit: 1 Std.

Pro Portion: 640 kJ/150 kcal

1 Erbsen aus den Schoten streifen, in einem Sieb kurz abbrausen und abtropfen lassen. Speck in ganz kleine Würfel schneiden. Knoblauch schälen, in dünne Scheibchen schneiden. Petersilie waschen, trockenschütteln, fein hacken.

2 Das Öl in einer Kasserolle leicht erhitzen, den Speck und den Knoblauch darin unter Rühren so lange braten, bis der Knoblauch schwach gelb wird.

3 Erbsen und die Hälfte der Petersilie dazugeben, mit Salz, Pfeffer und Zucker würzen, die Brühe angießen und offen bei mittlerer Hitze in 20–30 Min. kochen, bis die Erbsen gar sind. Ab und zu umrühren.

4 In einer vorgewärmten Schüssel, mit restlicher Petersilie bestreut, servieren.

Tip! Junge, sehr kleine Erbsen werden fast ohne Flüssigkeitszusatz zugedeckt in wenigen Minuten gegart. Auch tiefgefrorene Erbsen lassen sich nach diesem Rezept in höchstens 5 Min. gut zubereiten.

Zucchini al guanciale

Marken · Gelingt leicht Zucchini mit Speck und Tomaten

Zutaten für 4 Portionen:
600 g kleine, feste Zucchini
400 g reife Tomaten
200 g Räucherspeck, gut durchwachsen, ohne Schwarte
1 große Zwiebel
1 Bund Petersilie
2 Knoblauchzehen
1 EL Olivenöl
Salz
schwarzer Pfeffer, frisch gemahlen

Zubereitungszeit: 45 Min.

Pro Portion: 1100 kJ/260 kcal

1 Zucchini waschen, abtrocknen, Blüten- und Stielansätze abschneiden. Früchte der Länge nach in Viertel und diese quer in drei Stücke schneiden.

2 Tomaten mit kochendheißem Wasser überbrühen, häuten, quer halbieren, Stielansätze und Kerne entfernen. Fruchtfleisch grob zerkleinern.

3 Speck in kleine Würfel, Zwiebel schälen, in dünne Scheiben schneiden. Petersilie waschen, trockenschütteln, Knoblauch schälen, beides fein hacken.

4 Öl und Speck in eine Kasserolle geben, so lange bei mittlerer Hitze braten, bis die Speckwürfel knusprig sind. Zwiebel, Knoblauch und Petersilie dazugeben, bei schwacher Hitze etwa 5 Min. unter Rühren braten.

5 Tomaten und Zucchini dazugeben, mit Salz und Pfeffer würzen, gut mischen. Das Gemüse zugedeckt bei schwacher Hitze in etwa 15 Min. fertiggaren, dabei ab und zu umrühren.

Wein: Trinken Sie zu diesem herzhaften Gericht einen jungen Chianti.

Tip! Das Gericht schmeckt am besten, wenn man es, wie in sehr alten Rezepten angegeben, mit geräucherter Schweinebacke zubereitet. Die Zucchini schmecken sehr gut als Beilage zu gekochtem oder kurzgebratenem Fleisch. Sie können sie aber auch nach einer »pasta« mit Weißbrot als sommerliches »secondo« servieren.

Frittedda

Sizilien · Saftig Frühlingsgemüse

Zutaten für 4 Portionen:
1 Bund Frühlingszwiebeln
Saft von 1 Zitrone
6 kleine längliche, sehr frische Artischocken
400 g zarte, frische dicke Bohnenkerne (Saubohnen, geschält gewogen)
400 g junge Erbsen (geschält gewogen)
4 EL Olivenöl, kaltgepreßt
Salz
schwarzer Pfeffer, frisch gemahlen
4 EL Weinessig

Zubereitungszeit: 50 Min.

Pro Portion: 2200 kJ/520 kcal

1 Die Zwiebeln waschen und abtropfen lassen. Wurzelansätze und harte Röhren abschneiden. Die Zwiebeln in Scheibchen schneiden.

2 Etwa 2 l kaltes Wasser mit dem Zitronensaft in einer Schüssel bereitstellen. Die Artischocken waschen. Die äußeren Blattkränze abschneiden. Die übrigen Blätter bis zu den gelben unteren Teilen stark kürzen. Das Heu, die Samenfäden, in der Mitte der Artischocken mit einem Löffelchen herauskratzen, die Artischocken ausspülen (siehe Schritte 1 und 2, S. 224). Die Stiele bis auf 2 cm kürzen und die Böden dünn schälen. Die Artischocken achteln und in das Zitronenwasser legen.

3 Bohnenkerne aus ihren Häutchen nehmen. Bohnenkerne und Erbsen abspülen, abtropfen lassen. In einer großen Pfanne Öl erhitzen und die Zwiebeln bei mittlerer Hitze darin glasig braten. Die Artischocken abgießen, untermischen, etwa 10 Min. mitdünsten, gelegentlich umrühren.

4 Bohnenkerne untermischen, alles weitere 5 Min. dünsten, dann die Erbsen hinzufügen. Alles salzen und pfeffern. 100 ml Wasser über das Gemüse träufeln und zugedeckt noch etwa 10 Min. garen. Zuletzt den Essig überträufeln und das Gemüse offen etwa 5 Min. bei starker Hitze dünsten, bis die Flüssigkeit fast verdampft ist. Vor dem Servieren nochmals abschmecken.

Bietole alla romana

Rom · Gelingt leicht Mangold auf römische Art

Zutaten für 4 Portionen:
800 g Mangold
1 mittelgroße Zwiebel
2 Knoblauchzehen
2 Anchovisfilets
4 mittelgroße, gut reife Tomaten
3 EL Olivenöl, kaltgepreßt
Salz
schwarzer Pfeffer, frisch gemahlen

Zubereitungszeit: 45 Min.

Pro Portion: 550 kJ/130 kcal

1 Von den Mangoldstauden den Strunkansatz abschneiden und die Stiele auseinander nehmen, gründlich waschen und abtropfen lassen. Schadhafte Stellen abschneiden, dann die Stiele mit den Blättern in 1–2 cm breite Streifen schneiden.

2 Zwiebel und Knoblauch schälen und klein würfeln. Anchovisfilets hacken. Die Tomaten mit kochendheißem Wasser übergießen, kurz stehenlassen, kalt abschrecken und häuten. Tomaten halbieren, Stielansätze herausschneiden, die Kerne mit einem Löffelchen auskratzen. Das Tomatenfleisch würfeln.

3 In einem Topf oder in einer tiefen Pfanne das Olivenöl bei mittlerer Hitze heiß werden lassen, Zwiebel und Knoblauch darin glasig braten. Die gehackten Anchovisfilets unterrühren und mit dem Kochlöffel fein zerdrücken.

4 Mangold unterheben und bei starker Hitze und unter Rühren etwa 1 Min. schmoren. Die Tomatenwürfel unterheben, auf mittlere Hitze zurückschalten und das Gemüse zugedeckt etwa 15 Min. dünsten. Mit Salz und Pfeffer abschmecken und servieren.

Tip! Sie können das Gemüse auch lauwarm servieren.

Contorni e verdure

Carote al marsala

Sizilien · Süßlich **Möhren mit Marsala**

Zutaten für 4 Portionen:
500 g Möhren
40 g Butter
Salz
100 ml trockener Marsala

Zubereitungszeit: 30 Min.

Pro Portion: 570 kJ/140 kcal

1 Die Möhren schälen und quer leicht schräg in etwa 3 mm dünne Scheiben schneiden. Die Butter in einem Topf erhitzen, bis sie schäumt. Die Scheiben hineinlegen, leicht mit Salz bestreuen und bei mittlerer Hitze unter Rühren 6–7 Min. braten, bis sie sich leicht zu färben beginnen.

2 Marsala über die Möhren gießen. Die Temperatur herunterschalten. Die Möhren zugedeckt bei schwacher Hitze noch etwa 5 Min. dünsten, bis sie weich sind, aber noch Biß haben. In eine Schüssel geben und servieren.

Variante: Patate al marsala (Kartoffeln mit Marsala)
Dafür 500 g kleine Frühkartoffeln dünn schälen. 20 g Butter und 2 EL Olivenöl in einer Pfanne erhitzen. Die Kartoffeln in die Pfanne geben, leicht mit Salz bestreuen und bei schwacher Hitze etwa 10 Min. braten, bis sie fast gar sind. 100 ml Marsala darüber gießen und die Kartoffeln zugedeckt in 10–15 Min. fertiggaren.

Tip! Die mit Marsala gegarten Gemüse können als eigenständiger Gang oder als Vorspeisen serviert werden.

Marsala

Der Dessertwein Marsala trägt den Namen der Stadt, aus der er stammt. Sie liegt an der Westküste Siziliens in der Provinz Trapani. In der Antike als Lilibeo bekannt, wurde sie im Mittelalter von den Arabern in Mars-el-Allah, Hafen Allahs, umgetauft, heute Marsala.

Auf den süßen Wein stießen 1773 zwei englische Brüder, die darin eine Alternative zum spanischen Sherry und zum portugiesischen Portwein sahen. Um den Marsala für den Export seetüchtig zu machen, setzten sie ihm Traubenbranntwein zu und aromatisierten ihn mit Traubenmost. Der Wein fand in England großen Anklang. Später beteiligten sich auch Sizilianer an der Herstellung, die sie schließlich übernahmen. Man unterscheidet mehrere Sorten:

Mit Marsala kann man würzige Gerichte wie auch Desserts verfeinern.

Marsala Vergine, blaß bernsteingelb, trocken und extratrocken, mit vollem weichem Geschmack, ist ein feiner Aperitif- oder Dessertwein. Er kann bis zu 20 Jahren lagern. Marsala Superiore, mit mindestens zweijähriger Lagerung, bernsteinbraun, von trocken bis süß mit herbem Karamelgeschmack, schmeckt köstlich zu trockenem Gebäck. Marsala Fine, der junge Marsala, ist auch Grundlage von Marsala-Kreationen mit Ei oder Kaffee. Das Herstellungsgebiet umfaßt heute Gemeinden in den Provinzen Trapani, Palermo und Agrigento. Die verwendeten Rebsorten sind Catarratto, Grillo und Inzolia. Der Alkoholgehalt liegt zwischen 16 und 20 Prozent.

Contorni e verdure

Rom · Frühlingsgericht

Carciofi alla romana
Artischocken auf römische Art

Zutaten für 4 Portionen:
8 längliche kleine, zarte Artischokken
Saft von 1 Zitrone
200 g magerer, geräucherter Speck, ohne Schwarte
3 Knoblauchzehen
3 Zweige frische Minze
schwarzer Pfeffer, frisch gemahlen
Salz
½ Bund glatte Petersilie
75 ml Olivenöl, kaltgepreßt

Zubereitungszeit: 40 Min.
(+ 30 Min. Dünsten)

Pro Portion: 2300 kJ/550 kcal

1 Die Artischocken gründlich waschen. Eine Schüssel mit 1 ½ – 2 l kaltem Wasser, vermischt mit dem Zitronensaft, bereitstellen. Von den Artischocken großzügig die äußeren harten Blattkränze abziehen. Die Spitzen der übrigen Blätter bis zum gelben Teil abschneiden.

2 Die Samenfäden in der Mitte, das Heu, mit einem Löffelchen auskratzen. Die Stiele bis auf etwa 3 cm kürzen und schälen einschließlich der Böden. Die Artischocken in das Zitronenwasser legen.

3 Den Speck sehr klein würfeln, in der trockenen Pfanne bei starker Hitze auslassen. Knoblauch schälen, durch die Knoblauchpresse dazudrücken und glasig braten. Die Pfanne beiseite stellen. Die Minze waschen, trockenschütteln und die Blättchen fein hacken, unter den Speck mischen und mit Pfeffer abschmecken.

4 Die Artischocken aus dem Wasser nehmen und trockenschütteln. Die Blättchen auseinanderbiegen und die Speckmischung dazwischen verteilen und in die Mitte geben. Die Artischocken nebeneinander in einen Topf setzen, mit Salz bestreuen.

5 Petersilienblättchen hacken, auf die Artischocken streuen. Das Öl überträufeln und das Gemüse zugedeckt bei mittlerer Hitze etwa 10 Min. garen. 150 ml heißes Wasser dazugießen und die Artischocken zugedeckt in etwa 30 Min. fertiggaren.

Variante: Der Speck kann auch durch 4–5 EL Semmelbrösel, vermischt mit Knoblauch, Kräutern und etwas Öl ersetzt werden.

Variante: Carciofi alla giudea
(Artischocken auf jüdische Art)
8 Artischocken waschen, die äußeren harten Blätter und das Heu entfernen, in Zitronenwasser legen, dann trockenschütteln. Das Innere mit Salz und Pfeffer würzen. Reichlich Olivenöl in einer tiefen Pfanne mittelstark erhitzen. Artischocken mit den Stielen nach oben hineinsetzen. In etwa 10 Min. knusprig fritieren, dabei gegen den Pfannenboden drücken, damit sich die Blüten öffnen. Vorsicht, Spritzgefahr! Auf Küchenpapier entfetten, mit den Fingern essen.

Contorni e verdure

Frittata con le cipolle

Abruzzen · Gelingt leicht

Omelett mit Zwiebeln

Zutaten für 4 Portionen:
500 g Gemüsezwiebeln
4 EL Olivenöl, kaltgepreßt
Salz
1 TL getrockneter Oregano
6 kleine, ganz frische Eier

Zubereitungszeit: 20 Min.

Pro Portion: 910 kJ/220 kcal

1 Die Zwiebeln schälen und in dünne Scheiben schneiden. 2 EL Olivenöl in der Pfanne bei mittlerer Hitze heiß werden lassen und die Zwiebeln darin etwa 5 Min. unter Wenden dünsten, mit Salz und Oregano bestreuen, in eine Schüssel geben und abkühlen lassen.

2 In einer zweiten Schüssel die Eier verquirlen, und unter die Zwiebeln mischen. Das restliche Öl in der Pfanne erhitzen und die Zwiebel-Eier-Mischung hineingeben. Bei mittlerer Hitze von beiden Seiten in insgesamt etwa 4 Min. goldbraun braten, in Viertel teilen und mit Brot servieren.

Variante: Frittata di asparagi
(Omelett mit wildem Spargel)
Für dieses Gericht aus Apulien 250 g wilden Spargel (ersatzweise dünnen grünen Spargel) waschen, Enden abschneiden, die Stangen halbieren (grünen Spargel an den dicken Enden dünn schälen, in etwa 4 cm lange Stücke schneiden). 2 EL Olivenöl mittelstark erhitzen und den wilden Spargel darin etwa 2 Min. anbraten (grünen Spargel etwa 5 Min.). 6 kleine ganz frische Eier in einer Schüssel mit 4 EL frisch geriebenem Pecorino, je 1 Prise Salz und Pfeffer verquirlen und den Spargel untermischen. 2 EL Olivenöl mit dem Restöl in der Pfanne stark erhitzen. Eier mit Gemüse in die Pfanne gießen und offen oder zugedeckt stocken lassen, bis die Eier fest werden. Auf einen Teller gleiten lassen, aufteilen und mit Brot servieren.

Melanzane alla finitese

Kalabrien · Etwas schwieriger Gefüllte Auberginenscheiben

Zutaten für 6 Portionen:
600 g große Auberginen
Salz
schwarzer Pfeffer, frisch gemahlen
1 Bund Basilikum
200 g Caciocavallo
(ersatzweise Pecorino)
100 g Paniermehl
100 g Mehl · 1 großes Ei
Olivenöl zum Ausbacken
nach Belieben:
Basilikumblättchen zum Garnieren

Zubereitungszeit: 45 Min.

Pro Portion: 1200 kJ/290 kcal

1 Auberginen waschen, Stiele und Stielansätze abschneiden und die Auberginen schräg in etwa 1 cm dicke Scheiben schneiden. Einen mittelgroßen Topf halb mit Wasser füllen, aufkochen, 1 TL Salz hinzufügen. Die Auberginenscheiben darin etwa 5 Min. vorgaren, abgießen, leicht ausdrücken.

2 Die Scheiben leicht mit Salz und Pfeffer bestreuen. Basilikum waschen, trockenschütteln. Den Käse in dünne Scheiben schneiden. Die Hälfte der Auberginen damit belegen, mit je 2 Basilikumblättern bedecken. Die restlichen Auberginenscheiben wie bei einem Sandwich auf die belegten Scheiben legen.

3 Paniermehl und Mehl auf je einen flachen Teller geben. Das Ei mit 1 Prise Salz verquirlen. Öl in der Pfanne erhitzen. Die Auberginen-Sandwiches zuerst im Mehl, dann im Ei, dann im Paniermehl wenden und in Öl von beiden Seiten bei mittlerer Hitze ausbacken. Auf Küchenpapier entfetten, nach Belieben mit Basilikumblättchen garnieren, heiß servieren.

Variante: Melanzane alla calabrese
(Auberginen auf kalabrische Art)
Gewaschene und entstielte Auberginen in dünne Scheiben schneiden, mit Salz bestreut etwa 1 Std. ziehen lassen. 4 EL Olivenöl erhitzen und 4 gehackte Anchovisfilets, 2 gehackte Knoblauchzehen und je 1/2 Bund gehackte Petersilien- und Basilikumblättchen darin andünsten. Gehäutete Dosentomaten (480 g Abtropfgewicht) mit Saft dazugeben, zerdrücken, mit Salz und Pfeffer würzen, offen dicklich einkochen lassen. Die Auberginenscheiben gut trockentupfen, in heißem Öl hellbraun braten, entfetten. Auf einer Platte abwechselnd Auberginenscheiben und Tomatensauce schichten und servieren.

Frittata di patate e zucchini

Friaul · Gelingt leicht **Omelett mit Kartoffeln und Zucchini**

Zutaten für 4 Portionen:
3 mittelgroße Kartoffeln
2 Zucchini (etwa 200 g)
1 mittelgroße Zwiebel
6 EL Olivenöl · Salz
½ TL frische Rosmarinblätter
(oder ¼ TL getrocknete)
6 Eier
schwarzer Pfeffer aus der Mühle
1 Bund Petersilie

Zubereitungszeit: 45 Min.

Pro Portion: 2000 kJ/480 kcal

1 Kartoffeln schälen, waschen und in hauchdünne Scheiben schneiden. Zucchini waschen, beide Enden knapp abschneiden und die Früchte in etwa ½ cm dicke Scheiben schneiden. Zwiebel schälen und fein hacken.

2 In einer flachen Pfanne 4 EL Olivenöl erhitzen. Zuerst Zwiebel und dann Kartoffeln hineingeben und beidseitig anbraten. Mit Salz und Rosmarin würzen, dann zugedeckt 15–20 Min. dünsten. Zucchini hinzufügen und unter vorsichtigem Rühren weitere 5 Min. dünsten.

3 Die Eier mit Salz und Pfeffer in einer großen Schüssel verquirlen. Das Gemüse aus der Pfanne hineingeben und kräftig durchmischen. 2 EL Olivenöl in der gleichen Pfanne erhitzen, die Eier-Gemüse-Mischung hineingeben und etwa 5 Min. bei schwacher Hitze stocken lassen. Das Omelette wenden, die andere Seite goldbraun backen.

4 Petersilie waschen, trockenschütteln und fein hacken. Die Frittata auf eine vorgewärmte Platte legen, mit Petersilie bestreuen und heiß oder kalt servieren. Dazu Weißbrot reichen.

Crespelle magre di spinaci

Emilia-Romagna · Für Gäste **Pfannkuchenrollen mit Spinat**

Zutaten für 4 Portionen:
Für den Teig:
125 g Vollkornmehl
3 Eier · ¼ l Milch
Salz
30 g Butter
schwarzer Pfeffer aus der Mühle

Für die Füllung:
500 g frischer Spinat
4 EL Rosinen
4 Scheiben roher Schinken
3 EL Olivenöl
30 g Butter
2 EL Pinienkerne
100 g Parmesan, frisch gerieben

Zubereitungszeit: 1 Std.
(+ 30 Min. Ruhen + 15 Min. Einlegen)

Pro Portion: 2900 kJ/690 kcal

1 In einer Rührschüssel aus Mehl, Eiern, Milch und Salz einen glatten Pfannkuchenteig rühren. 30 g Butter schmelzen und leicht abgekühlt unterheben. Nach Wunsch pfeffern. Teig etwa 30 Min. quellen lassen.

2 Spinat putzen, waschen und naß etwa 1 Min. zugedeckt dünsten, salzen. Die ganze Flüssigkeit ausdrücken. Spinat fein hacken. Rosinen etwa 15 Min. in Spinatwasser einlegen.

3 Schinken würfeln, in einer Pfanne mit 2 EL Olivenöl und der Hälfte der Butter anbraten. Spinat dazugeben, abgetropfte Rosinen und ganze Pinienkerne untermischen. Die Masse etwa 5 Min. ziehen lassen und in eine Schüssel geben. Mit der Hälfte des Parmesans vermischen.

4 Eine andere Pfanne mit Butter ausstreichen und aus dem Pfannkuchenteig nacheinander 8 hauchdünne Crêpes auf beiden Seiten goldgelb backen. Alle Pfannkuchen mit der Füllung belegen und aufrollen. Auf einer vorgewärmten Platte die Crespelle anordnen, mit dem restlichen Parmesan bestreuen, pfeffern und mit 1 EL Olivenöl beträufeln.

Variante: Crespelle al forno
(Überbackene Pfannkuchenrollen)
Pfannkuchen zubereiten und füllen. Eine Gratinform mit 1 EL Butter ausstreichen, 4 Crespelle einschichten, mit 100 g Mozzarellascheiben abdecken und die restlichen 4 Rollen darüber legen. Mit Béchamelsauce (Rezept S. 99) übergießen und im vorgeheizten Backofen bei 170° (Gas Stufe 2) in etwa 10 Min. goldgelb überbacken.

Contorni e verdure **229**

Lenticchie in umido

Lombardei · Gelingt leicht

Geschmorte Linsen

Zutaten für 4 Portionen:
300 g Linsen
80 g Räucherspeck, durchwachsen, ohne Schwarte
1 mittelgroße Zwiebel
4–5 Salbeiblätter
etwa 1 l Fleischbrühe (selbstgemacht oder instant)
1 EL Olivenöl
1 TL Tomatenmark
Salz
schwarzer Pfeffer, frisch gemahlen
Salbeiblätter zum Garnieren

Zubereitungszeit: 1 ¼ Std.
(+ 12 Std. Einweichen)

Pro Portion: 1400 kJ/330 kcal

1 Linsen in reichlich lauwarmem Wasser über Nacht einweichen, dann auf einem Sieb gut abtropfen lassen.

2 Speck in Würfel schneiden, Zwiebel schälen, fein hacken. Salbeiblätter waschen und trockentupfen. Fleischbrühe zum Kochen bringen. In einer Kasserolle den Speck im Öl ausbraten, Zwiebel und Salbeiblätter dazugeben, kurz unter Rühren bei schwacher Hitze mitbraten. Die Linsen dazugeben, kurz mitbraten.

3 Tomatenmark in etwas heißem Wasser verrühren, in die Kasserolle gießen. Linsen mit kochender Fleischbrühe aufgießen, salzen und nach Belieben pfeffern. Zugedeckt bei schwacher Hitze etwa 1 Std. garen, dann sollte die Flüssigkeit fast aufgebraucht sein. Salbeiblätter waschen, trockentupfen und die Linsen damit garnieren.

Wein: Dazu sollten Sie einen Lambrusco reggiano trinken.

Info: In vielen italienischen Familien ist es Tradition, zu Silvester ein Linsengericht auf den Tisch zu bringen, denn viele Linsen bedeuten viel Geld im neuen Jahr.

Tip! Diese Linsen schmecken ausgezeichnet zu »Zampone« (gefülltem Schweinsfuß) oder gekochter Schweinswurst wie »Cotecchino« mit frischer Polenta als Beilage.

Cipolle ripiene

Piemont · Gelingt leicht

Gefüllte Zwiebeln

Zutaten für 4 Portionen:
4 gleich große, milde weiße Zwiebeln (etwa 600 g)
Salz
3–4 EL Butter
200 g Rinderhackfleisch
100 g Parmesan, frisch gerieben
weißer Pfeffer, frisch gemahlen
2 Eier
4 cl Grappa
3 EL Grissini- oder Semmelbrösel
Thymianzweige zum Garnieren

Zubereitungszeit: 1 ½ Std.

Pro Portion: 1600 kJ/380 kcal

1 Zwiebeln schälen, in kochendem Salzwasser etwa 20 Min. vorgaren, dann auf einem Sieb abtropfen lassen. Inzwischen in einer Pfanne 1 EL Butter erhitzen, Rinderhackfleisch bei starker Hitze kurz darin anbraten, bis es die Farbe verliert, beiseite stellen.

2 Zwiebeln quer halbieren, in der Mitte zu ⅓ aushöhlen. Ausgelöstes Zwiebelfleisch kleinhacken, dann in einer Schüssel mit dem Rinderhackfleisch, dem Käse, Salz, Pfeffer und 1 Ei gleichmäßig vermischen. Die Zwiebelhälften mit dieser Mischung füllen. Backofen auf 200° vorheizen.

3 Das zweite Ei verrühren. Eine feuerfeste Form mit etwas Butter ausstreichen, Zwiebelhälften nebeneinander hineinsetzen, diese mit der Grappa beträufeln, mit dem Ei bestreichen und den Bröseln bestreuen. Auf jede Zwiebelhälfte 1 Butterflöckchen setzen. Im Backofen (Mitte; Gas Stufe 3) in etwa 50 Min. fertiggaren. Thymian waschen und die Zwiebeln damit garnieren.

Wein: Dazu paßt ein junger Nebbiolo.

Tip! Essen Sie die gefüllten Zwiebeln entweder heiß als »secondo« oder zimmerwarm als Vorspeise.

Contorni e verdure

Pomodori ripieni all'umbra

Umbrien · Gelingt leicht

Gefüllte gebackene Tomaten

Zutaten für 4 Portionen:
4 mittelgroße reife, aber noch feste Tomaten
Salz
1 Knoblauchzehe
1 Bund Petersilie
4 EL Olivenöl
4 EL Semmelbrösel
2 Eier
schwarzer Pfeffer, frisch gemahlen
Petersilie zum Garnieren

Zubereitungszeit: 1 ¼ Std.

Pro Portion: 730 kJ/170 kcal

1 Tomaten waschen, quer halbieren, Kerne entfernen, Tomaten aushöhlen. Die Früchte innen leicht mit Salz bestreuen und auf einem Sieb gut abtropfen lassen.

2 Knoblauch schälen. Petersilie waschen, trockenschütteln. Beides fein hacken. Backofen auf 180° vorheizen. Eine feuerfeste Form mit 1 EL Olivenöl ausstreichen.

3 In einer Schüssel Semmelbrösel, Knoblauch, Petersilie, das restliche Olivenöl und die Eier gut vermischen. Mit Salz und Pfeffer würzen. Die Tomaten mit dieser Masse füllen und in die Form stellen. Im Backofen (Mitte; Gas Stufe 2) in etwa 30 Min. fertiggaren, mit Petersilie garnieren, heiß servieren.

Variante: Pomodori alla genovese
(Tomaten mit Majoran)
Halbierte Tomaten leicht drücken, um die Kerne zu entfernen, Tomaten jedoch nicht aushöhlen. Früchte innen leicht salzen, abtropfen lassen. Dann in eine gefettete Gratinform setzen, mit einer Mischung aus 2 EL Semmelbrösel, 2 EL frischem gehacktem Majoran, 1 gehackten Knoblauchzehe, Salz und Pfeffer bestreuen, mit 2–3 EL Olivenöl beträufeln, dann im Backofen bei 180° (Mitte; Gas Stufe 2) etwa 30 Min. backen.

Tip! Gefüllte Tomaten können Sie sowohl als Beilage zu kurzgebratenem Fleisch als auch als warme Vorspeise servieren.

Verze affogate

Venetien · Gelingt leicht

Wirsingkohl in Wein gedünstet

Zutaten für 4–6 Portionen:
1 Wirsingkohl (etwa 1 kg)
1 Knoblauchzehe
1 frischer Rosmarinzweig
100 g Räucherspeck, fett, ohne Schwarte
1 EL Olivenöl
¼ l trockener Weißwein
Salz
schwarzer Pfeffer, frisch gemahlen

Zubereitungszeit: 1 ¼ Std.

Bei 6 Portionen pro Portion:
850 kJ/200 kcal

1 Den Wirsing putzen, vierteln, Strünke und harte Außenblätter entfernen. Kohl in schmale Streifen schneiden, waschen und abtropfen lassen. Knoblauch schälen. Rosmarinzweig waschen, trockenschütteln, Blättchen abzupfen. Knoblauch, Rosmarin und Speck ganz fein hacken.

2 In einer Kasserolle das Öl leicht erhitzen. Knoblauch, Rosmarin und Speck dazugeben und unter Rühren etwa 5 Min. bei mittlerer Hitze anbraten. Dann die Kohlstreifen untermischen, die Hälfte des Weins angießen, mit Salz und Pfeffer würzen, zugedeckt bei ganz schwacher Hitze etwa 30 Min. dünsten, dabei häufig umrühren.

3 Restlichen Wein nachgießen, offen bei mittlerer Hitze unter Rühren leicht eindampfen lassen. Heiß servieren.

Variante: Verza alla lombarda
(Wirsingkohl auf lombardische Art)
100 g Speck fein würfeln, in 1 EL Butter anbraten, Kohlstreifen, Weißwein dazugeben, salzen und pfeffern. Zugedeckt etwa 30 Min. bei schwacher Hitze köcheln. 100 ml Weißweinessig angießen, noch etwa 15 Min. garen.

Contorni e verdure

Carciofi fritti

Toskana · Schnell **Gebackene Artischocken**

Zutaten für 4 Portionen:
8 junge fleischige Artischocken
Saft von 1 Zitrone
2 Eier
8 EL Mehl
Salz
4 EL Milch
10 EL Olivenöl zum Ausbacken
schwarzer Pfeffer aus der Mühle
2 Zitronen zum Servieren

Zubereitungszeit: 30 Min.
(+ eventuell 1 Std. Ruhezeit)

Pro Portion: 1000 kJ/240 kcal

1 Von den Artischocken (nur die jungen eignen sich für dieses Rezept) die Stiele abbrechen. Untere Blätter abschneiden, harte Außenblätter entfernen, die Blattspitzen einkürzen. Den weichen Blätterkegel der Länge nach vierteln. Aus jedem Viertel die lila Herzblätter und das »Heu« mit einem Messer herausschneiden. Geputzte Artischocken sofort in kaltes Zitronenwasser (mit Saft von 1 Zitrone) legen.

2 Eier mit Mehl in einer Schüssel verquirlen und mit einer Prise Salz würzen. Wenn nötig Milch hinzufügen und kräftig verrühren, bis ein nicht zu fester Ausbackteig entsteht (eventuell 1 Std. ruhen lassen). Artischockenviertel abtropfen lassen, einzeln in den Teig tauchen und wenden.

3 In einer Pfanne Olivenöl erhitzen. Artischockenviertel nach und nach darin rundum knusprig ausbacken, dann bei schwacher Hitze noch 5–6 Min. weiterbraten.

4 Goldbraune Artischocken auf Küchenpapier gut abtropfen lassen. Mit Salz und Pfeffer würzen. Zitronen in Achtel schneiden. Artischocken auf einer Platte mit Zitronenspalten anrichten und heiß servieren.

Variante: Nach diesem Rezept kann man auch 250 g Zucchini und 250 g blanchierte Blumenkohlröschen ausbacken. Die Zucchini vorher längs in Scheiben schneiden und mit Salz bestreuen. Dann durch den Teig ziehen.

Asparagi al prosciutto

Emilia-Romagna · Raffiniert

Überbackener Spargel mit Schinken

Zutaten für 4 Portionen:
1,5 kg grüner Spargel
Salz
70 g Butter
4 Scheiben Fontina (oder Gouda)
16 Scheiben luftgetrockneter Schinken (Parma oder San Daniele) oder evtl. Speckscheiben ohne Schwarte
50 g Parmesan, frisch gerieben
weißer Pfeffer aus der Mühle

Zubereitungszeit: 1½ Std.

Pro Portion:
2000 kJ/480 kcal

1 Die unteren Drittel der Spargelstangen schälen und die Stangen auf gleiche Länge schneiden. Spargel waschen und portionsweise mit Küchengarn zusammenbinden. In einem schmalen hohen Kochtopf 3 l Wasser zum Kochen bringen. Den Spargel aufrecht in kochendes Salzwasser geben (die Spitzen dürfen nicht mit Wasser bedeckt sein). Spargel zugedeckt in 10–15 Min. knapp gar kochen.

2 Backofen auf 200° (Gas Stufe 3) vorheizen. Eine feuerfeste Form mit der Hälfte der Butter fetten. Spargel aus dem Sud nehmen, mit Eiswasser abschrecken, damit die grüne Farbe erhalten bleibt, auf einem Küchentuch abtropfen lassen. Das Küchengarn entfernen. Käsescheiben in Würfel schneiden.

3 Den Spargel in 8 Portionen teilen und jede mit 2 Scheiben Schinken umwickeln. Spargelbündel schichtweise mit den Käsewürfeln in die Form geben. Butterflöckchen darauf verteilen.

4 Den Spargel mit Alufolie bedecken und etwa 8 Min. im Backofen überbacken. Alufolie entfernen, das Gericht mit Parmesan bestreuen und weitere 7 Min. backen. Spargel mit weißem Pfeffer aus der Mühle würzen und heiß servieren.

Tip! Grüner Spargel muß ganz frisch und knackig sein. Schauen Sie sich beim Kauf die unteren Enden genau an, vor allem wenn sie verpackt sind. Weißen Spargel großzügig schälen und die holzigen Endstücke entfernen. Spargel erst kurz vor dem Garen schälen, da er leicht austrocknet.

DOLCI

Zuppa inglese della mamma

Toskana · Für Gäste

Biskuits mit Schokolade- und Eiercreme

Zutaten für 6–8 Portionen:
4 Eigelb · 100 g Zucker
2 gehäufte EL Mehl
1½ l Milch
Schale von ½ unbehandelten Zitrone
100 g Kakaopulver
6 cl Alchermes (Florentiner Gewürzlikör)
200 g Löffelbiskuits

Zubereitungszeit: 1 Std.
(+ 2 Std. Abkühlen)

Bei 8 Portionen pro Portion:
1500 kJ/360 kcal

1 Eigelb mit 70 g Zucker schaumig schlagen, Mehl dazugeben, nach und nach 1 l kalte Milch einrühren. Fein geriebene Zitronenschale beimengen. Die Mischung in einen schweren Topf füllen und unter ständigem Rühren erhitzen. 5–6 Min. bei schwacher Hitze köcheln, bis eine Creme entsteht. Vom Feuer nehmen und beiseite stellen.

2 Kakaopulver mit 30 g Zucker mischen und ½ l Milch einrühren. Kakaomischung bei mittlerer Hitze unter Rühren zum Kochen bringen, weitere 5 Min. eindicken lassen.

3 Alchermeslikör in einen tiefen Teller gießen. Eine Glasschüssel bereitstellen. Löffelbiskuits nacheinander mit dem Likör kurz tränken und auf dem Schüsselboden auslegen. Abwechselnd ⅓ l Eiercreme, ⅓ l der flüssigen Schokolade und Löffelbiskuits einschichten. Mit Eiercreme und Schokolade abschließen.

4 Die Zuppa inglese mindestens 2 Std. im Kühlschrank kalt stellen. Noch besser schmeckt sie am nächsten Tag, weil sich dann alles gut miteinander verbunden hat.

Tiramisù

Turin · Gelingt leicht **Mascarponecreme**

Zutaten für 4–6 Portionen:
3 Eier
4 EL Zucker
250 g Mascarpone
¼ l kalter Espresso
6 cl Vermouth (bianco) oder Marsala
200 g Löffelbiskuits
ungesüßtes Kakaopulver oder geraffelte Schokolade zum Verzieren

Zubereitungszeit: 30 Min. (+ 2 Std. Kühlen)

Bei 6 Portionen pro Portion: 1100 kJ/260 kcal

1 Eier trennen. Eigelb und Zucker in Rührschüssel schaumig rühren, bis die Masse ganz hellgelb und dick wird. Das Eiweiß zu Schnee schlagen.

2 Mascarpone löffelweise in die Eigelbmasse geben und zu einer homogenen Creme verrühren. Zum Schluß das Eiweiß unterziehen.

3 Espresso mit dem Vermouth oder Marsala mischen. Die Flüssigkeit in einen tiefen Teller gießen. Die Hälfte der Löffelbiskuits kurz hineintauchen, wenden und den Boden einer flachen Glasform damit auslegen.

4 Die Hälfte der Mascarponecreme über die getränkten Biskuits füllen.

5 Restliche Löffelbiskuits in die Flüssigkeit tauchen und einschichten. Die übrige Creme darübergeben, Oberfläche glattstreichen.

6 Tiramisù zugedeckt etwa 2 Std. im Kühlschrank kalt stellen. Das Dessert vor dem Servieren dick mit Kakaopulver bestäuben. Das gelingt leicht mit Hilfe eines kleinen Siebes.

Cassata alla siciliana

Sizilien · Osterdessert Sizilianische Cassata

Zutaten für 8–10 Portionen, für eine Springform von 24 cm Ø:
Für den Biskuit (Pan di Spagna):
6 Eier
180 g Puderzucker
1 EL Vanillezucker
100 g Mehl
75 g Speisestärke

Für die Füllung:
300 g gemischte kandierte Früchte
1 Tafel zartbittere Schokolade
800 g Ricotta
200 g Puderzucker
1 EL Vanillezucker
100 ml Maraschinolikör oder Marsala

Zubereitungszeit: 2 Std.
(+ 4 Std. Kühlen)

Bei 10 Portionen pro Portion:
2500 kJ/600 kcal

1 Für den Biskuit die Eier trennen. Eigelb mit Puderzucker und Vanillezucker schaumig rühren. Eiweiß steif schlagen und unterziehen. Mehl und Speisestärke in die Eimasse sieben und leicht unterheben. Den Boden einer Springform ausfetten und mit Pergamentpapier auslegen. Teig einfüllen, glattstreichen und im vorgeheizten Backofen bei 180° (Gas Stufe 2) 20–25 Min. backen. Biskuit etwa 1 Std. auskühlen lassen.

2 Die Hälfte der kandierten Früchte zum Garnieren beiseite legen, 150 g grob zerkleinern. Schokolade in Würfel schneiden. Ricotta durch ein Sieb streichen. Zucker in eine Kasserolle geben, 6 cl Wasser angießen und zu einem Sirup einkochen. Die heiße Zuckermasse unter die Ricottacreme ziehen, Vanillezucker und 8 cl Likör dazugeben und zu einer sämigen Creme verrühren. 5 EL der Creme beiseite stellen. Dann die zerkleinerten kandierten Früchte und die Schokoladenwürfel unterheben.

3 Tortenboden in zwei Scheiben schneiden und mit restlichem Maraschino tränken. Mit der einen den Boden einer runden Form auslegen. ⅔ der Ricottacreme einfüllen. Mit der anderen Biskuitscheibe bedecken. Die restliche Creme darauf glattstreichen.

4 Cassata im Kühlschrank fest werden lassen und auf eine Platte stürzen. Mit 5 EL Creme überziehen und den übrigen kandierten Früchten garnieren.

Variante: Die Creme mit 70 g Nüssen (Pistazien, Walnüssen und Pinienkernen) anreichern.

Tronco di bosco

Aostatal · Gelingt leicht Baumkuchen mit Schokolade

Zutaten für 8–10 Portionen:
250 g Butter
70 g Puderzucker
2 Eigelb
100 g bitteres Kakaopulver
150 g Löffelbiskuits
50 g Mandeln
6 cl Rum

Zubereitungszeit: 30 Min.
(+ 10 Min. Ruhen, + 4 Std. Kühlen)

Bei 10 Portionen pro Portion:
1900 kJ/450 kcal

1 Weiche Butter stückweise in eine lauwarme Schüssel geben und mit dem Pürierstab cremig rühren. Nach und nach Puderzucker dazugeben. Eigelb schaumig schlagen und unter die Butter ziehen.

2 Kakaopulver in die Buttercreme einstreuen und gut vermischen. Löffelbiskuits grob zerbröckeln und mit einem Holzlöffel unterheben.

3 Mandeln in heißes Wasser tauchen, schälen und sehr fein hacken. Die Mandeln mit dem Rum unter die Masse ziehen und etwa 10 Min. ruhen lassen.

4 Alufolie auslegen, die Kuchenmasse mit einem Löffel rollenförmig auf die Alufolie schichten und fest einrollen.

5 Baumkuchen mindestens 4 Std. kalt stellen. Die Alufolie entfernen, den Kuchen auf eine gekühlte Platte legen und vorsichtig in 1 cm dicke Scheiben schneiden. Sofort servieren, da der Kuchen bei Zimmertemperatur leicht schmilzt. Zum Espressocafé reichen.

240 Dolci

Pesche ripiene

Sizilien · Sommerdessert **Gefüllte Pfirsiche**

Zutaten für 4 Portionen:
*4 feste, reife Pfirsiche
50 g süße Mandeln
60 g Amaretti
(kleine Mandelmakronen) oder
Löffelbiskuits
1 TL Puderzucker
+ Puderzucker zum Bestäuben
2 kandierte Orangenscheiben
100 ml Prosecco · 2 EL Butter*

Zubereitungszeit: 40 Min.

**Pro Portion:
840 kJ/200 kcal**

1 Pfirsiche überbrühen und die Haut abziehen. Die Früchte halbieren und entsteinen. Aus jeder Pfirsichhälfte etwas Fruchtfleisch herauslöffeln, so daß eine Mulde für die Füllung entsteht. Das herausgelöste Fruchtfleisch in eine Schüssel geben und mit einer Gabel zerdrücken.

2 Aus 3 aufgebrochenen Pfirsichsteinen die Kerne entnehmen. Mandeln kurz in kochendes Wasser tauchen und schälen. 8 ganze Mandeln zum Dekorieren beiseite legen. Die restlichen mit den 3 Pfirsichkernen in einem Mörser zerstoßen.

3 Amaretti (oder Löffelbiskuits) zerbröseln und zum Fruchtfleisch geben und die zerkleinerten Mandeln mit Puderzucker darunter mischen. Kandierte Orangenscheiben in Würfel schneiden und in die Masse geben. Mit Prosecco tränken und das Ganze kräftig verrühren.

4 Backofen auf 180° (Gas Stufe 2) vorheizen.

5 Die halbierten Pfirsiche mit der Masse füllen. Eine Gratinform mit Butter ausstreichen. Pfirsichhälften hineinsetzen, mit jeweils einem Mandelkern dekorieren und die Früchte mit eventuell restlichem Prosecco angießen.

6 Pfirsiche im Backofen 15–20 Min. überbacken. Mit Puderzucker bestäuben und heiß oder kalt servieren.

Pere ripiene con Gorgonzola

Lombardei · Raffiniert **Birnen mit Gorgonzolafüllung**

Zutaten für 4 Portionen:
4 feste, große Birnen
Saft von 1 Zitrone
50 g milder Gorgonzola
3 EL Sahne, geschlagen
50 g gemahlene Walnüsse

Zubereitungszeit: 30 Min.

Pro Portion: 1100 kJ/260 kcal

1 Birnen sorgfältig schälen und der Länge nach halbieren. Den Stiel an einer Hälfte lassen. Kerngehäuse entfernen. Mit einem Teelöffel etwas Fruchtfleisch herauslösen und in eine Schüssel geben. Birnenhälften auf eine Platte legen, innen und außen mit Zitronensaft beträufeln.

2 Gorgonzola und geschlagene Sahne mit dem ausgehöhlten Fruchtfleisch cremig rühren.

3 Je 1 TL der Masse in den Höhlungen der Birnen verteilen. Die beiden Hälften vorsichtig zusammendrücken und auf Tellern anrichten. Mit den gemahlenen Walnüssen bestreuen.

Variante: Pere cotte
(Birnen in Sirup)
1 kg kleine feste Birnen schälen. In einem flachen Topf 6 cl Wasser mit 4 EL Zitronensaft, 4 EL Zucker, 1 Vanilleschote zum Kochen bringen, bis der Zucker aufgelöst ist. Birnen nebeneinander hineinsetzen, 10–20 Min. zugedeckt ziehen lassen. Früchte mit dem Sud kalt servieren.

Zuccotto

Toskana · Braucht etwas Zeit

Eisbiskuit

Zutaten für 4–6 Portionen, für eine Springform von 26 cm Ø:
Für den Biskuit:
4 Eier
120 g Puderzucker
1 TL Vanillezucker
40 g Speisestärke
40 g Mehl
Butter und Mehl für die Form
Für die Füllung:
60 g geschälte Mandeln
60 g geschälte Haselnüsse
120 g Zartbitterschokolade
2 EL Weinbrand
2 EL Amaretto (Mandellikör)
750 g Sahne
80 g Puderzucker
Kakaopulver und Puderzucker zum Bestäuben

Zubereitungszeit: 2 Std.
(+ mindestens 6 Std. Kühlen)

Bei 6 Portionen pro Portion:
3700 kJ/880 kcal

1 Eier trennen. Eigelb, Puderzucker und Vanillezucker schaumig schlagen. Backofen auf 180° vorheizen. Eiweiß steif schlagen, vorsichtig unter die Eimasse ziehen. Speisestärke und Mehl nach und nach unterheben.

2 Form fetten, mit Mehl bestreuen. Teig einfüllen, im Backofen (Mitte; Gas Stufe 2) in 25–30 Min. goldgelb backen. Aus der Form nehmen, auskühlen lassen.

3 Mandeln und Nüsse in beschichteter Pfanne goldbraun rösten und grob hacken. Schokolade raspeln.

4 Eine halbkugelige Schüssel von etwa 1½ l Inhalt mit Folie auskleiden.

5 Den Biskuit längs in etwa 1 cm dicke Scheiben schneiden. Diese mit einer Mischung aus Weinbrand und Amaretto beträufeln und mit dem größten Teil davon die Schüssel bis zum Rand auslegen.

6 Die Sahne mit dem Puderzucker steif schlagen, Mandeln, Nüsse und Schokolade unterziehen. Sahnemasse in die mit dem Biskuit ausgelegte Schüssel geben, glattstreichen, mit restlichen Biskuitscheiben abdecken. Mindestens 6 Std., evtl. über Nacht, in den sehr kalten Kühlschrank stellen.

7 Den »Zuccotto« auf eine Tortenplatte stürzen, Folie abziehen, »Zuccotto« mit Hilfe eines kleinen Siebes dick mit Kakaopulver bestäuben. Dann aus Papier 8–10 gleich große Keile schneiden. Diese als Schablonen sternförmig auf den »Zuccotto« verteilen, die freien Stellen dick mit Puderzucker bestäuben.

Tip! Statt mit Amaretto und Weinbrand können Sie den Biskuit auch mit einer Mischung aus Maraschino, Rum und Orangenlikör beträufeln.

Fichi secchi mandorlati

Apulien · Gelingt leicht

Getrocknete Feigen mit Mandeln

Zutaten für 4 Portionen:
12 getrocknete Feigen
letzter Ernte, lose abgepackt
(aus dem Reformhaus)
1 gute Msp. Fenchelsamen
20 g Zartbitter-Schokolade
40 g geschälte, gehackte Mandeln
1 EL Honig
1 TL Olivenöl für die Form
6–8 Lorbeerblätter

Zubereitungszeit: 30 Min.
(+ 2 Std. Einweichen
+ 20 Min. Backen)

Pro Portion: 1000 kJ/240 kcal

1 Die Feigen in ein Schüsselchen legen, mit warmem Wasser bedeckt etwa 2 Std. einweichen. Den Backofen auf 150° vorheizen. Die Feigen abgießen, abtropfen lassen, mit Küchenpapier abtrocknen. Die Stiele abschneiden und die Feigen an den Stielansätzen über Kreuz $1/2$ cm tief einschneiden.

2 Den Fenchel im Mörser grob zerstoßen. Die Schokolade hacken. Schokolade, Mandeln, Honig und Fenchelsamen verrühren und in die Feigen füllen. Diese oben zusammendrücken.

3 Eine Auflaufform einölen, die Feigen nebeneinander hineinsetzen. Die Lorbeerblätter zwischen die Feigen stecken. Diese etwa 20 Min. im Ofen (Mitte, Umluft 120°) backen und heiß in der Form servieren.

Variante: Fichi mandorlati
(Gefüllte frische Feigen)
Dafür 12 frische, große Feigen waschen und trockentupfen. Den Stiel abschneiden und die Feigen $1/2$ cm tief über Kreuz einschneiden. 2 EL Honig mit $1/2$ TL Zimtpulver verrühren. 12 frische Weinblätter in kochendem Wasser etwa 1 Min. sprudelnd kochen, kalt abschrekken, auf einem Küchentuch auslegen und trockentupfen. In jede Feige 1 ganze, geschälte Mandel und 1 Gewürznelke stecken. Die Öffnung zusammendrücken. Jede Feige auf 1 Weinblatt setzen, mit Honig einpinseln, in das Weinblatt wickeln, mit Garn oder Zahnstochern befestigen. Die Päckchen in eine leicht eingeölte Form setzen und im vorgeheizten Ofen bei 180° (Mitte, Umluft 150°) etwa 30 Min. backen. Die Päckchen abkühlen lassen und servieren.

Gelu di melone

Palermo · Gut vorzubereiten   Melonengelee

Zutaten für 6 Personen:
2 kg Wassermelone,
die gut reif sein muß
2 EL Zitronensaft
120 g Zucker
100 g Speisestärke
50 g Zartbitter-Schokolade
50 g gewürfeltes Zitronat
30 g gehackte Pistazien
½ TL Zimt, gemahlen

Zubereitungszeit: 45 Min.
(+ 1 Std. Abkühlen
+ 5 Std. Kühlen)

Pro Portion: 1500 kJ/360 kcal

1 Das Melonenfleisch aus der Schale schneiden, würfeln und durch ein Sieb passieren. 1 l von diesem saftigen Püree abmessen und mit dem Zitronensaft in einen Topf geben (restliches Melonenpüree anderweitig verwenden). Zucker und Stärke mischen und mit dem Schneebesen unter das Püree rühren. Unter ständigem Rühren bei schwacher Hitze 4–5 Min. köcheln, dann etwa 1 Std. abkühlen lassen.

2 Die Schokolade klein würfeln, das Zitronat fein hacken. Beide Zutaten mit den Pistazien unter das kalte Melonengelee mischen. Den Zimt darüber sieben und ebenfalls unterrühren.

3 Kleine Portionsförmchen oder Becher mit kaltem Wasser ausspülen und mit dem Melonengelee füllen. Die Förmchen 4–5 Std. in den Kühlschrank stellen. Das Gelee entweder stürzen oder in den Förmchen servieren.

Tip! Vor dem Servieren das Gelee mit einigen Sahnetupfen und gehackten Pistazien garnieren.

Info: Auf Sizilien wird diese Süßspeise auch gerne auf frischen Weinblättern angerichtet (siehe Foto).

Frittelle di riso

Toskana · Braucht etwas Zeit

Reiskroketten

Zutaten für 4 Portionen:
½ unbehandelte Zitrone
½ unbehandelte Orange
½ l Milch
100 g Milchreis
50 g Butter
1 Prise Salz
2 Eigelb
2–3 EL Mehl
1 TL Trockenhefe
2 cl trockener Vin Santo oder Rum
2 EL Zucker
3 EL Rosinen
1 EL Pinienkerne
1 Eiweiß
Pflanzenöl zum Ausbacken
Puderzucker zum Bestäuben

Zubereitungszeit: 1 ¼ Std.
(+ 30 Min. Ruhen)

Pro Portion: 1600 kJ/380 kcal

1 Zitrone und Orange heiß waschen, trockenreiben. Von der Zitrone einige Streifen schälen, die Orangenschale fein abreiben.

2 Die Milch zum Kochen bringen. Den Reis dazugeben und unter Rühren etwa 1 Min. kochen lassen. Butter, 1 Prise Salz und die Zitronenstreifen dazugeben. Ohne Deckel bei schwacher Hitze 15–20 Min. köcheln lassen, bis der Reis weich ist. Dabei ab und zu umrühren. Reis vom Herd nehmen und etwas abkühlen lassen. Zitronenstreifen entfernen.

3 Den Reis mit Eigelb binden. Mehl, Hefe und Vin Santo bzw. Rum unter den Reis rühren. Die abgeriebene Orangenschale, Zucker und die Rosinen untermischen. Die Masse etwa 30 Min. ruhen lassen.

4 Pinienkerne dazugeben. Eiweiß zu Schnee schlagen und vorsichtig unter die Reismasse ziehen.

5 In einer Pfanne reichlich Pflanzenöl erhitzen. Reismasse löffelweise in das heiße Fett geben und auf beiden Seiten goldbraun ausbacken. Reiskroketten auf Küchenpapier abtropfen lassen und warm stellen.

6 Frittelle auf einer Platte anrichten, mit Puderzucker bestäuben und heiß servieren.

Wein: Dazu den übrigen Vin Santo oder einen Piccolit aus Friaul reichen.

Variante: Dolcini di riso
(Reisküchlein)
Die Reismasse nach dem angegebenen Rezept vorbereiten, dabei nur die Hefe und das Mehl weglassen. 30 g kandierte Früchte fein hacken und untermischen. Kleine Auflaufförmchen mit Butter ausstreichen, mit Semmelbröseln ausstreuen und mit der Reismasse füllen. Im Backofen bei 180° (Gas Stufe 2) etwa 15 Min. garen und warm servieren.

Info: Traditionell ißt man Frittelle di riso zum Vatertag.

Dolci

Latteruolo

Emilia-Romagna · Delikat — Milchkuchen

Zutaten für 4 Portionen:
1 Vanilleschote
1 l Milch
100 g Zucker
8 Eigelbe
2 Eiweiße
1 Prise Salz
50 g Butter
50 g Zucker
Saft von ½ Zitrone
5 cl Marsala

Zubereitungszeit: 2 Std.

Pro Portion: 2100 kJ/500 kcal

1 Vanilleschote längs aufschlitzen, Mark herausschaben. Milch mit Zucker und Vanillemark zum Kochen bringen und etwa 1 Std. bei schwacher Hitze köcheln, bis die Mischung sich zur Hälfte reduziert hat. Ab und zu umrühren. Milch durch ein feines Sieb in einen Topf geben und abkühlen lassen.

2 8 Eigelbe schaumig rühren und in die Milch vorsichtig unterrühren. 2 Eiweiße mit einer Prise Salz zu Schnee schlagen und vorsichtig unter die Masse heben. Backofen auf 180° (Gas Stufe 2) vor-heizen.

3 4 beschichtete Portionsförmchen mit Butter ausstreichen. Die Masse in die Formen gießen und mit Alufolie abdecken. Puddinge im warmen Wasserbad in den Backofen stellen und etwa 40 Min. eindicken lassen. Ist der Milchkuchen fertig, dann bleibt beim Hineinstecken ein Zahnstocher sauber.

4 Milchkuchen abkühlen lassen, aus den Formen stürzen. Zucker unter ständigem Rühren anbräunen lassen. Den Saft von ½ Zitrone und Marsala angießen. Latteruolo mit dem flüssigen Karamelzucker begießen und servieren.

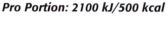

Bignè di albicocche

Ligurien · Delikat — Aprikosenkrapfen

Zutaten für 4 Portionen:
8 große, feste Aprikosen
4 cl Marsala
1½ EL Zucker
3 Löffelbiskuits
1 kandierte Orangenscheibe

Ausbackteig:
4 EL Mehl · 1 Prise Salz
1 TL Zucker
2 Eigelbe
2–3 EL Milch
1 Eiweiß
geklärte Butter oder Pflanzenöl zum Ausbacken
15 g Puderzucker

Zubereitungszeit: 45 Min.
(+ 1 Std. Marinieren, + 1 Std. Ruhen)

Pro Portion: 710 kJ/170 kcal

1 Aprikosen in kochendes Wasser tauchen und kalt abschrecken, damit sich die Haut leicht abziehen läßt. Die Früchte enthäuten, mit einem scharfen Messer an der Fruchtnaht einschneiden und Steine vorsichtig herauslösen.

2 In einem tiefen Teller Marsala mit 1½ EL Zucker vermischen. Die Früchte darin aromatisieren und etwa 1 Std. ziehen lassen. Dabei die Aprikosen öfters wenden.

3 Mehl mit Salz in eine Rührschüssel sieben, 1 TL Zucker hinzufügen. 2 Eigelbe untermischen und mit der Milch verrühren, bis ein glatter dickflüssiger Teig entsteht. Den Ausbackteig etwa 1 Std. ruhen lassen. Vor dem Ausbacken das Eiweiß zu Schnee schlagen und unter den Teig heben.

4 Aprikosensteine aufbrechen, Kerne entnehmen, kurz in kochendes Wasser tauchen und schälen. Kerne kleinhakken. Löffelbiskuits in einem tiefen Teller zerbröseln. Kandierte Orangenscheibe würfeln und mit den zerkleinerten Aprikosenmandeln unter die Biskuitbrösel mischen. Mit der Marsala-Marinade verrühren. Die Aprikosen löffelweise mit der Masse füllen und die Öffnung so zusammendrücken, daß die Füllung eingeschlossen ist.

5 In einer Pfanne reichlich Pflanzenöl oder Butter erhitzen. Die Früchte in den Teig tauchen, dann in die Pfanne geben und ringsum goldgelb ausbacken. Zum Abtropfen auf Küchenpapier legen. Die Aprikosen auf einer Platte verteilen und unmittelbar vor dem Servieren dünn mit Puderzucker bestäuben.

Amaretti

Piemont · Gelingt leicht — **Mandelmakronen**

Zutaten für etwa 35 Stück:
250 g geschälte Mandeln
200 g Zucker
1 TL Bittermandelaroma
4 Eiweiße
1 EL Butter
1 EL Mehl

Zubereitungszeit: 1 ¼ Std.

Pro Stück: 300 kJ/71 kcal

1 Mandeln fein mahlen, mit 150 g Zucker und dem Bittermandelaroma mischen.

2 4 Eiweiße zu steifem Schnee schlagen, dabei restlichen Zucker einrieseln lassen. Löffelweise die Mandelmasse unterziehen, dann glattrühren.

3 Backofen auf 150° vorheizen. Backblech fetten, mit dem Mehl bestäuben.

4 Makronenmasse in einen Spritzbeutel mit glatter Tülle füllen, etwa walnußgroße Häufchen auf das Backblech setzen (oder Makronen mit einem Teelöffel abstechen).

5 Makronen im Backofen (Mitte; Gas Stufe 1) 30–45 Min. backen, bis sie ganz leicht braun gefärbt sind.

Variante: Torta agli amaretti (Amarettitorte): Aus 300 g Mehl, 150 g Zucker, 1 Prise Salz, 150 g Butter, 2 Eiern und der abgeriebenen Schale von ½ Zitrone einen Mürbeteig kneten. Mit ⅔ des Teiges eine Springform von 26 cm Durchmesser auskleiden. 150 g Amarettibrösel, 100 g eingeweichte Sultaninen, 10 g grob gehackte Walnüsse, 4 EL Amarettolikör, 1 Msp. Zimt und 100 g Aprikosenmarmelade gut mischen. Mit dieser Masse die Torte füllen. Aus dem restlichen Teig einen Deckel ausrollen, auflegen, mit Eigelb bestreichen, etwa 40 Min. bei 220° (Mitte; Gas Stufe 4) backen.

Panna cotta

Emilia-Romagna · Für Gäste
Gestürzte Sahnecreme

Zutaten für 4 Portionen:
2 Blatt weiße Gelatine
500 g Sahne
1 Vanilleschote
50 g Zucker

Für den Karamelsirup:
100 g Zucker

Zubereitungszeit: 20 Min.
(+ 3–4 Std. Gelieren)

Pro Portion: 800 kJ/190 kcal

1 Die Gelatine in kaltem Wasser einweichen. Sahne in einen Topf geben, Vanilleschote längs mit einem Messer aufschlitzen, Mark herauskratzen. Vanillemark, -schote und Zucker in die Sahne geben. Bei ganz schwacher Hitze langsam aufkochen und dann zugedeckt etwa 15 Min. köcheln lassen.

2 Anschließend Topf vom Herd ziehen, Vanilleschote entfernen. Eingeweichte Gelatineblätter tropfnaß in die Sahne geben und unter Rühren vollständig auflösen.

3 Sahne in 4 kleine, kalt ausgespülte Förmchen füllen und im Kühlschrank in 3–4 Std. fest werden lassen.

4 Für den Karamelsirup den Zucker mit knapp $^1/_8$ l Wasser bei schwacher Hitze köcheln lassen, bis eine braune Karamelsauce entsteht.

5 Sahnecreme auf Dessertteller stürzen und mit dem Karamelsirup beträufeln.

Tip! Die Panna cotta schmeckt auch sehr gut, wenn Sie der Sahne vor dem Gelieren 2 cl Marsala untermischen. Sie können die Creme statt mit Karamelsirup auch mit frischen Früchten garnieren.

Cannoli

Sizilien · Braucht etwas Zeit

Teigrollen mit Ricotta-Füllung

Zutaten für 6 Portionen, für 12 Stück:
Für den Teig:
150 g Mehl
1 EL dunkles Kakaopulver
1 TL Zimt, gemahlen
2 EL Zucker
Salz
2 Eiweiße
30 g Butter
3 EL trockener Weißwein
Mehl für die Arbeitsfläche
1½–2 l Fritieröl zum Ausbacken
2 EL Puderzucker
Für die Füllung:
500 g ungesalzener, weicher Ricotta
80 g Zucker
je 30 g gewürfeltes Zitronat
und Orangeat
40 g Zartbitter-Schokolade
24 kandierte Kirschen
außerdem: 3 Metallhülsen zum
Ausbacken der Rollen (siehe Info)

Zubereitungszeit: 1 Std.
(+ 2 Std. Ruhen)

Pro Stück: 1600 kJ/380 kcal

1 Für den Teig Mehl, Kakao und Zimt in eine Schüssel sieben. Zucker und 1 Prise Salz untermischen. In die Mitte eine Mulde eindrücken. 1 Eiweiß, 20 g Butter und den Wein hineingeben, alles zu einem festen, elastischen Teig verkneten. In Frischhaltefolie einwickeln und etwa 2 Std. an einem kühlen Ort ruhen lassen.

2 Den Teig halbieren. Jede Hälfte auf einer leicht bemehlten Arbeitsfläche sehr dünn ausrollen. Insgesamt 12 Kreise im Durchmesser von 12–13 cm ausstechen (der Deckel eines großen Margarine-Bechers entspricht in etwa diesem Maß). In einem kleinen Topf die restlichen 10 g Butter schmelzen und die Kreise damit einpinseln. Das zweite Eiweiß verquirlen.

3 Um jede Metallhülse 1 Teigstück wickeln, überlappende Seiten mit Eiweiß einpinseln, übereinanderlegen und leicht andrücken. (Die zweite, dritte und vierte Portion Rollen formen, wenn die erste gebacken ist und die Metallhülsen wieder zur Verfügung stehen.)

4 Fett in der Friteuse auf 180° erhitzen oder in einem Topf, bis an einem hineingehaltenen Holzstäbchen Bläschen aufsteigen. Nacheinander jeweils 3 Cannoli gleichzeitig im Fett schwimmend ausbacken. Vorsicht, Spritzgefahr!

5 Die fertigen goldbraunen Cannoli mit einem Schaumlöffel herausnehmen, auf Küchenpapier entfetten, abkühlen lassen und die Rollen vorsichtig von den Hülsen streifen. Die Hülsen mit Küchenpapier abreiben, bevor die nächste Portion gerollt wird.

6 Für die Füllung den Ricotta durch ein Sieb in eine Schüssel passieren, Zucker hinzufügen und mit dem Ricotta cremig rühren. Zitronat und Orangeat sehr klein hacken, die Schokolade ebenso und mit dem Zitronat und Orangeat unter den Ricotta mischen.

7 Die Teigrollen mit der Ricotta-Mischung füllen, das geht am besten mit Hilfe eines Tafelmessers. Ricotta an den schrägen Enden der Rollen glattstreichen und an jeder Seite eine Kirsche eindrücken. Die Rollen mit Puderzucker bestreut sofort servieren.

Getränk: Dazu schmeckt ein trockener oder halbtrockener Marsala, der klassische Dessertwein Siziliens.

Info: Die Metallhülsen sind etwa 13 cm lang, es gibt sie in gut sortierten Haushaltsgeschäften. Man benutzt sie in Deutschland, um Waffelrollen oder Schaumrollen zu formen.

Panforte di Siena

Toskana · Traditionell — Sieneser Nußkuchen

Zutaten für 10–12 Portionen, für eine Springform von 26 cm Ø:
100 g geschälte Mandeln
100 g geschälte Haselnüsse
100 g Walnußkerne
150 g getrocknete Feigen
150 g Orangeat · 50 g Zitronat
½ TL Zimtpulver
je 1 Prise gemahlene Nelke, Ingwer, Koriander und Muskatnuß, frisch gerieben
50 g Kakaopulver · 100 g Honig
100 g Puderzucker · 50 g Mehl
Butter und Oblaten für die Form
Puderzucker und Zimt zum Bestäuben

Zubereitungszeit: 1 ¼ Std.

Bei 12 Portionen pro Portion:
1400 kJ/330 kcal

1 Mandeln, Haselnüsse und Walnüsse in einer beschichteten Pfanne unter Rühren kurz rösten, abkühlen lassen und grob hacken. Feigen, kandierte Früchte ganz fein hacken. Nüsse und Früchte in einer Schüssel mit allen Gewürzen und dem Kakao gründlich vermischen.

2 Den Backofen auf 150° vorheizen. In einer Schüssel Honig und Puderzucker mischen, im Wasserbad so lange bei schwacher Hitze rühren, bis die Masse schmilzt und Fäden zieht, vom Herd nehmen und unter Rühren etwas abkühlen lassen.

3 Springform mit Butter ausstreichen und mit Oblaten belegen.

4 Die Honiglösung mit der Nußmischung gut verrühren, das Mehl unterkneten. Die Masse in die Springform geben und glattdrücken. Im Backofen (Mitte; Gas Stufe 1) etwa 30 Min. backen. Dann in der Form abkühlen lassen.

5 Den ausgekühlten Kuchen vor dem Servieren mit Hilfe eines kleinen Siebes mit Puderzucker und Zimt dick bestäuben.

Info: Panforte, ein beliebtes Mitbringsel aus der schönen Stadt Siena, wird dort seit Jahrhunderten nach traditionellen Rezepten gebacken.

Cappuccini affogati

Südtirol · Gelingt leicht

»Ertrunkene Kapuziner«

Zutaten für 6 Portionen:
½ unbehandelte Zitrone
1 kleines Stangenweißbrot vom Vortag (250 g)
Sonnenblumenöl zum Braten und für die Form
¼ l guter trockener Rotwein
100 g Zucker
1 Zimtstange
2 Gewürznelken
4 Eier
3 EL gemahlene Mandeln
2 EL Rosinen

Zubereitungszeit: 45 Min.

Pro Portion: 1500 kJ/360 kcal

1 Schale von ½ Zitrone spiralig abschälen. Weißbrot in 2 cm dicke Scheiben schneiden. Eine feuerfeste Form mit 2 EL Öl ausstreichen. Backofen auf 175° vorheizen.

2 Rotwein mit 50 g Zucker, Zimtstange, Gewürznelken und Zitronenschale bis knapp vor dem Siedepunkt erhitzen.

3 Eier mit Mandeln verquirlen. In einer großen Pfanne reichlich Öl erhitzen. Brotscheiben von beiden Seiten durch die Eimasse ziehen, im heißen Fett bei starker Hitze knusprig und goldbraun braten. Auf Küchenpapier abtropfen lassen.

4 Heißen Wein durch ein feines Sieb gießen, in den Topf zurückgeben, wieder auf die heiße Platte stellen. Rosinen kurz darin ziehen lassen.

5 Die gebratenen Brotscheiben in die Form schichten, jede Scheibe leicht zuckern, mit 1–2 EL Rotwein beträufeln und Rosinen darauf verteilen. Im Backofen (oben; Gas Stufe 2) etwa 10 Min. überbacken. Heiß servieren.

Variante: Die gebratenen Brotscheiben werden auf eine vorgewärmte Platte geschichtet, jede Lage wird mit Zucker und etwas Kakao bestreut. Zum Schluß gießt man den gewürzten Wein über die Scheiben und serviert sie sofort.

Biscotti di Prato

Toskana · Knusprig **Mandelschnitten**

Zutaten für etwa 60 Stück:
200 g geschälte Mandeln
1 unbehandelte Zitrone
Fett und Mehl für das Backblech
oder Backpapier
400 g Mehl
1 Prise Salz
½ Päckchen Backpulver
3 TL Vanillezucker
250 g Zucker
3 Eier
Vin Santo zum Stippen

Zubereitungszeit: 1 Std.

Pro Stück: 270 kJ/64 kcal

1 Die Mandeln in einer beschichteten Pfanne ohne Fett unter Rühren anrösten, grob hacken und zur Seite stellen. Zitronenschale abreiben.

2 Backofen auf 175° vorheizen, ein Backblech fetten und bemehlen oder mit Backpapier auslegen.

3 Das Mehl auf eine Arbeitsfläche häufen, Salz, Backpulver, Vanillezucker und Zucker gut untermischen. Eine Mulde in die Mitte drücken, die Eier hineinschlagen, alle Zutaten zu einem glatten Teig verkneten. Bei Bedarf etwas Mehl dazugeben. Zum Schluß die Mandeln und die abgeriebene Zitronenschale unterarbeiten.

4 Aus dem Teig drei etwa 3 cm dicke Teigrollen formen, auf das Blech legen, im Backofen (Mitte; Gas Stufe 2) etwa 20 Min. backen, bis die Oberfläche leicht gebräunt ist.

5 Die Mandelstangen sofort vom Blech nehmen, mit einem scharfen Messer in 1 cm breite, schräge Stücke schneiden, diese auf das Blech legen und auf beiden Seiten jeweils 4–5 Min. weiterbacken, dann auskühlen lassen. In Vin Santo gestippt genießen.

Vin Santo

Der Vin Santo ist ein Dessertwein hauptsächlich aus der Toskana, aber auch dem Trentino und Venetien. Der Name »Heiliger Wein« deutet darauf hin, daß er auch als Meßwein verwendet wird. Für die Toskaner ist er die »reine Essenz der Trauben, das größte Kunstwerk, das der Mensch aus Wein zu machen versteht«. In der gesamten Toskana wird dieser Wein aus ausgewählten Trauben, meist Malvasia oder Trebbiano, zubereitet, die Anfang Oktober von den Weinstöcken geschnitten, auf Dachbalken an Haken aufgehängt und ohne direkte Sonnenbestrahlung vorgetrocknet werden. Die entstielten Beeren werden danach gepreßt, der Most dann sofort in kleine Eichenfässer (»Caratelli«) gefüllt und mindestens 3 Jahre gelagert. Die Jahrgänge sind von einem Ort zum anderen sehr unterschiedlich, aber ein guter Vin Santo kann jahrelang haltbar sein. Ob süß, lieblich oder herb, ein Vin Santo soll klar, goldbraun, vollaromatisch, gehaltvoll (14–17%) und samtig sein. Man reicht ihn als Aperitif, er schmeckt vorzüglich zu Käse oder als Dessertwein.

Vin Santo und Biscotti di Prato gehören traditionsgemäß zusammen.

Dolci

Torta di zucca gialla

Basilicata · Für den Winter Gelbe Kürbistorte

Zutaten für 10–12 Portionen, für eine Springform von 28 cm Ø:
1 kg gelber Kürbis
½ l Milch
100 g geschälte Mandeln
100 g Zucker · 3 Eier
1 Prise Salz
1 Päckchen Vanillezucker
abgeriebene Schale von
1 unbehandelten Zitrone
30 g Butter
3 EL Semmelbrösel
evtl. Puderzucker zum Bestäuben

Zubereitungszeit: 1¼ Std.
(+ 40 Min. Backen)

Bei 12 Portionen pro Portion:
1000 kJ/240 kcal

1 Kürbis halbieren, mit einem Löffel Kerne und bittere Fasern entfernen. Die Kürbishälften in Spalten schneiden. Das Fruchtfleisch von der Schale lösen und grob raspeln. In ein Tuch einschlagen und möglichst viel Flüssigkeit herauspressen. Die Kürbismasse soll nur noch 300 g wiegen.

2 Kürbisraspeln mit kalter Milch in einen Topf geben und etwa 60 Min. bei schwacher Hitze köcheln lassen, bis eine cremige Masse entstanden ist. Mandeln mahlen, mit dem Zucker mischen und mit dem gekochten Kürbis verrühren. Abkühlen lassen.

3 Backofen auf 180° (Gas Stufe 2) vorheizen. Eier mit einer Prise Salz in einer Schüssel schaumig schlagen, Vanillezucker und Zitronenschale dazugeben. Die geschlagenen Eier gut mit der Kürbismasse vermischen.

4 Eine Springform mit Butter ausstreichen und mit Semmelbröseln bestreuen. Kürbismasse in die Form einfüllen, 2 cm hoch glattstreichen und im Backofen etwa 40 Min. goldgelb backen. Kuchen abkühlen lassen, in kleine Stücke schneiden und servieren. Nach Wunsch mit Puderzucker bestäuben.

Info: Kürbisse gibt es in vielen Farben, Formen und Größen. Man unterscheidet dabei Sommerkürbisse mit weichen Schalen, zu denen die Zucchini zählen, und Wintersorten mit harten Schalen. Der runde gelbe Gartenkürbis, der auch bei uns heimisch ist, hat einen sehr milden Geschmack. Das feste, leicht faserige Fruchtfleisch kann gebacken, in Dampf gegart oder püriert werden.

Castagne nello sciroppo

Südtirol · Braucht etwas Zeit Eßkastanien in Sirup

Zutaten für 4–6 Gläser:
2 kg mittelgroße Maroni
(Eßkastanien)
Für den Sirup:
1 unbehandelte Orange
1 unbehandelte Zitrone
750 g Zucker · 1 l Wasser
200 ml Weingeist, 70 %
(in Apotheken erhältlich)
200 ml Weinbrand
2 Päckchen Vanillezucker
2 Zimtstangen · 10 Gewürznelken

Zubereitungszeit: 3 Std.
(+ 4 Std. Ruhen)

Bei 6 Gläsern pro Glas:
5100 kJ/1200 kcal

1 Backofen auf 250° (Gas Stufe 5) vorheizen. Maronen mit einem scharfen Messer längs auf einer Breitseite leicht einschneiden. Auf dem Backblech im Backofen (oben) etwa 30 Min. rösten.

2 Orange und Zitrone heiß waschen, trockenreiben. Die Zitrusfrüchte schälen und die Schale zerkleinern. Zucker mit dem Wasser in einem Topf mischen, feingehackte Schalen hinzufügen und etwa 20 Min. bei schwacher Hitze köcheln. Den Sirup abkühlen lassen.

3 Weingeist und Weinbrand in den Sirup gießen. Vanillezucker, Zimt und Gewürznelken hinzufügen. Alles gut mischen und gut zugedeckt mindestens 4 Std. ruhen lassen.

4 Maronen, wenn möglich, im ganzen aus der Schale lösen und in Gläser mit Schraubverschluß oder in Einmachgläser einschichten. Gläser oft schütteln, damit möglichst viel Kastanien hineinpassen. Mit Sirup auffüllen und die Gläser schließen. An einem kühlen Ort aufheben. Am besten schmecken die Maronen nach 2–3 Monaten. Die Maronen als Dessert oder nachmittags zum Kaffee servieren.

Info: Bei den Eßkastanien unterscheidet man die herzförmigen Maronen aus den Wäldern des Apennin von den rundlichen Eßkastanien aus Südtirol. Im September und Oktober fallen die Früchte ab. Frisch und geröstet gibt es dann »heiße Maroni«. Während der Saison trifft man sich in Italien zum Rendezvous abends nach dem Essen auf eine Portion heiße Maroni.

Crostata di ricotta

Kampanien · Braucht etwas Zeit
Ricottatorte

Zutaten für 8 Stücke, für eine Springform von 26–28 cm Ø:
Für den Teig:
300 g Mehl
3 Eigelbe
50 g Zucker
Salz
100 g Butter
Für die Creme:
3 Eigelbe
100 g Zucker
2 EL Speisestärke
¼ l Milch
100 g Zartbitter-Schokolade
3 EL Amaretto di Saronno
300 g ungesalzener, weicher Ricotta
1 Msp. Zimt, gemahlen
1 unbehandelte Zitrone
Butter für die Form
Mehl für die Form und Arbeitsfläche
1 Eiweiß

Zubereitungszeit: 1 Std.
(+ 40 Min. Backen)

Pro Stück: 2200 kJ/500 kcal

1 Das Mehl in eine Schüssel sieben, eine Vertiefung eindrücken. 3 Eigelbe mit 3 EL Wasser verrühren, in die Mulde gießen. 50 g Zucker und 1 Prise Salz darüber streuen. Butter würfeln, daraufgeben. Alles zu einem festen, elastischen Teig verkneten. Teig zu einer Kugel formen und in Folie eingewickelt 1 Std. kühl stellen.

2 Nach etwa 30 Min. für die Creme 3 Eigelbe und 100 g Zucker in einer Metallschüssel schaumig rühren. Stärke und Milch unterrühren. In einem großen Topf Wasser aufkochen, die Schüssel darauf setzen und die Masse über dem siedenden Wasser schlagen, bis sie dicklich wird, dann beiseite stellen.

3 In einem Topf Schokolade mit Amaretto schmelzen und unter die Eiercreme rühren, abkühlen lassen. Den Ricotta durch ein Sieb in eine Schüssel passieren. Den Zimt darüber streuen. Die Zitrone waschen, abtrocknen, die Schale fein abreiben und hinzufügen, ebenso die Eiercreme. Alles gut verrühren.

4 Den Backofen auf 180° vorheizen. Die Form mit Butter einpinseln, mit etwas Mehl ausstreuen. Zwei Drittel vom Teig zu einer runden Platte ausrollen, etwa 8 cm größer als die Form, diese samt Rand damit auskleiden. Creme einfüllen und glattstreichen.

5 Den restlichen Teig auf der bemehlten Arbeitsfläche in Formgröße ausrollen, die Torte damit bedecken. Das Eiweiß verquirlen, die Oberfläche damit einpinseln, den Teigrand leicht am Formrand festdrücken. Kuchen im Ofen (Mitte; Umluft 160°) etwa 40 Min. backen. Nach dem Abkühlen aus der Form nehmen und servieren.

Variante: In Kalabrien backen die Frauen eine ganz ähnliche Ricottatorte mit dem gleichen Teig und auf die gleiche Weise, doch fällt die Füllung etwas anders aus. Statt Schokolade und Amaretto di Saronno rühren sie unter die Ricotta-Mischung je 2 EL kleingewürfeltes Zitronat und Orangeat sowie das Mark von 1 Vanilleschote (oder 1 Tütchen Vanillezucker).

Tip! Aus den Teigresten kleine Blättchen, Sterne oder Halbmonde ausstechen und den Kuchen vor dem Backen damit hübsch garnieren (siehe Foto).

Dolci

Torta di mandorle
Mandeltorte

Sardinien · Gelingt leicht

Zutaten für 8 Stücke, für eine runde flache feuerfeste Form oder eine Springform von 26 cm Ø:
6 Eier · 150 g Zucker
50 g Mehl
½ Tütchen Backpulver
1 Vanilleschote
1 unbehandelte Zitrone · Salz
150 g geschälte Mandeln, gemahlen
Butter für die Form
Mehl für die Form
2 EL Puderzucker zum Bestreuen

Zubereitungszeit: 40 Min.
(+ 50 Min. Backen)

Pro Stück: 1200 kJ/260 kcal

1 Den Backofen auf 180° vorheizen. Die Eier trennen. Die Eigelbe und den Zucker in eine Schüssel geben, mit dem Schneebesen schaumig rühren.

2 Das Mehl mit dem Backpulver vermischen, auf die Eicreme sieben und unterrühren. Die Vanilleschote aufschlitzen, das Mark auskratzen und auf die Eicreme geben. Die Zitrone waschen, abtrocknen, die Schale dünn abreiben, ebenfalls dazugeben und beide Zutaten unterrühren.

3 Die Eiweiße mit 1 Prise Salz zu steifem Schnee schlagen. Mit den Mandeln auf die Eicreme geben und mit dem Schneebesen gleichmäßig untermischen. Eine Form mit Butter einpinseln und mit Mehl ausstreuen. Den Teig hineingeben und glattstreichen. Kuchen im Ofen (Mitte; Umluft 160°) etwa 50 Min. backen, kurz abkühlen lassen, dann aus der Form nehmen. Den Kuchen vor dem Servieren mit Puderzucker bestreuen.

Info: Mandelgebäck und -kuchen ist auf Sardinien sehr beliebt. Vor allem zur Mandelernte im beginnenden Winter, zur Weihnachtszeit, zum Dreikönigsfest und zum Karneval genießt man Mandel-Makronen, zarte, knusprige Amaretti oder Germinus aus Eischnee, Zucker, Mandeln und verschiedenen Aromen.

Melagrana al liquore
Marinierte Granatapfelkerne

Apulien · Geht schnell

Zutaten für 4 Portionen:
4 mittelgroße, reife Granatäpfel
Saft von ½ Zitrone
3 EL Zucker
4 EL Orangenlikör
(Doppio Arancia)
2 Zweige frische Minze

Zubereitungszeit: 30 Min.
(+ 2 Std. Kühlen)

Pro Portion: 330 kJ/79 kcal

1 Von den Granatäpfeln oben einen Deckel abschneiden. Dann mit vier 1 cm tiefen Schnitten ein Quadrat bilden. Dort ansetzen und die Äpfel mit der lederartigen Haut auseinanderbrechen, so daß die Kammern mit den saftigen, roten Kernen sichtbar werden.

2 Die Kerne vorsichtig mit einem Löffelchen oder mit den Fingern herausnehmen und in eine Schüssel geben. Den Zitronensaft, Zucker und Likör zu den Kernen geben und gründlich untermischen. Die Schüssel zudecken und 1–2 Std. in den Kühlschrank stellen.

3 Die Mischung auf Schüsselchen oder Kelchgläser verteilen. Die Minze waschen und trockenschütteln, die Blättchen abzupfen und das Dessert damit garnieren.

Getränk: Reichen Sie dazu am besten einen Perlwein, einen Spumante brut oder einen Prosecco.

Info: Dieses Dessert kann auch als saftige Ergänzung zu einem trockenen Kuchen serviert werden, zum Beispiel zu Mandelkuchen, aber auch zu der Ricotta-Torte. Die kleinen Samen in den beerenartigen, saftigen Granatapfelkernen kann man ohne weiteres mitessen. Granatäpfel gibt es vom Herbst bis in den Winter.

Dolci

Torta di riso

Toskana · Braucht etwas Zeit

Sieneser Reistorte

Zutaten für 8–10 Portionen, für eine Springform von 26 cm Ø:
1 l Milch
1 Prise Salz
1 kleines Stück Schale von
1 unbehandelten Zitrone
250 g Vialone- oder Arborio-Reis
150 g Zucker
20 g geschälte Pistazien
50 g Walnußkerne
120 g gemischte kandierte Früchte
Butter und Semmelbrösel für die Form
3 Eier
1 Päckchen Vanillezucker
50 g Pinienkerne
Puderzucker zum Bestreuen

Zubereitungszeit: 2 Std.

Bei 10 Portionen pro Portion:
1400 kJ/330 kcal

1 In einem Topf die Milch mit Salz und Zitronenschale aufkochen. Den Reis und 50 g Zucker hinzufügen, den Reis bei schwacher Hitze zugedeckt 30–40 Min. ausquellen lassen, dabei mehrmals umrühren. Fertigen Reis auskühlen lassen, die Zitronenschale entfernen.

2 Pistazien und Walnüsse zusammen grob hacken, kandierte Früchte in kleine Würfel schneiden.

3 Den Backofen auf 160° vorheizen. Springform mit Butter ausstreichen und mit Semmelbröseln ausstreuen.

4 Eier trennen. Die Eigelb mit dem restlichen Zucker und dem Vanillezucker mit dem Handrührgerät schaumig rühren, dann Reis, Pistazien, Nüsse, kandierte Früchte und Pinienkerne dazugeben. Alle Zutaten gut verrühren.

5 In einem anderen Gefäß die Eiweiße zu steifem Schnee schlagen, vorsichtig unter die Eimasse ziehen. Den Teig in die Form füllen, glattstreichen und im Backofen (Mitte; Gas Stufe 2) etwa 1 Std. backen.

6 Die Torte auskühlen lassen und mit Puderzucker bestreuen.

Tip! Diese Torte schmeckt am nächsten Tag noch besser und läßt sich gut im Kühlschrank aufbewahren.

Torta di mele

Emilia-Romagna · Geht schnell **Apfelkuchen**

Zutaten für 4 Portionen, für eine Springform von 26 cm Ø:
1 unbehandelte Zitrone
5 feste säuerliche Äpfel (etwa 750 g)
100 g Butter
Butter und Mehl für die Form
3 Eier
300 g Zucker
1 Vanillezucker
120 g Mehl
½ Päckchen Backpulver
100 ml Milch

Zubereitungszeit: 1 ¼ Std.

Pro Portion: 3200 kJ/760 kcal

1 Zitronenschale abreiben, den Saft auspressen. Äpfel schälen, vierteln, vom Kerngehäuse befreien. Quer in dünne Scheibchen hobeln. Sofort mit Zitronensaft beträufeln, damit sie nicht braun werden. Butter in einem kleinen Topf bei schwacher Hitze schmelzen und auskühlen lassen.

2 Springform mit etwas Butter ausstreichen und mit Mehl bestäuben. Backofen auf 180° vorheizen. In einer Rührschüssel Eier, Zucker (2 EL zurückbehalten) und Vanillezucker schaumig schlagen, nach und nach zerlassene Butter, Mehl, Backpulver, geriebene Zitronenschale und Milch gut unterrühren.

3 Die Masse in die Springform füllen, mit den Apfelscheiben belegen, dem restlichen Zucker bestreuen und im Backofen (Mitte; Gas Stufe 2) etwa 45 Min. backen.

Variante: Sie können 100 g eingeweichte, gut ausgedrückte Rosinen und 50 g Pinienkerne unter den fertigen Teig heben, ehe Sie ihn mit den Äpfeln belegen.

Torta di mele alla ferrarese
(Apfelkuchen aus Ferrara)
Aus 5 EL Mehl, 2 Eigelb, 2 EL Zucker, ½ Päckchen Backpulver einen Teig zubereiten, die fein gehobelten Apfelscheiben untermischen, 2 zu steifem Schnee geschlagene Eiweiß unterheben, Masse in gebutterter Form bei 170° (Mitte; Gas Stufe 2) etwa 45 Min. backen.

Torta al mascarpone

Lombardei · Braucht etwas Zeit

Mascarponetorte

Zutaten für 8–10 Portionen, für eine Springform von 26 cm Ø:
Für den Biskuit:
Fett für die Form (oder Backpapier)
6 Eier
180 g Puderzucker
1 Päckchen Vanillezucker
100 g Mehl
75 g Speisestärke
Für die Füllung:
100 g bittere Schokolade
gut 1/8 l leicht gezuckerter Espresso
2 cl Rum
3 ganz frische Eier
75 g Zucker
375 g Mascarpone

Zubereitungszeit: 2 Std.
(+ 6 Std. Kühlen)

Bei 10 Portionen pro Portion:
2150 kJ/515 kcal

1 Springform einfetten oder mit Backpapier auslegen. Den Backofen auf 190° vorheizen.

2 Für den Biskuit Eier trennen. Die Eigelbe mit dem Puderzucker und dem Vanillezucker mit dem Handrührgerät schlagen, bis die Masse hell und cremig wird. Die Eiweiße in einem anderen Gefäß zu steifem Schnee schlagen und vorsichtig unterziehen. Mehl mit Speisestärke über die Eimasse sieben und unterziehen. Den Teig in die Springform füllen und glattstreichen. Im Backofen (Mitte; Gas Stufe 3) 40–45 Min. backen, dann aus der Form nehmen und gut auskühlen lassen.

3 Schokolade raspeln. Ausgekühlten Biskuit quer in drei Böden schneiden. Alle Böden mit dem Espresso und dem Rum beträufeln.

4 Für die Füllung Eier trennen, die Eigelbe mit dem Zucker zu einer weißschaumigen Masse schlagen. Nach und nach den Mascarpone hinzufügen und weiterschlagen, bis eine gleichmäßige Creme entsteht. Die Eiweiße in einem anderen Gefäß zu steifem Schnee schlagen und vorsichtig unter die Mascarponecreme heben.

5 Einen Boden auf eine Tortenplatte legen, mit einem Drittel der Creme gleichmäßig bestreichen und mit einem Drittel der Schokoladenraspeln bestreuen. Den Vorgang zweimal wiederholen. Mit einer Schicht Mascarponecreme und Schokoladenraspeln abschließen. Torte vor dem Servieren mindestens 6 Std. kalt stellen.

Varianten: Frutti di bosco con Mascarpone
(Gemischte Waldbeeren mit Mascarponecreme)
Aus 3 Eigelben, 50 g Zucker, 250 g Mascarpone und 3 steif geschlagenen Eiweißen die Creme wie oben beschrieben zubereiten. 200 g gemischte Waldfrüchte verlesen und waschen, mit 1 EL Grappa beträufeln und 30 Min. ziehen lassen. Die Früchte vorsichtig unter die Mescarponecreme heben und mit Melisse garniert servieren.

Panettone al mascarpone
(Panettone mit Mascarponefüllung)
Einen etwa 1 kg schweren Panettone quer in 5 etwa 3 cm dicke Scheiben schneiden. 300 g Mascarpone, 150 g Zucker, 1 Päckchen Vanillezucker und 2 cl Rum zu einer glatten Creme verrühren. 100 g Bitterschokolade im Wasserbad schmelzen lassen, nach und nach unter ständigem Rühren etwa 1/5 l Milch dazugeben, bis sich eine cremige Masse bildet. Die 1. Scheibe Panettone mit Mascarpone-, die 2. mit Schokoladencreme bestreichen. Den Vorgang wiederholen und mit einer Panettoneschicht abschließen. Im Kühlschrank etwa 1 Std. kalt stellen, dann sofort servieren.

Wichtiger Hinweis: Bitte verwenden Sie bei der Zubereitung nur ganz frische Eier von freilaufenden Hühnern, um das Salmonellenrisiko zu verringern.

Der Wegweiser zum richtigen Wein

101 Weine von A–Z	Rot, Weiß, Rosé?	Quali-täts-stufe	Region **	Charakter der Weine	Servier-temperatur (°C)	Schmeckt besonders gut zum Beispiel zu ...
Aglianico del Vulture	●	DOC	Basilikata	kräftig, tanninbetont	16–18	Ente, Wildgeflügel
Albana di Romagna	○	DOCG	Emilia-R.	trocken oder süß	10–12	Pasta (Ravioli mit Ricotta)
Altero	●	VdT	Toskana	elegant, reich	16–18	Steak
Alto Adige (Südtiroler)*	● ● ●	DOC	Südtirol			
Anfiteatro	●	VdT	Toskana	elegant, kräftig	16–18	Rinderbraten, Lamm
Annagallis	●	VdT	Toskana	elegant, kräftig	16–18	Steak, Wild
Barbaresco	●	DOCG	Piemont	elegant, komplex	16–18	Wild, Wildgeflügel, Trüffel
Barbera d'Alba	●	DOC	Piemont	fruchtige, kräftig	16–18	Braten, Ziegenkäse, Hartkäse
Barbera d'Asti	●	DOC	Piemont	fruchtig, elegant	14–16	Spaghetti, Lasagne, Gnocchi
Bardolino	●	DOC	Venetien	leicht, süffig	14–16	Fritierter Fisch, Pasta, Kalb
Bardolino	●	DOC	Venetien	frisch, fruchtig	12	Spaghetti, Carpaccio
Barilot	●	VdT	Piemont	kräftig	16	Ente, Wild
Barolo	●	DOCG	Piemont	bukett- und tanninbetont	16–18	Wildschwein, Rind, Trüffel
Bianco di Custoza	○	DOC	Venetien	fruchtig, leicht	12–14	Risotto mit Gemüse
Boscarelli	●	VdT	Toskana	gehaltvoll, tanninbetont	16–18	Steak, Wild
Bricco dei Manzoni	●	VdT	Piemont	voll und kräftig	16–18	Fleischgerichte, Hartkäse, Trüffel
Bricco della Bigotta	●	VdT	Piemont	voll und würzig	16–18	Ente, Ziegenkäse
Bricco dell'Uccellone	●	VdT	Piemont	voll und würzig	16–18	Ente, Ziegenkäse
Brunello di Montalcino	●	DOCG	Toskana	gehaltvoll, tanninbetont	16–18	Wildschwein, Steak
Bruno di Rocca	●	VdT	Toskana	tanninbetont, kräftig	16–18	Ente, Steak
Brusco dei Barbi	●	VdT	Toskana	fruchtig, kräftig	15–16	Pasta, Kaninchen
Campofiorin	●	VdT	Venetien	weich, rund, alkoholbetont	16–18	Wildschwein, Rinderbraten
Canneto	●	VdT	Basilikata	kräftig, weich	16	Wild
Cannonau di Sardegna	●	DOC	Sardinien	kräftig, alkoholbetont	16	kräftige Fleischgerichte
Carmignano	●	DOCG	Toskana	fruchtig, kräftig	16–18	Steak, Ente
Cepparello	●	VdT	Toskana	gehaltvoll, ausdrucksvoll	16–18	Wild, Wildgeflügel, Steak
Cervaro della Sala	○	VdT	Umbrien	kräftig, komplex, reich	12–14	Pasta, Fischgerichte
Chianti	●	DOCG	Toskana	fruchtig, süffig bis kräftig, je nach Herkunft	14–16	Geflügel, Wildgeflügel
Chianti Classico	● / ● ●	DOCG	Toskana	fruchtig, kräftig (Riserva: tanninbetont)	14–18	Lamm, Wild. Steak
Colli Orientali del Friuli*	●	DOC	Friaul-J.V			
Collio (Collio Goriziano)*	●	DOC	Friaul-J.V			
Darmagi	●	VdT	Piemont	dicht, reich, kräftig	16–18	Wild, Fleischgerichte
Dolcetto d'Alba	●	DOC	Piemont	fruchtig, süffig	14–16	Pasta, Trüffel
Duca Enrico		VdT	Sizilien	kräftig, schwer, langanhaltend	16–18	Wildschwein, Rinderfilet

* Eine ganze Reihe von Weinen aus unterschiedlichen Rebsorten – meist zusätzlich nach der Traubensorte benannt. Keine einheitliche Einstufung möglich
** Emilia-R. = Emilia-Romagna; Friaul-J.V. = Friaul-Julisch Venetien.   *** Cab. = Cabernet

Der Wegweiser zum richtigen Wein

101 Weine von A-Z	Rot, Weiß, Rosé?	Quali- täts- stufe	Region **	Charakter der Weine	Servier- temperatur (°C)	Schmeckt besonders gut zum Beispiel zu ...
Est! Est!! Est!!! di Montefiascone	○	DOC	Latium	leicht und frisch	10–12	Aperitif, leichte Nudelgerichte, Fisch
Feldmarschall von Fenner	○	VdT	Südtirol	bukettreich, fruchtig	10–12	Melone & Schinken, Risotto
Fiano di Avellino	○	DOC	Kampanien	fruchtig, süffig	10–12	Süßwasserfisch
Flaccianello	●	VdT	Toskana	kräftig, tanninbetont	16–18	Fasan, Ente, Steak
Fontalloro	●	VdT	Toskana	tanninbetont, komplex	16–18	Wild, Wildgeflügel
Frascati	○	DOC	Latium	leicht, frisch	10–12	Süßwasserfisch, Muscheln
Gaja & Rey	○	VdT	Piemont	kräftig, komplex	12–14	Pasta, Fisch
Galestro	○	VdT	Toskana	frisch, leicht	8–12	Süßwasserfisch
Gavi	○	DOC	Piemont	kräftig, frisch	10–12	Risotto
Graf de la Tour	●	VdT	Friaul-J.V	fruchtig, alterungsfähig	16–18	Rinderfilet, Wild, Ente
Granato	●	VdT	Trentino	kräftig, komplex	16–18	Pasta, kräftige Fleischgerichte
Grattamacco	●	VdT	Toskana	elegant, vielschichtig	16–18	Fasan, Ente, Steak
Grave del Friuli*	●	DOC	Friaul-J.V			
Grifi	●	VdT	Toskana	tanninbetont, kräftig	16–18	Wildgeflügel, Ente, Steak
Grosso Sanese	●	VdT	Toskana	kräftig, alterungsfähig	16–18	Ente, Steak, Fasan
Guado al Tasso	●	VdT	Toskana	Bordeaux-Stil	16–18	Wild, Fasan, Steak
I Sistri	○	VdT	Toskana	dicht, kräftig	12–14	Pasta, Fisch
Il Pareto	●	VdT	Toskana	tanninbetont, kräftig	16–18	Wild, Wildgeflügel
La Gioia	●	VdT	Toskana	elegant, komplex, reich	16–18	Fasan, Ente, Steak
La Poja	●	VdT	Venetien	reich, rund, alkoholbetont	16–18	Wildschwein
Le Pergole Torte	●	VdT	Toskana	tanninbetont, elegant	16–18	Wildgeflügel, Steak
Lago di Caldaro (Kalterer See)	●	DOC	Südtirol	süffig, leicht	12–14	Pasta, Kalbfleisch
Lambrusco	● ●		Emilia-R., Lombardei	leicht, süffig bis rund und fruchtig, je nach Herkunft	12–14	Spaghetti Carbonara, Lasagne
Maurizio Zanella	●	VdT	Lombardei	Bordeaux-Stil	16–18	Rehfilet
Monprà	●	VdT	Piemont	kräftig	16–18	Trüffelgerichte, Wildgeflügel
Montefalco	○	DOC	Umbrien	leicht	10–12	Fritierter Fisch
Montefalco Sagrantino	●	DOC	Umbrien	rund, kräftig	14–18	Wildschwein
Montepulciano d'Abruzzo	●	DOC	Abruzzen	fruchtig, rund	14–16	Pasta
Montepulciano Cerasulo	●	DOC	Abruzzen	weich, fruchtig	12	Fisch, gebraten oder gegrillt
Montesclapade	●	VdT	Friaul-J.V	kräftig, tanninbetont, dicht	16–18	Wild, Wildgeflügel
Nebbiolo d'Alba	●	DOC	Piemont	tanninbetont, fruchtig	14–18	Ente, Trüffelgerichte
Nozze d'oro	●	VdT	Sizilien	kräftig, langlebig	16–18	Wild
Oltrepò Pavese*	○ ●	DOC	Lombardei			
Ornellaia	●	VdT	Toskana	kräftig, rund, komplex	16–18	Ente, Wildgeflügel, Steak
Orvieto/Orvieto Classico	○	DOC	Latium, Umbrien	frisch, leicht, anregend	10–12	Süßwasserfisch, leichte Nudelgerichte

* Eine ganze Reihe von Weinen aus unterschiedlichen Rebsorten – meist zusätzlich nach der Traubensorte benannt. Keine einheitliche Einstufung möglich
** Emilia-R. = Emilia-Romagna; Friaul-J.V. = Friaul-Julisch Venetien.   *** Cab. = Cabernet

Der Wegweiser zum richtigen Wein

101 Weine von A-Z	Rot, Weiß, Rosé?	Qualitätsstufe	Region **	Charakter der Weine	Serviertemperatur (°C)	Schmeckt besonders gut zum Beispiel zu ...
Percarlo	●	VdT	Toskana	elegant, tanninbetont	16 – 18	Wild, Steak
Pin	●	VdT	Piemont	dicht, reich, komplex	16 – 18	Wildgeflügel
Piodilei	○	VdT	Piemont	bukettbetont, reich	12 – 14	Pasta, fritierter Fisch
Prosecco di Conegliano Valdobbiadene	○	DOC	Venetien	leicht und einfach	8 – 10	Muscheln, Fisch
Querciagrande	●	VdT	Toskana	tanninbetont, kräftig	16 – 18	Wild, Steak
RF Selice	●	VdT	Toskana	dicht, komplex, rund	16 – 18	Fasan, Ente, Steak
Ronco dei Roseti	●	VdT	Friaul-J.V	reich, kräftig, fruchtig	16 – 18	Wild, Wildgeflügel
Rosso Conero	●	DOC	Marken	weich, rund, kräftig	16	Pasta mit Tomatensauce, Ente
Rosso del Gnemiz	●	VdT	Friaul-J.V	Bordeaux-Stil	16 – 18	Wild, Wildgeflügel
Saffredi	●	VdT	Toskana	kräftig, tanninbetont	16 – 18	Fasan, Ente, Steak
Sammarco	●	VdT	Toskana	elegant, alterungsfähig	16 – 18	Wild, Steak
	●	VdT	Toskana	elegant, komplex, kräftig	16 – 18	Wildgeflügel
Sito Moresco	●	VdT	Piemont	reich, elegant	16 – 18	Pasta, Fleischgerichte
Soave	○	DOC	Venetien	frisch, leicht oder komplex, je nach Winzer	10 – 14	Aperitiv, Muscheln, Fisch
Solaia	●	VdT	Toskana	Bordeaux-Stil: elegant, komplex, tanninbetont	16 – 18	Wildgeflügel, Fleischgerichte
Solatio Basilica	●	VdT	Toskana	dicht, reich, elegant	16 – 18	Ente, Steak, Wildgeflügel
Terre Alte	○	VdT	Friaul-J.V	kräftig, mineralisch	12 – 14	Muscheln, fritierter Fisch, Pasta
Tignanello	●	VdT	Toskana	elegant, rassig, finessenreich	16 – 18	Fasan, Ente, Steak
Torgiano	○	DOC	Umbrien	leicht und fruchtig bis kräftig, je nach Rebsorte	10 – 12	Melone + Schinken, Muscheln, Fisch
Torgiano (Riserva = DOCG)	● ●	DOC	Umbrien	einfach, fruchtig bis kräftig, komplex, je nach Machart	14 – 18	Wildgeflügel, Fleischgerichte
Valle d'Aosta*	●	DOC	Aostatal			
Valpolicella	●	DOC	Venetien	fruchtig, süffig	14 – 16	Nudelgerichte, Fleischgerichte
Valpolicella Amarone	●	DOC	Venetien	schwer, gehaltvoll	16 – 18	Wildschwein, Schmorbraten
Valtellina	●	DOC	Lombardei	einfach bis kräftig	14 – 18	Braten, Wildgeflügel
Verdicchio dei Castelli di Jesi	○	DOC	Marken	einfach bis kräftig	10 – 14	Fisch
Vernaccia di San Gimignano	○	DOCG	Toskana	frisch, mineralisch	10 – 12	Muscheln, Fisch, Pasta
Vigna Arborina	●	VdT	Piemont	kräftig, tanninbetont, reich	16 – 18	Wildgeflügel
Vigna l'Apparita	●	VdT	Toskana	elegant, alterungsfähig	16 – 18	Steak, Wild, Ente
Vigna Larigi	●	VdT	Piemont	dicht, fruchtig, kräftig	16 – 18	Pasta, Hartkäse
Vignaserra	●	VdT	Piemont	kräftig, tanninbetont	16 – 18	Pasta, Trüffelgerichte
Vigorello	●	VdT	Toskana	kräftig, tanninbetont	16 – 18	Fasan, Steak
Vino Nobile di Montepulciano	●	DOCG	Toskana	elegant, tanninbetont	16 – 18	Ente, Steak, Kaninchen

* Eine ganze Reihe von Weinen aus unterschiedlichen Rebsorten – meist zusätzlich nach der Traubensorte benannt. Keine einheitliche Einstufung möglich
** Emilia-R. = Emilia-Romagna; Friaul-J.V. = Friaul-Julisch Venetien.   ******* Cab. = Cabernet

Wissenswertes über Nudeln

Pasta – der italienische Sammelbegriff für Teigwaren aller Art: Es gibt sie frisch und getrocknet, mit Ei und ohne Ei, im gewohnten Gelb oder in vielen anderen Farben. Mehl, Wasser und Salz ist dabei die gemeinsame Basis. Wer die Nudeln selbst herstellen möchte, findet auf S. 89 ein Rezept für Eiernudelteig. Der Teig wird dünn ausgerollt und nach Belieben zu Bandnudeln, Schmetterlingen oder Lasagneblättern geformt.

Wichtig für den »richtigen Biß«: das Kochen der Pasta. Dazu brauchen Sie: einen großen Topf, viel Wasser (1 l Wasser auf 100 g Nudeln) und Salz (1 TL auf 1 l Wasser). Nudeln brauchen eine relativ konstante Kochtemperatur und die läßt sich mit einer großen Wassermenge leichter halten. Bei großen Teigstücken wie Lasagne oder bei frischer Pasta können Sie noch 1 EL Öl ins Kochwasser geben. Wenn das Wasser sprudelnd kocht, die Nudeln hineingeben, den Deckel nicht oder nur zu 2/3 auflegen, ab und zu umrühren. Die Wasseroberfläche soll sich leicht kräuseln, jedoch nicht sprudeln. Die Pasta ist »al dente«, wenn sie sich insgesamt weich anfühlt, aber beim Hineinbeißen noch einen deutlichen Biß spüren läßt.

Im folgenden finden Sie die wichtigsten Nudelsorten jeweils mit einer Kurzcharakteristik:

Bucatini (4): kurze dicke Röhrennudeln

Cannelloni (15): große Röhrennudeln zum Füllen; müssen meist nicht vorgekocht werden

Capellini (10): dünne Spaghetti-Variante

Conchiglie (16): kleine muschelförmige Nudeln; die größeren Varianten können gefüllt werden (conchiglioni da ripieno)

Farfalle (8): Schmetterlingsnudeln

Fettucine (13): Bandnudeln, auch als Nudelnester im Angebot (vgl. Tagliatelle)

Fusilli (9): Spiralnudeln, kurz oder lang

Lasagne (21): Teigplatten, mit glattem oder gewelltem Rand; sie müssen teilweise vorgekocht werden

Linguine (1): schmale, flache Bandnudeln (vgl. Trenette)

Maccheroni (20): dickere Spaghetti, die innen hohl sind

Orecchiette (7): Nudeln in Form kleiner Ohren, die besonders in Apulien beliebt sind.

Pappardelle (12): die breitesten Bandnudeln; traditionell mit Hasenragout serviert

Pastina: sehr kleine Nudeln, mit kurzer Garzeit, ideal für Suppen: z.B.
Anellini (18) – kleine Ringe,
Stellini (19) – kleine Sterne

Penne (24): kurze hohle Nudeln, glatt (lisce) oder gerieffelt (rigate)

Ravioli (22): viereckige oder runde Teigtaschen

Rigatoni (3): dicke, kurze, gerieffelte Röhrennudeln

Ruote (25): Nudeln in Form von Rädchen

Spaghetti (5): übersetzt »Bindfäden«, mindestens 30 cm lange Nudeln mit rundem Querschnitt und unterschiedlichem Durchmesser

Spaghettini (23): dünnere Spaghetti-Variante

Tagliatelle (14): etwa 1 cm breite Bandnudeln, in Rom Fettucine genannt; auch als Nudelnester im Angebot

Tortellini (2): gefüllte Teigringe, Spezialität aus der Emilia-Romagna

Tortiglioni (11): kurze, in sich gedrehte gerieffelte Röhrennudeln

Trenette (17): schmale flache Bandnudeln

Vermicelli (6): dünne Spaghetti-Variante

Wissenswertes über Nudeln **273**

Glossar

Abbacchio: Milchlamm, es wird im Alter zwischen 20 und 60 Tagen geschlachtet, noch bevor es der Muttermilch entwöhnt ist. Das Fleisch dieses Frühlingslamms ist besonders zart.

Aceto balsamico: milder aromatischer Balsamessig von dunkelbrauner Farbe, der 6-10 Jahre reifen muß; edle Würzspezialität aus Modena.

Agnello: Lamm, das entwöhnt ist.

Agrodolce: Süß-sauer zubereitetes Fleisch, häufig Wild, als Zutat auch manchmal etwas Schokolade (Latium und Sardinien).

Al dente: bißfeste Konsistenz der Nudeln, auch von Gemüse, körnig gekochtem Reis.

Al forno: herzhaftes Gericht, im Backofen gegart.

All' onda: So sollte Risotto sein: schön feucht, damit er wie eine Welle auf den Teller gleiten kann.

Alchermes: rot gefärbter Kräuterlikör auf Zimtbasis mit Gewürznelken, Koriander und Muskatnuß.

Amaretti: kleine knusprige Makronen aus Süß- und Bittermandeln, Spezialität der Emilia-Romagna.

Amaretto di Saronno: beliebter Mandellikör aus Saronno, ideal für Desserts.

Anchovis: in Öl eingelegte kleine Sardinen. Sie gehören zu den am häufigsten verwendeten Würzzutaten der süditalienischen Küche.

Arborio-Reis: Grober Rundkornreis, der für die Zubereitung von süßen und pikanten Speisen, vor allem aber von Risotto verwendet wird.

Arista: Schweinelendenbraten aus Florenz. Sein Name bedeutet »das Beste«.

Auberginen: Produktinfo, S. 101

Baccalà: Gesalzener luftgetrockneter Kabeljau, ungesalzen heißt er »Stoccafisso«; beide müssen vor der Zubereitung gewässert werden. Baccalà 24 Stunden, Stoccafisso 48 Stunden.

Basilikum: Produktinfo, S. 97

Bel Paese: milder Butterkäse aus der Lombardei.

Biscotti di prato: tockene Mandelbiskuits aus der Toskana, S. 258

Bollito misto: typisch norditalienisches Gericht aus verschiedenen gekochten Fleischsorten; S. 164

Bresaola: Luftgetrocknetes Rindfleisch, das »Bündner Fleisch« Norditaliens; wird in hauchdünnen Scheiben mit Zitrone und Olivenöl angerichtet.

Bruschetta (fettunta): geröstete Weißbrotscheiben, mit frischem Knoblauch eingerieben und mit Olivenöl beträufelt.

Buchweizen: Gehört zu den Knöterichgewächsen und hat kleine, dunkelbraune, mehlige Früchte, die reich an Stärke und Eiweiß sind; aus Buchweizenmehl läßt sich Brot, Gebäck und Brei zubereiten, aus Buchweizengrütze herzhafte Polenta.

Butirri: Kleiner ovaler Büffelkäse mit Butterkern. Die Spezialität der Basilikata wird jedoch auch in den Nachbarregionen Apulien und Kalabrien hergestellt.

Caciocavallo: Weißer Käse aus Kuhmilch, von säuerlichem Geschmack und in birnenähnliche Formen gepreßt, die paarweise zusammengebunden und über ein Stück Holz gehängt werden, wie über einen Sattel. Der Name wird deshalb von »a cavallo« = zu Pferde, hergeleitet. Jung ist der Caciocavallo ein weicher milder Tafelkäse, mit zunehmender Reife wird er fester und pikanter und auch als Reibekäse verwendbar.

Calzoni: gebackene Teigtaschen, hauptsächlich mit Käse- und/oder Gemüsefüllung.

Campari: roter Aperitif aus Chinarinde und Kräutern, eine Mailänder Erfindung.

Carpaccio del Cipriani: Berühmte Vorspeise. In den siebziger Jahren fand in Venedig eine Ausstellung mit Werken des berühmten Malers Carpaccio statt. Herr Cipriani, der dort ein exklusives Gourmet-Lokal führt, kreierte zu Ehren Carpaccios dieses raffinierte Antipasto und nannte es nach dem Maler.

Cassata: Name aus dem Arabischen von »qas'at« = tiefe Schüssel; eine süße Spezialität von Sizilien, die vorwiegend aus Biskuit und Ricotta besteht. Früher war Cassata das typische Osterdessert, das bis zum 16. Jh. nur in den Klöstern hergestellt werden durfte.

Cuscus, Couscous: Grober Hartweizengrieß, der im heißen Dampf gegart und mit Gemüse oder Fisch gegessen wird, ursprünglich ein Gericht Nordafrikas und Arabiens.

di magro: fleischlose Gerichte

DOC: Abkürzung für »Denominazione di Origine Controllata«, das Prädikat für die kontrollierte Ursprungsbezeichnung italienischer Weine, die aus einem bestimmten begrenzten Anbaugebiet stam-

Lämmer werden in erster Linie zu Ostern geschlachtet.

men und nach festgelegten Verfahren produziert werden müssen. Auch Traubensorten, Mindestgehalt von Alkohol und Säure sind vorgegeben sowie Voraussetzung für höhere Quantifizierung.

Doppia Arancia: Orangenlikör aus Apulien

Erbette di campo: verschiedene wilde Radicchiosorten, mit Essig, Salz, Pfeffer und Olivenöl oder mit leicht gebratenen Speckwürfeln gewürzt.

Fenchel: Produktinfo, S.65

Foccacia: würziges Fladenbrot

Fontina: halbfester milder bis pikanter Kuhmilchkäse aus dem Aostatal, gut zum Überbacken geeignet.

Frittata: Eieromelett, das mit Kräutern, Kartoffeln oder Gemüse angereichert ist.

Frizzante: Feinperliger leichter Schaumwein

Gnocchi: Klößchen oder Nocken, je nach Region aus Kartoffeln oder Grieß, oft mit Spinat oder anderen Zutaten. In Rom im Ofen gebackene Grießscheibchen.

Gorgonzola: weicher geschmeidiger Blauschimmelkäse aus Kuhmilch, der aus der gleichnamigen Stadt in der Lombardei stammt.

Granita: Erfrischendes Getränk oder Dessert aus fein zerkleinertem geeisten Fruchtsaft oder Kaffee.

Grano padano: Bezeichnung für eine Gruppe norditalienischer Hartkäse, deren Herstellungsgebiet in der Po-Ebene liegt.

Grappa: hochprozentiger Tresterbranntwein aus Norditalien

Gremolata: Würzmischung aus Petersilie, Knoblauch und Zitronenschale

Grissini: dünne, knusprige Brotstangen, ursprünglich aus Turin

In umido: »umido« = feucht; Zubereitungsart, bei der eine Speise in einer Sauce aus Tomaten und kleingeschnittenem Gemüse geschmort wird.

Kapern: Produktinfo, S. 158

Lamm: vor allem in Süditalien gezüchtete Tiere; Keule wird meist als ganzes mit Rosmarin gebraten, Hals und Schulter eignen sich für Ragout, Rippchen und Koteletts brutzeln über glühender Holzkohle oder in der Eisenpfanne.

Mangold ist ein sehr eiweißreiches Gemüse (siehe nächste Seite).

Glossar 275

Luganega oder Lucanica: Frische Schweinsbratwurst, die ursprünglich aus der Basilikata, dem alten Lucania, kam, inzwischen auch in Norditalien hergestellt wird.

Mangold: Blattgemüse aus der gleichen Familie wie die rote Bete, daher auch »Römische Bete« genannt; wächst wild an allen Mittelmeerküsten. Hauptanbaugebiet ist Italien, Ernte von Mai bis Herbst.
Mangold ist äußerst eiweißreich und enthält außerdem viele Mineralstoffe.

Maraschino: Likör aus Maraschinokirschen

Marsala: Produktinfo, S. 223

Mascarpone: Rahmfrischkäse, der für Desserts und gelegentlich auch für Pastasaucen verwendet wird.

Minestra: leichte Suppe mit Einlage

Minestrone: Dicke Gemüsesuppe, die je nach Region mit weißen Bohnen, Nudeln oder auch Reis zubereitet wird.

Mortadella: Wurst aus Schweinefleisch, Speckwürfeln, Pistazien, Pfefferkörnern und Knoblauch mit einem Durchmesser von bis zu 40 cm, eine Spezialität aus Bologna.

Mostarda di Cremona: Kandierte, in Senfsirup eingelegte Früchte, die zu Fleisch und vor allem zu Bollito misto gereicht werden.

Mozzarella: Rindenloser weißer Frischkäse aus Büffel- oder Kuhmilch, oder aus beidem. Er wird mild und säuerlich, in Lake schwimmend angeboten. Ursprünglich wurde er nur in der Region Latium hergestellt.

Muscheln: Produktinfo, S. 150

Olio vergine: natives Olivenöl mit 2 g/100 g Anteil an freien Fettsäuren

Olio vergine extra: natives Olivenöl extra (erste Qualität für kaltgepreßtes Olivenöl) mit 1 g/100 g Anteil an freien Fettsäuren

Olivenöl: Produktinfo, S. 23

Oregano: Produktinfo, S. 47

Pancetta: luftgetrockneter, magerer, gesalzener Speck vom Schweinebauch. Er wird in Scheiben oder gerollt, manchmal auch mit Gewürzen eingerieben, angeboten.

Panettone: traditionelles Weihnachtsgebäck aus Hefeteig mit kandierten Früchten und Sultaninen, heute weltberühmte Spezialität aus Mailand.

Panforte: Gewürzkuchen aus Siena, Weihnachtsgebäck aus Mehl, Zucker, Gewürzen, Mandeln und kandierten Früchten.

Parmaschinken: Schinken aus der Schweinekeule, von ausschließlich mit Molke, Getreide und Kastanien gemästeten Tieren. Produktion nur in Langhirano unter strenger Kontrolle des Konsorzium.

Parmesan: Produktinfo, S. 113

Pecorino: Hartkäse aus Schafmilch, der in Mittel- und Süditalien hergestellt wird; bekannte Sorten toscano, romano, sardo und siciliano. Je nach Region und Reife variiert der Geschmack von mild bis kräftig.

Peperoncini: Produktinfo, S. 110

Peperoni: Gemüsepaprika, die fleischigen, milden Verwandten der Peperoncini wurden von Spaniern aus Amerika mitgebracht und sind aus der südlichen Küche Italiens nicht mehr wegzudenken.

Pesto: kaltgerührte Sauce aus Basilikum, Olivenöl, Parmesan, Knoblauch und Pinienkernen, eine ligurische Spezialität.

Pinienkerne: Produktinfo, S. 169

Parmaschinkenkeulen wiegen bis zu 7 kg.

Ricotta ist für die Küche des Südens nahezu unentbehrlich.

Pizza - Andrea Doria: benannt nach dem berühmten Genueser Admiral, der diese Pizza erfunden haben soll; sie ist auch unter dem Namen »Pissadella«, »Pizzalandrea« oder »Sardenaira« bekannt.

Polenta: Maisbrei aus Norditalien, den man als Beilage oder in Scheiben gebraten serviert.

Prosciutto: luftgetrockneter Schinken aus der Keule, bekannteste Sorten sind Parma-, San Daniele- und Veneto-Schinken, deren Geschmack von mildwürzig bis kräftig-salzig variiert.

Prosecco: Schaumwein wie Frizzante oder Spumante

Radicchio: Salatpflanze mit violetten, weiß geäderten Blättern, die angenehm bitter schmecken; Wintersalat aus Treviso, der in Venetien auch zum Risotto Verwendung findet.

Reis: Produktinfo, S. 62

Ricotta: Quarkähnlicher milder Frischkäse, meist aus Kuhmilch, aber auch aus Schaf- und Ziegenmilch. Man verwendet ihn zum Füllen von Ravioli oder für Süßspeisen.

Risotto: In Brühe gekochter Reis, bei dem die Flüssigkeit während der Kochzeit nach und nach dazugegeben wird.

Rosmarin: Produktinfo, S. 198

Rucola: Produktinfo, S. 91

Salbei: Produktinfo, S. 157

Salsiccia: frische Bratwurst aus Schweinefleisch mit grober Füllung, im Süden mit Peperoncini und anderen Gewürzen pikant abgeschmeckt.

Sardellen: Produktinfo, S. 31

Schwertfisch: Produktinfo, S. 128

Sepia: gemeiner Tintenfisch, bei allen Arten am ovalen bis runden, abgeflachten Körper zu erkennen. Seine zwei Fangarme sind antennenartig lang ausgebildet.

Stockfisch: Produktinfo, S. 142

Taleggio: quaderförmiger aromatischer Käse, weich bis halbfett

Tomaten: Produktinfo, S. 27

Trüffel: Produktinfo, S. 194

Vermouth: Aperitif aus Kräutern und Gewürzen, Turiner Erzeugnis

Vialone-Reis: Rundkornreis, der in der Po-Ebene wächst und sich hervorragend für Risottogerichte eignet.

Vin Santo: Produktinfo, S. 258

Zampone: ausgelöster, mit delikater Wurst gefüllter Schweinsfuß, wird zu Linsen oder Bollito misto gegessen.

Zucchini: Produktinfo, S. 28

Zuppa: dicke Suppe, die meist auf geröstetem Brot angerichtet wird. Auch ein beliebtes Dessert, »Zuppa inglese«, trägt diesen Namen.

Die Temperaturstufen bei Gasherden
variieren von Hersteller zu Hersteller. Welche Stufe Ihres Herdes der jeweils angegebenen Temperatur entspricht, entnehmen Sie bitte der Gebrauchsanweisung.

Abkürzungen:
TL = Teelöffel
EL = Eßlöffel
Msp = Messerspitze
kJ = Kilojoule
kcal = Kilokalorie

Glossar 277

Typische Menüzusammenstellungen

Bei jedem echten italienischen Menü gibt es eine wohlkomponierte Speisenfolge. Nach dem Antipasto wird als erster Gang (Primo piatto) Pasta, Suppe oder im Norden Risotto gereicht. Als zweiter Gang (Secondo piatto) kommt Fleisch oder Fisch auf den Tisch. Die Beilage, Contorni, besteht meist aus einem Gemüsegericht oder einem grünen oder gemischten Salat. Gemüse (Verdure) kann in Italien Beilage oder Hauptgericht sein. Als Beilage wird es einfach bißfest gegart und in Butter oder Olivenöl geschwenkt. Als Hauptgericht wird es geschmort, in Teig gehüllt oder im Ofen überbacken. Der letzte Gang beendet mit einem Stück Käse (Formaggio), mit dem Obst der Jahreszeit (Frutta) oder einer Süßspeise (Dolci) die Hauptmahlzeit des Tages. Als krönenden Abschluß reicht man Espresso und Likör.

Die Kochkunst der Italiener zeigt sich im weiten Spektrum der möglichen Kombinationen ihrer Gerichte. Dabei legen sie Wert auf die Zusammenstellung von Speisen ähnlicher Geschmacksrichtungen, z.B. Meeresfrüchte als Antipasto oder Primo piatto und ein Fischgericht als Secondo piatto. Im Kreis der Familie ist es üblich, an Festtagen mehrere Gerichte zur Auswahl aufzutischen.

Menüs für jeden Tag
Penne all'arrabbiata • Nudeln mit Chilisauce 94
Pollo con le olive • Geschmortes Huhn mit Oliven 189
Peperonata • Paprikagemüse 208
Torta di mele • Apfelkuchen 267

Minestrone con piselli e pesto • Minestrone mit Erbsen und Pestosauce 53
Pizzette di patate • Kleine Pizzen aus Kartoffelteig 42
Insalata verde • Grüner Salat *
Frutta cotta • Kompott *

Risotto alla milanese • Safranreis 62
Ossobucco alla milanese • Geschmorte Kalbshaxe 162
Piselli • Grüne Erbsen *
Pere ripiene con Gorgonzola • Birnen mit Gorgonzolafüllung 243

Minestrone di verdure • Gemüsesuppe 52
Calzoni pugliesi • Teigtaschen aus Apulien 40
Insalata verde • Grüner Salat *
Frutta cotta • Kompott *

Rigatoni all'amatriciana • Nudeln mit Speck und Tomaten 110
Pollo alla romana • Huhn auf römische Art 187
Carote al marsala • Möhren mit Marsala 223
Frutta di stagione • Frisches Obst nach Jahreszeit *

Spaghetti marinara • Spaghetti mit Oliven, Tomaten und Kapern 107
Cacciucco alla viareggina • Gemischter Fischeintopf 119
Bietole alla romana • Mangold auf römische Art 220
Gelu di melone • Melonengelee 247

Zucchini a scapece • Marinierte Zucchini 36
Riso con le cozze • Reis mit Miesmuscheln 66
Ragù del macellaio • Metzger-Ragout 171
Torta di mandorle • Mandeltorte 265

Schnelle Menüs
Mozzarella e pomodori • Mozzarella mit Tomaten 16
Pasta con le sarde • Nudeln mit Sardinen und Fenchel 94
Tonno fresco in umido • Frische Thunfischscheiben in Tomatensauce 139
Insalata verde • Grüner Salat *
Frutta di stagione • Frisches Obst nach Jahreszeit *

Spaghetti alla carbonara • Spaghetti mit Speck und Eiern 114
Saltimbocca alla romana • Kalbsschnitzel mit Schinken und Salbei 156
Insalata di radicchio • Radicchiosalat *
Fragole al limone • In Zitronensaft marinierte Erdbeeren *

Frittelle di polenta alla lodigiana • Gebackene Polentaplätzchen aus Lodi 83
Trota in padella • Forelle in der Pfanne 131
Spinaci cotta • Gedünsteter Spinat *
Prugne in composta • Pflaumenkompott *

Spaghetti al tonno • Spaghetti mit Thunfisch 114
Gamberoni allo spiedo • Garnelenspieße mit grüner Sauce 147
Insalata diverse • Gemischter Salat *
Gelato con amarene sciroppate • Vanilleeis mit Amarenakirschen *

Frittata con le cipolle • Omelett mit Zwiebeln 226
Spaghetti alla carbonara • Spaghetti mit Speck und Eiern 114
Scaloppine al marsala • Schweineschnitzel mit Marsala 174
Melagrana al liquore • Marinierte Granatapfelkerne 265

Insalata mista • Gemischter Salat *
Penne all' arrabbiata • Nudeln mit Chilisauce 94
Scaloppine alla pizzaiola • Kalbsschnitzel mit Tomaten 161
Frutta di stagione • Frisches Obst nach Jahreszeit *

Crostini alla napoletana • Geröstetes Brot auf neapolitanische Art 37
Zuppa di finocchi • Fenchelsuppe 61
Tonno alla Favignana • Thunfisch nach Art der Insel Favignana 148
Frutta di stagione • Frisches Obst nach Jahreszeit *

Prosciutto e salami • Schinken und
Salami *
Risotto alla milanese •
Safranreis 62
Asparagi alla parmigiana • Grüner
Spargel mit Butter und Parmesan 21
Frutta di stagione • Frisches Obst nach
Jahreszeit *

Menüs, die sich gut vorbereiten lassen

Insalata di frutti di mare •
Meeresfrüchte-Salat 18
Pizza »quattro stagioni« • Pizza »Vier
Jahreszeiten« 45
Insalata mista • Gemischter Salat *
Macedonia • Fruchtsalat *

Bresaola • Luftgetrocknetes Rindfleisch
mit Olivenöl, Zitrone und Pfeffer *
Torta di pesce • Fischtorte 152
Insalata mista • Gemischter Salat *
Pere cotte • Birnen in Sirup 243

Olive con buccia d'arancio • Oliven mit
Orangenschale 17
Tortellini al prosciutto e panna •
Tortellini mit Schinken-Sahne-
Sauce 90
Vitello tonnato • Kalbfleisch mit
Thunfischsauce 158
Formaggi con le pere • Parmesan und
Birnen *

Peperoni all' olio • Marinierte
Paprikaschoten 22
Maccheroni alla chitarra • »Gitarren«-
Nudeln mit Lamm-Ragout 104
Melanzane alla finitese • Gefüllte
Auberginenscheiben 227
Gelu di melone • Melonengelee 247

Peperoni ripieni • Gefüllte
Paprikaschoten 32
Lasagne verdi al forno • Grüner
Lasagneauflauf 99
Fagioli all' uccelletto • Weiße Bohnen
mit Salbei 208
Crostata di ricotta • Ricottatorte 262

Caponata Siciliana • Sizilianischer
Gemüseeintopf 207
Gnocchi alla romana • Gnocchi auf
römische Art 78
Agnello von finocchietti • Lamm mit
kleinen Fenchelknollen 183
Gelato al limone • Zitroneneis *

Bresàola e rucola • Luftgetrocknetes
Rindfleisch mit frischer Rauke,
Olivenöl, Zitrone und Pfeffer *
Tortellini in brodo • Tortellini in
Fleischbrühe 54
Fricassea di pollo • Frikassee vom
Maishähnchen 189
Panforte di Siena •Sieneser Nuß-
kuchen 256

Finocchi alle olive • Salat aus dünnen
rohen Fenchelscheiben und
schwarzen Oliven *
Ribollita • Bohnensuppe 58
Coniglio in peperonata • Kaninchen mit
Paprikagemüse 197
Formaggi misti • Gemischter Käse *
Macedonia • Obstsalat *

Peperoni all'olio • Marinierte
Paprikaschoten 22
Cipollata • Zwiebelsuppe 50
Agnello in umido • Lamm in der Sauce
mit grünen Erbsen 184
Torta di riso • Sieneser Reistorte 266

Vegetarische Menüs

Minestra di patate e carote •
Gemüsesuppe mit Kartoffeln
und Möhren 56
Crespelle magre di spinaci •
Pfannkuchenrollen mit Spinat 229
Torta di zucca gialla • Gelbe
Kürbistorte 260

Mozzarella al forno • Überbackener
Mozzarella 16
Trenette al pesto genovese • Trenette
Genueser Art 96
Frittata di patate e zucchini • Omelett
mit Kartoffeln und Zucchini 229

Bignè di albicocche • Aprikosenkrapfen 250

Pinzimonio • Gemüserohkost 12
Risotto coi funghi • Reis mit
Pilzen 70
Tortino di melanzane • Gratinierte
Auberginen 214
Insalata verde • Grüner Salat *
Torta di mele • Apfelkuchen 267

Funghi alla brutta • Marinierte
gegrillte Pilze 32
Pasta alla Norma • Nudeln mit
Auberginen und Tomaten 100
Fagioli all' uccelletto • Weiße Bohnen
mit Salbei 208
Macedonia • Fruchtsalat *

Calzoni pugliesi • Teigtaschen aus
Apulien 40
Zuppa di finocchi • Fenchelsuppe 61
Pasta alla Norma • Nudeln mit
Auberginen und Tomaten 100
Gelu di melone • Melonengelee 247

Insalata di pomodori • Tomatensalat *
Polenta concia • Polenta mit Käse 82
Frittata di carciofi •
Artischockenomelett 21
Formaggi misti • Gemischter Käse *
Capuccini affogati • »Ertrunkene«
Kapuziner 257

Pomodori ripieni all'umbra • Gefüllte
überbackene Tomaten 232
Risotto con i finocchi • Fenchel-
risotto 64
Verdure in intingolo • Gemüsetopf aus
Mantua 211
Tiramisù • Mascarponecreme 239

Insalata di funghi • Pilzsalat 14
Pasta agli asparagi • Nudeln mit
Spargelsauce 109
Fiori di zucca ripieni •Gefüllte
Zucchiniblüten 28
Formaggi misti • Gemischter Käse *
Torta di riso • Sieneser
Reistorte 266

Typische Menüzusammenstellungen **279**

Jahreszeitenmenüs
Frühjahrsmenüs

Farfalle al Gorgonzola •
    Schmetterlingsnudeln mit
Gorgonzolasauce 103
Scaloppe di vitello • Kalbsschnitzel *
Asparagi al prosciutto • Überbackener
    Spargel mit Schinken 235
Marzolino • Frischer Pecorino *
Frittelle di riso • Reiskroketten 249

Asparagi alla parmigiana • Grüner
    Spargel mit Butter und Parmesan 21
Malfatti • Spinatklößchen 80
Saltimbocca alla romana • Kalbsschnit-
    zel mit Schinken und Salbei 156
Frittedda • Frühlingsgemüse 220
Cappuccini affogati • »Ertrunkene
    Kapuziner« 257

Frittata di asparagi • Omelett mit wil-
    dem Spargel 226
Minestrone di verdure •Gemüsesuppe 52
Agnello cacio e uova • Lamm mit Käse
    und Eiern 183
Fragole fresche • Frische Erdbeeren *

Asparagi alla toscana • Spargel in Öl-
    Zitronen-Sauce 21
Trenette al pesto genovese • Trenette
    Genueser Art 96
Fegatelli di maiale • Leberspießchen
    mit Fenchel 176
Formaggi • Käse *
Fragole al vino e limone • Erdbeeren
    mit Weißwein und Zitronensaft *

Sommermenüs

Risotto nero alla fiorentina •
    Schwarzer Tintenfischreis 68
Orata al forno con patate • Überbacke-
    ne Goldbrasse mit Kartoffeln 130
Insalata verde • Grüner Salat *
Pesche ripiene • Gefüllte Pfirsiche 242

Fiori di zucca ripieni • Gefüllte
    Zucchiniblüten 28
Fettucine alla grossetana • Schmale
    Bandnudeln mit Tomaten und
    Pilzen 93

Triglie alla genovese • Gebackene
    Meerbarben 132
Insalata di pomodori • Tomatensalat *
Frutta di stagione • Frisches Obst nach
    Jahreszeit *

Caponata siciliana • Sizilianischer
    Gemüseeintopf 207
Pasta con broccoli • Nudeln mit
    Brokkoli 107
Trota in padella • Forelle in der
    Pfanne 131
Granita di caffè • Geeister Kaffee *

Frittata di carciofi •
    Artischockenomelett 21
Risotto coi funghi • Reis mit Pilzen 70
Coniglio in peperonata • Kaninchen mit
    Paprikagemüse 197
Panna cotta • Gestürzte Sahnecreme 253

Herbstmenüs

Crostini di fegato di pollo • Geröstetes
    Weißbrot mit Hühnerlebercreme 38
Funghi sul crostini • Pilze auf
    Weißbrot 14
Pappardelle di lepre in umido •
    Eierbandnudeln und Sauce vom
    Hasenragout mit frisch geriebenem
    Parmesan*
Lepre in umido • Hasenragout mit
    Sauce 198
Verdura cotta • Gedünsteter Mangold
    und Spinat *
Formaggi misti • Gemischter Käse *

Zuppa di finocchi • Fenchelsuppe 61
Spiedini • Rouladen auf Spießchen 168
Caponata siciliana • Sizilianischer
    Gemüseeintopf 207
Crostata di ricotta • Ricottatorte 262
Frutta di stagione • Frisches Obst nach
    Jahreszeit *

Funghi alla brutta • Marinierte
    gegrillte Pilze 32
Fettuccine alla burina • Nudeln mit
    Erbsen, Schinken und Pilzen 105
Bistecchine di cinghiale • Wildschwein-
    Koteletts 196

Fichi mandorlati • Gefüllte frische
    Feigen 246

Prosciutto con ficchi • San Daniele-
    Schinken mit gekühlten frischen
    Feigen *
Polenta con tartufi • Polenta mit Käse
    und Trüffeln 82
Lepre alla cacciatora • Hasenragout
    nach Jägerart 201
Tiramisù • Mascarponecreme 239

Wintermenüs

Mocetta • Luftgetrocknetes Gems- oder
    Rindfleisch *
Zuppa alla Valdostana • Wirsingsuppe
    mit Brot und Käse 56
Ossobuco alla milanese • Geschmorte
    Kalbshaxe 162
Castagne nello sciroppo • Eßkastanien
    in Sirup 261

Peperoni ripieni • Gefüllte
    Paprikaschoten 32
Zuppa di lenticchie • Linsensuppe mit
    Kastanien 61
Polpettone alla fiorentina • Hackbraten
    mit Tomaten geschmort 172
Bietole alla romana • Mangold auf
    römische Art 220
Biscotti di prato • Mandelschnitten 258

Crostini alla romana• Geröstetes Brot
    auf römische Art 37
Minestra di patate e carote • Gemüse-
    suppe mit Kartoffeln und Möhren 56
Manzo alla sarda • Rindfleisch auf
    sardische Art 160
Carote al marsala • Möhren mit
    Marsala 223
Melagrana al liquore • Marinierte
    Granatapfelkerne 265

Verza alla lombarda • Wirsingkohl auf
    lombardische Art 232
Minestra d'orzo • Gerstensuppe 59
Capriolo in salmi • Rehragout 200
Formaggi misti • Gemischter Käse *
Mandarini e noci • Mandarinen und
    Nüsse *

Menüs für große Feste
Ostermenüs
Carpaccio del Cipriani • Mariniertes
   rohes Rinderfilet 14
Funghi sul crostini • Pilze auf
   Weißbrot 14
Tagliatelle al ragù • Bandnudeln mit
   Ragoutsauce 99
Agnello in umido • Lamm in der Sauce
   mit grünen Erbsen 184
Faraona con patate • Perlhuhn mit
   Kartoffeln und Schalotten 192
Formaggi misti • Gemischter Käse *
Colomba Pasquale • Ostertaube *

Zucchine a scapece • Marinierte
   Zucchini 36
Insalata di frutti di mare •
   Meeresfrüchte-Salat 18
Risotto alla sarda • Reis auf sardische
   Art 66
Costolette d'agnello • Lammkoteletts 180
Frittedda • Frühlingsgemüse 220
Cassata siciliana • Sizilianische
   Cassata 240

Weihnachtsmenüs
Antipasto misto: Prosciutto di San
   Daniele, Salame, Coppa e altri sa-
   lumi • San-Daniele-Schinken, Coppa
   und Salamischeiben *
Tortellini in brodo • Tortellini in
   Fleischbrühe 54
Ravioli al burro • Ravioli mit
   Spinatfüllung, Butter und Salbei 89
Anitra ripiena • Gefüllte Ente 186
Pure di patate • Kartoffelpüree *
Formaggi misti • Gemischter Käse *
Zuppa inglese della mamma • Biskuits
   mit Schokolade- und Eiercreme 238
Panforte die Siena • Sieneser
   Nußkuchen 256
Panettone • Mailänder Hefekuchen
   mit kandierten Früchten und
   Sultaninen *

Carpaccio del Cipriani • Mariniertes
   rohes Rinderfilet 14
Capriata • Bohnenpüree auf apulische
   Art 24

Torta Tarantina • Kartoffelkuchen aus
   Tarent 24
Faraona al cartoccio • Perlhuhn in
   Folie gebacken 191
Peperonata • Paprikagemüse 208
Zuppa inglese della mamma • Biskuits
   mit Schokolade- und Eiercreme 238

Menüs für Gäste
Insalata di funghi • Pilzsalat 14
Rigatoni al sugo di noci • Rigatoni mit
   Nußsauce 103
Fricassea di pollo • Frikassee vom
   Maishähnchen 189
Pure di patate • Kartoffelpüree *
Frutta di stagione • Frisches Obst nach
   Jahreszeit *

Mclanzane alla parmigiana •
   Auberginenauflauf 216
Braciole di maiale alle olive •
   Schweinekoteletts mit schwarzen
   Oliven 178
Pesche ripiene • Gefüllte Pfirsiche 242

Gnocchi di patate • Kartoffelnockerln
   mit geräuchertem Ricotta 76
Coniglio fritto • Gebackenes
   Kaninchen 184
Carciofi fritti • Gebackene
   Artischocken 234
Formaggio e frutta • Käse und Obst *

Antipasto • Vorspeise mit Schinken und
   Salami *
Crespelle al forno • Überbackene
   Pfannkuchenrollen 229
Tacchino al latte • Geschmorter
   Truthahn in Milch 192
Pecorino *

Pomodori ripieni in insalata • Gefüllte
   Tomaten 26
Gnocchi verdi • Spinatnockerln 76
Vitello tonnato • Kalbfleisch mit
   Thunfischsauce 158
Cassata alla siciliana • Sizilianische
   Cassata 240

Peperoni ripieni • Gefüllte
   Paprikaschoten 32
Rigatoni all'amatriciana • Nudeln mit
   Speck und Tomaten 110
Coniglio in peperonata • Kaninchen mit
   Paprikagemüse 197
Crostata di ricotta • Ricottatorte 262

Insalata mista • Gemischter Salat *
Bruschetta • Knoblauchbrot 37
Cozze alla paesana • Miesmuscheln in
   Tomatensauce 149
Maccheroni alla chitarra • »Gitarren«-
   Nudeln mit Lamm-Ragout 104
Cannoli • Teigrollen mit
   Ricottafüllung 254

Mozzarella e pomodori •Mozzarella mit
   Tomaten 16
Spaghetti alla carbonara • Spaghetti
   mit Speck und Eiern 114
Coda in agrodolce • Ochsenschwanz
   süß-sauer 171
Torta di mandorle • Mandeltorte 265

Aragosta catalana • Langustensalat 126
Crostini alla romana • Geröstetes Brot
   auf römische Art 37
Braciole di maiale alle olive • Schweinekoteletts mit schwarzen Oliven 178
Zuppa inglese della mamma • Biskuits
   mit Schokolade- und Eiercreme 238

Prosciutto con melone • Parmaschinken
   mit gekühlten Honigmelonenspalten *
Tortellini in brodo • Tortellini in
   Fleischbrühe 54
Bollito misto con salsa verde •
   Gemischtes gekochtes Fleisch mit
   grüner Sauce 164
Formaggi misti • Gemischter Käse *
Torta al Mascarpone •
   Mascarponetorte 268

Pomodori ripieni all'umbra • Gefüllte
   gebackene Tomaten 232
Ginestrata • Eiercremesuppe 50
Polpettone alla fiorentina • Hackbraten
   mit Tomaten geschmort 172
Torta di mele • Apfelkuchen 267

Typische Menüzusammenstellungen **281**

Carciofi alla romana • Artischocken auf
römische Art 224

Zuppa alla pavese • Fleischbrühe
mit Ei 50

Ossobucco alla milanese • Geschmorte
Kalbshaxe 162

Formaggi misti • Gemischter Käse *

Zuccotto • Eisbiskuit 244

Menüs mit Fleisch

Polenta con tartufi • Polenta mit Käse
und Trüffeln 82

Quaglie alla piemontese • Wachteln mit
Marsala und Trüffeln 194

Frittelle di riso • Reiskroketten 249

Lasagne verdi al forno • Grüner
Lasagneauflauf 99

Tacchino al latte • Geschmorter
Truthahn in Milch 192

Latteruolo • Milchkuchen 250

Polenta al piatto con ragù • Polenta
mit Ragoutsauce 82

Fegato alla veneziana • Gebratene
Kalbsleber mit Zwiebeln 179

Pure di patate • Kartoffelpüree *

Tiramisù • Mascarponecreme 239

Funghi alla brutta • Marinierte
gegrillte Pilze 32

Minestrone di verdure • Gemüsesuppe 52

Costolette d'agnello • Lammkoteletts 180

Fichi mandorlati • Gefüllte frische
Feigen 246

Bruschetta • Knoblauchbrot 37

Pollo alla romana • Huhn auf römische
Art 187

Bietole alla romana • Mangold auf
römische Art 220

Fragole fresche • Frische Erdbeeren *

Menüs mit Fisch

Risotto ai frutti di mare • Reis mit
Meeresfrüchten 69

Calamari ripieni • Gefüllte Kalmare mit
Mangold 144

Pere cotte • Birnen in Sirup 243

Cozze gratinate alla tarantina •
Gefüllte und überbackene
Miesmuscheln 150

Cacciucco alla viareggina • Gemischter
Fischeintopf 119

Bignè di albicocche • Aprikosenkrapfen 250

Tortellini mare-orto • Tortellini mit
Gemüse und Garnelen 90

Triglie alla livornese • Rotbarben in
würziger Tomatensauce 144

Insalata di rucola • Rucolasalat *

Trutti di bosco con Mascarpone •
Waldbeeren mit Mascarpone *

Cozze gratinate alla tarantina • Gefüllte
und überbackene Miesmuscheln 150

Peperonata • Paprikagemüse 208

Involtini di pesce spada • Schwertfisch-
Rouladen 128

Frutta di stagione • Frisches Obst nach
Jahreszeit *

Cozze alla marchigiana • Muscheln mit
Zitronensaft und Petersilie 121

Risotto nero alla fiorentina •
Schwarzer Tintenfischreis 68

Triglie alla genovese • Gebackene
Meerbarben 132

Formaggi misti • Gemischter Käse *

Frutta di stagione • Frisches Obst nach
Jahreszeit *

Sarde in saor • Marinierte
Sardinen 136

Minestrone di verdure •
Gemüsesuppe 52

Merluzzo in umido • Kabeljau in pikanter Sauce 125

Tiramisù • Mascarponecreme 239

Peperoni all' olio • Marinierte
Paprikaschoten 22

Pomodori ripieni in insalata • Gefüllte
Tomaten 26

Sarde a scapece • Marinierte
Sardinen mit Zwiebeln 30

Zucchini a scapece • Marinierte
Zucchini 36

Bruschetta • Knoblauchbrot 37

Crostini di fegato di pollo • Geröstetes
Weißbrot mit Hühnerlebercreme 38

Calzoni pugliesi • Teigtaschen aus
Apulien 40

Vitello tonnato • Kalbfleisch mit
Thunfischsauce 158

Insalata mista • Gemischter Salat *

Cassata alla siciliana • Sizilianische
Cassata 240

Pesche ripiene • Gefüllte Pfirsiche 242

dazu: Pane, Grissini, Formaggi

Warmes Buffet

Crostini alla napoletana • Geröstetes
Brot auf neapolitanische Art 37

Crostini alla romana • Geröstetes Brot
auf römische Art 37

Minestrone di verdure • Gemüsesuppe
52

Ginestrata • Eiercremesuppe 50

Gnocchi alla romana • Gnocchi auf
römische Art 78

Lasagne verdi al forno • Grüner
Lasagneauflauf 99

Arista alla fiorentina • Florentiner
Schweinebraten 173

Lepre in umido • Hasenragout mit
Sauce 198

Carote al marsala • Möhren mit
Marsala 223

Fagiolini alla genovese • Grüne Bohnen
in Sardellensauce 212

Tiramisù • Mascarponecreme 239

dazu: Pane, Grissini, Formaggi

Italienische Buffets
Kaltes Buffet

Insalata di funghi • Pilzsalat 14

Olive piccanti • Oliven
sizilianische Art 17

* Diese Gerichte sind in dem Buch
nicht als Rezept aufgeführt. Alle
Zutaten gibt es in gutsortierten
Supermärkten und italienischen
Spezialitätenläden zu kaufen.

Rezept- und Sachregister

Aal in Tomatensauce (Variante) 134
Aal in würziger Sauce 134
Abbacchio (Glossar) 274
Aceto balsamico (Glossar) 274
Agnello (Glossar) 274
Agnello cacio e uova 183
Agnello con finocchietti 183
Agnello in umido 184
Agrodolce (Glossar) 274
Al dente (Glossar) 274
Al forno (Glossar) 274
Alchermes (Glossar) 274
All' onda (Glossar) 274
Amaretti 252
Amaretti (Glossar) 274
Amarettitorte (Variante) 252
Amaretto di Saronno (Glossar) 274
Anchovis (Glossar) 274
Anguilla alla perugina (Variante) 134
Anguilla alla piacentina 134
Anitra ripiena 186
Apfelkuchen 267
Apfelkuchen aus Ferrara (Variante) 267
Aprikosenkrapfen 250
Aragosta catalana 126
Arancini di riso 72
Arborio-Reis (Glossar) 274
Arista (Glossar) 274
Arista alla fiorentina 173
Artischocken auf jüdische Art
    (Variante) 224
Artischocken auf römische Art 224
Artischocken, eingelegte (Variante) 36
Artischocken, gebackene 234
Artischockenomelett 21
Asparagi al prosciutto 235
Asparagi alla parmigiana 21
Asparagi alla toscana (Variante) 21
Auberginen (Produktinfo) 101
Auberginen auf kalabrische Art
    (Variante) 227
Auberginenauflauf 216
Auberginen, gratinierte 214
Auberginenscheiben, gefüllte 227

Baccalà (Glossar) 274
Baccalà alla calabrese 140
Baccalà alla Messinese (Variante) 141
Bagna cauda 204
Bandnudeln mit Ragoutsauce 99

Bandnudeln, breite, mit Entenragout 112
Bandnudeln, schmale, mit Tomaten und
    Pilzen 93
Basilikum (Produktinfo) 97
Baumkuchen mit Schokolade 240
Bel Paese (Glossar) 274
Bietole alla romana 220
Bignè di albicocche 250
Birnen in Sirup (Variante) 243
Birnen mit Gorgonzolafüllung 243
Biscotti di prato (Glossar) 274
Biscotti di Prato 258
Biskuits mit Schokolade- und
    Eiercreme 238
Bistecchine di cinghiale 196
Bohnen, dicke, Püree aus 24
Bohnen, grüne, in Sardellensauce 212
Bohnen, weiße, mit Salbei 208
Bohnenpüree auf apulische Art
    (Variante) 24
Bohnensuppe 58
Bollito misto (Glossar) 274
Bollito misto con salsa verde 164
Braciole di maiale alle olive 178
Bresaola (Glossar) 274
Brot, geröstetes, auf neapolitanische
    Art 37
Brot, geröstetes, auf römische Art 37
Brotbällchen 79
Brotkringel 41
Bruschetta (fettunta) (Glossar) 274
Bruschetta (Variante) 37
Buchweizen (Glossar) 274
Buchweizen-Polenta mit Sardellen 85
Burrida 123
Burrida di pesce fresco (Variante) 123
Butirri (Glossar) 274

Cacciucco alla viareggina 119
Caciocavallo (Glossar) 274
Calamari ripieni 144
Calzone 42
Calzoni (Glossar) 274
Calzoni pugliesi 40
Campari (Glossar) 274
Cannoli 254
Caponata siciliana 207
Cappuccini affogati 257
Capriata (Variante) 24
Capriolo in salmi 200

Carciofi alla giudea (Variante) 224
Carciofi alla romana 224
Carciofi fritti 234
Carciofi sott'olio (Variante) 36
Carote al marsala 223
Carpaccio del Cipriani (Glossar) 274
Carpaccio del Cipriani 14
Cassata (Glossar) 274
Cassata alla siciliana 240
Cassata, sizilianische 240
Castagne nello sciroppo 261
Cima ripiena alla genovese 166
Cipollata 50
Cipolle ripiene 230
Coda in agrodolce 171
Coniglio fritto 184
Coniglio in peperonata 197
Costolette d'agnello 180
Couscous mit Gemüse und Fisch 74
Cozze alla marchigiana (Variante) 121
Cozze alla paesana 149
Cozze gratinate alla tarantina 150
Crespelle al forno (Variante) 229
Crespelle magre di spinaci 229
Crostata di ricotta 262
Crostini al tonno (Variante) 38
Crostini alla napoletana 37
Crostini alla romana (Variante) 37
Crostini di fegato di pollo 38
Crostini mit Thunfisch 38
Cuscus, Couscous (Glossar) 274
Cuscus alla pantisca 74

Dolcini di riso (Variante) 249
DOC (Glossar) 274
Doppia Arancia (Glossar) 275

Eiercremesuppe 50
Eisbiskuit 244
Ente, gefüllte 186
Erbette di campo (Glossar) 275
Erbsen, grüne, mit Speck 218
Erbsenrisotto (Variante) 64
»Ertrunkene Kapuziner« 257
Eßkastanien in Sirup 261

Fagioli all'uccelletto 208
Fagiolini alla genovese 212
Faraona al cartoccio 191
Faraona con patate 192

Rezept- und Sachregister 283

Farfalle al Gorgonzola 103
Fegatelli di maiale 176
Fegato al vino bianco (Variante) 179
Fegato alla veneziana 179
Feigen, frische, gefüllte (Variante) 246
Feigen, getrocknete, mit Mandeln 246
Fenchel (Produktinfo) 65
Fenchel, Salat aus gekochtem (Variante) 213
Fenchelgemüse mit Schinken 213
Fenchelreis 64
Fenchelsuppe 61
Fettuccine alla burina 105
Fettucine alla grossetana 93
Fettucine con piselli zuccherini (Variante) 105
Fichi mandorlati (Variante) 246
Fichi secchi mandorlati 246
Finocchi al prosciutto 213
Finocchi lessi (Variante) 213
Fiori di zucca ripieni 28
Fische, gemischte, fritierte 147
Fischeintopf, gemischter 119
Fischsuppe 123
Fischtopf mit Tomaten und Zwiebeln (Variante) 123
Fischtorte 152
Fleisch, gemischtes , gekochtes, mit grüner Sauce 164
Fleischbrühe mit Ei (Variante) 50
Fleischklößchen in Tomatensauce 180
Foccacia (Glossar) 275
Fontina (Glossar) 275
Florentiner Schweinebraten 173
Forelle in der Pfanne 131
Forellen im Backofen geschmort (Variante) 135
Forellen nach Arezzoer Art 135
Fricassea di pollo 189
Frikassee vom Maishähnchen 189
Fritierte Reisbällchen 72
Frittata (Glossar) 275
Frittata con le cipolle 226
Frittata di asparagi (Variante) 226
Frittata di carciofi 21
Frittata di patate e zucchini 229
Frittedda 220
Frittelle di polenta alla lodigiana (Variante) 83
Frittelle di riso 249

Fritto di fiori di zucca (Variante) 28
Fritto misto del golfo 147
Frizzante (Glossar) 275
Frutti di bosco con mascarpone (Variante) 268
Frühlingsgemüse 220
Funghi alla brutta 32
Funghi sul crostini (Variante) 14

Gamberoni allo spiedo 147
Garnelenspieße mit grüner Sauce 147
Gebackene Artischocken 234
Gebackene Meerbarben 132
Gebackenes Kaninchen 184
Gebratene Kalbsleber mit Zwiebeln 179
Gebratene Polenta 83
Gebratener Radicchio 211
Gefüllte Auberginenscheiben 227
Gefüllte Ente 186
Gefüllte gebackene Tomaten 232
Gefüllte Kalbsbrust 166
Gefüllte Kalmare mit Mangold 144
Gefüllte Paprikaschoten 32
Gefüllte Pfirsiche 242
Gefüllte Pizzataschen 42
Gefüllte Sardinen 139
Gefüllte Tomaten 26
Gefüllte und überbackene Miesmuscheln 150
Gefüllte Zucchiniblüten 28
Gefüllte Zwiebeln 230
Gelbe Kürbistorte 260
Gelu di melone 247
Gemischte fritierte Fische 147
Gemischte Waldbeeren mit Marcarponecreme (Variante) 268
Gemischter Fischeintopf 119
Gemischtes gekochtes Fleisch mit grüner Sauce 164
Gemüsefondue mit Sardellensauce 204
Gemüserohkost 12
Gemüsesuppe 52
Gemüsesuppe mit Kartoffeln und Möhren 56
Gemüsetopf aus Mantua 211
Gemüsetopf, sizilianischer 207
Geröstetes Brot auf neapolitanische Art 37
Geröstetes Weißbrot mit Hühnerlebercreme 38

Gerstensuppe 59
Geschmorte Innereien 174
Geschmorte Kalbshaxe 162
Geschmorte Linsen 230
Geschmorter Hecht 132
Geschmorter Truthahn in Milch 192
Geschmortes Huhn mit Oliven 189
Gestürzte Sahnecreme 253
Getrocknete Feigen mit Mandeln 246
Ginestrata 50
"Gitarren"-Nudeln mit Lammragout 104
Glossar 274
Gnocchi (Glossar) 275
Gnocchi al gorgonzola 80
Gnocchi alla romana 78
Gnocchi auf römische Art 78
Gnocchi di patate 76
Gnocchi verdi (Variante) 76
Goldbrasse, überbacken mit Kartoffeln 130
Gorgonzola (Glossar) 275
Granatapfelkerne, marinierte 265
Granita (Glossar) 275
Grano padano (Glossar) 275
Grappa (Glossar) 275
Gratinierte Auberginen 214
Gremolata (Glossar) 275
Grissini (Glossar) 275
Grüne Bohnen in Sardellensauce 212
Grüne Erbsen mit Speck 218
Grüner Lasagneauflauf 99
Grüner Spargel mit Butter und Parmesan 21

Hackbraten mit Tomaten geschmort 172
Hähnchen mit Salbei (Variante) 191
Hähnchen nach Jägerart 191
Hasenragout mit Sauce 198
Hasenragout nach Jägerart 201
Hecht, geschmorter 132
Huhn auf römische Art 187
Huhn, geschmortes, mit Oliven 189
Hühnersalat (Variante) 35

In umido (Glossar) 275
Innereien, geschmorte 174
Insalata di frutti di mare 18
Insalata di funghi 14
Insalata di pollo (Variante) 35
Involtini di pesce spada 128

Kabeljau in pikanter Sauce 125
Kalbfleisch mit Thunfischsauce 158
Kalbsbrust, gefüllte 166
Kalbshaxe, geschmorte 162
Kalbsleber in Weißwein (Variante) 179
Kalbsleber, gebratene mit Zwiebeln 179
Kalbsschnitzel mit Schinken und
    Salbei 156
Kalbsschnitzel mit Tomaten 161
Kalmare, gefüllte, mit Mangold 144
Kaninchen mit Paprikagemüse 197
Kaninchen, gebackenes 184
Kapern (Produktinfo) 158
»Kapuziner, ertrunkene« 257
Kartoffelklößchen mit Sahne und
    Gorgonzola 80
Kartoffelkuchen aus Tarent 24
Kartoffeln mit Marsala (Variante) 223
Kartoffelklößchen mit geräuchertem
    Ricotta 76
Kleine Pizzen aus Kartoffelteig 42
Klippfisch auf kalbrische Art 140
Klippfisch nach Art von Messina 141
Knoblauchbrot 37
Kürbistorte, gelbe 260
Kutteln mit weißen Bohnen (Variante) 176
Kutteltopf mit Gemüse 176

Lamm (Glossar) 275
Lamm in der Sauce mit grünen
    Erbsen 184
Lamm mit Käse und Eiern 183
Lamm mit kleinen Fenchelknollen 183
Lammkoteletts 180
Langustensalat 126
Lasagneauflauf, grüner 99
Lasagne verdi al forno 99
Latteruolo 250
Leberspießchen mit Fenchel 176
Lenticchie in umido 230
Lepre alla cacciatora 201
Lepre in umido 198
Linsen, geschmorte 230
Linsensuppe mit Kastanien 61
Luccio in stufato 132
Luganega (Glossar) 276

Maccheroni alla bolognese 93
Maccheroni alla chitarra 104
Maccheroni alla senese (Variante) 93

Maccu 24
Makkaroni mit Basilikum-Schinken-
    Sauce (Variante) 93
Makkaroni mit Bologneser
    Fleischsauce 93
Malfatti 80
Mandelmakronen 252
Mandelschnitten 258
Mandeltorte 265
Mangold (Glossar) 276
Mangold auf römische Art 220
Manzo alla sarda 160
Maraschino (Glossar) 276
Marinierte gegrillte Pilze 32
Marinierte Granatapfelkerne 265
Marinierte Paprikaschoten 22
Marinierte Sardinen 136
Marinierte Sardinen mit Zwiebeln 30
Marinierte Zucchini 36
Mariniertes rohes Rinderfilet 14
Marsala (Produktinfo) 223
Mascarpone (Glossar) 276
Mascarponecreme 239
Mascarponetorte 268
Meerbarben, gebackene 132
Meeresfrüchte-Salat 18
Melagrana al liquore 265
Melanzane alla calabrese (Variante) 227
Melanzane alla finitese 227
Melanzane alla parmigiana 216
Melonengelee 247
Menüzusammenstellungen 278
Merluzzo in umido 125
Metzger-Ragout 171
Miesmuscheln in Tomatensauce 149
Miesmuscheln, gefüllte und
    überbackene 150
Milchkuchen 250
Minestra (Glossar) 276
Minestra d'orzo 59
Minestra di patate e carote 56
Minestrone (Glossar) 276
Minestrone con piselli e pesto
    (Variante) 53
Minestrone di verdure 52
Minestrone mit Erbsen und Pestosauce
    (Variante) 53
Möhren mit Marsala 223
Mortadella (Glossar) 276
Mostarda di Cremona (Glossar) 276

Mozzarella (Glossar) 276
Mozzarella al forno (Variante) 16
Mozzarella e pomodori 16
Mozzarella mit Tomaten 16
Mozzarella, überbacken (Variante) 16
Murseddu 174
Muscheln (Produktinfo) 150
Muscheln mit Zitronensaft und
    Petersilie (Variante) 121
Muschelsuppe 121
Muschelsuppe, venezianische
    (Variante) 121

Nudeln 273
Nudeln mit Auberginen und Tomaten 100
Nudeln mit Brokkoli 107
Nudeln mit Chilisauce 94
Nudeln mit Erbsen, Schinken und
    Pilzen 105
Nudeln mit Sardinen und Fenchel 94
Nudeln mit Spargelsauce 109
Nudeln mit Speck und Tomaten 110
Nudeln mit Tomatensauce (Variante) 110
Nudeln mit Zuckerschoten, Schinken
    und Pilzen (Variante) 105
Nudelspiralen mit Pesto 108

Ochsenschwanz süß-sauer 171
Olio vergine (Glossar) 276
Olio vergine extra (Glossar) 276
Olive con buccia d'arancio (Variante) 17
Olive piccanti 17
Oliven mit Orangenschale (Variante) 17
Oliven sizilianische Art 17
Olivenöl (Produktinfo) 23
Omelett mit Kartoffeln und Zucchini 229
Omelett mit wildem Spargel
    (Variante) 226
Omelett mit Zwiebeln 226
Orata al forno con patate 130
Oregano (Produktinfo) 47
Ossobuco alla milanese 162

Pancetta (Glossar) 276
Panettone (Glossar) 276
Panettone al mascarpone
    (Variante) 268
Panettone mit Mascarponefüllung
    (Variante) 268
Panforte (Glossar) 276

Rezept- und Sachregister **285**

Panforte di Siena 256
Panna cotta 253
Pappardelle all'aretina 112
Paprikagemüse 208
Paprikaschoten, gefüllte 32
Paprikaschoten, gefüllte, auf apulische
  Art (Variante) 32
Paprikaschoten, marinierte 22
Parmaschinken (Glossar) 276
Parmesan (Produktinfo) 113
Pasta agli asparagi 109
Pasta alla Norma 100
Pasta con broccoli 107
Pasta con le sarde 94
Patate al marsala (Variante) 223
Pecorino (Glossar) 276
Penne all'arrabbiata 94
Penne alla napoletana (Variante) 110
Peperonata 208
Peperoni (Glossar) 276
Peperoncini (Produktinfo) 110
Peperoni all'olio 22
Peperoni ripieni 32
Peperoni ripieni alla pugliese
  (Variante) 32
Pere cotte (Variante) 243
Pere ripiene con Gorgonzola 243
Perlhuhn in Folie gebacken 191
Perlhuhn mit Kartoffeln und
  Schalotten 192
Pesce ripiene 242
Pesto (Glossar) 276
Pfannkuchenrollen mit Spinat 229
Pfannkuchenrollen, überbackene
  (Variante) 229
Pfirsiche, gefüllte 242
Pikante Pizza mit Sardellen und
  Oliven 46
Pilze auf Weißbrot (Variante) 14
Pilze, marinierte, gegrillte 32
Pilzsalat 14
Pinienkerne (Produktinfo) 169
Pinzimonio 12
Piselli alla fiorentina 218
Pizza - Andrea Doria (Glossar) 277
Pizza "Andrea Doria" 46
Pizza "quattro stagioni" 45
Pizza "Vier Jahreszeiten" 45
Pizza, pikante, mit Sardellen und
  Oliven 46

Pizzataschen, gefüllte 42
Pizzen, kleine, aus Kartoffelteig 42
Pizzette di patate 42
Polenta (Glossar) 277
Polenta "smalzada" trentina 85
Polenta al piatto con ragù (Variante) 82
Polenta con tartufi 82
Polenta fritta 83
Polenta mit Käse und Trüffeln 82
Polenta mit Ragoutsauce (Variante) 82
Polenta pasticciata 84
Polenta, gebratene 83
Polenta-Auflauf 84
Polentaplätzchen, gebackene aus Lodi
  (Variante) 83
Pollo alla cacciatora 191
Pollo alla romana 187
Pollo alla salvia (Variante) 191
Pollo con le olive 189
Pollo tonnato 34
Polpette al ragù 180
Polpette di pane 79
Polpettone alla fiorentina 172
Pomodori alla genovese (Variante) 232
Pomodori ripieni all'umbra 232
Pomodori ripieni in insalata 26
Prosciutto (Glossar) 277
Prosecco (Glossar) 277
Püree aus dicken Bohnen 24

Quaglie alla piemontese 194

Radicchio (Glossar) 277
Radicchio alla pancetta 211
Radicchio alla trevisana (Variante) 211
Radicchio, gebratener 211
Radicchio, gegrillter (Variante) 211
Ragù del macellaio 171
Ravioli al burro 89
Ravioli mit Spinatfüllung, Butter und
  Salbei 89
Rehragout 200
Reis (Produktinfo) 62
Reis auf sardische Art 66
Reis mit Kalbfleisch und Erbsen 70
Reis mit Meeresfrüchten 69
Reis mit Miesmuscheln 66
Reis mit Pilzen 70
Reis mit Tomaten (Variante) 70
Reisbällchen, fritierte 72

Reiskroketten 249
Reisküchlein (Variante) 249
Reistorte, Sieneser 266
Ribollita 58
Ricotta (Glossar) 277
Ricottatorte 262
Rigatoni al sugo di noci 103
Rigatoni all'amatriciana 110
Rigatoni mit Nußsauce 103
Rinderfilet, rohes, mariniertes 14
Rindfleisch auf sardische Art 160
Risi e bisi (Variante) 64
Riso con le cozze 66
Risotto (Glossar) 277
Risotto ai frutti di mare 69
Risotto al pomodoro (Variante) 70
Risotto alla milanese 62
Risotto alla padovana 70
Risotto alla sarda 66
Risotto coi funghi 70
Risotto con i finocchi 64
Risotto nero alla fiorentina 68
Rosmarin (Produktinfo) 198
Rotbarben in würziger Tomaten-
  sauce 144
Rouladen auf Spießchen 168
Rucola (Produktinfo) 91

Safranreis 62
Sahnecreme, gestürzte 253
Salbei (Produktinfo) 157
Salsiccia (Glossar) 277
Saltimbocca alla romana 156
Sarde a scapece 30
Sarde alla ligure (Variante) 136
Sarde in saor 136
Sarde ripiene 139
Sardellen und Sardinen (Produktinfo) 31
Sardinen, gefüllte 139
Sardinen, marinierte 136
Sardinen, marinierte auf ligurische Art
  (Variante) 136
Sardinen, marinierte, mit Zwiebeln 30
Scaloppine al marsala 174
Scaloppine alla bolognese (Variante) 161
Scaloppine alla pizzaiola 161
Schmale Bandnudeln mit Tomaten und
  Pilzen 93
Schmetterlingsnudeln mit
  Gorgonzolasauce 103

Schnitzel mit Schinken und Käse
(Variante) 161
Schwarzer Tintenfischreis 68
Schweinebraten, Florentiner 173
Schweinekoteletts mit schwarzen
Oliven 178
Schweineschnitzel mit Marsala 174
Schwertfisch (Produktinfo) 128
Schwertfisch-Rouladen 128
Sepia (Glossar) 277
Seppie in zimino 124
Sieneser Nußkuchen 256
Sieneser Reistorte 266
Sizilianische Cassata 240
Sizilianischer Gemüsetopf 207
Spaghetti al tonno 114
Spaghetti alla carbonara 114
Spaghetti marinara 107
Spaghetti mit Oliven, Tomaten und
Kapern 107
Spaghetti mit Speck und Eiern 114
Spaghetti mit Thunfisch 114
Spargel in Öl-Zitronen-Sauce
(Variante) 21
Spargel, grüner, mit Butter und
Parmesan 21
Spargel, überbackener, mit Schinken 235
Spiedini 168
Spinaci alla genovese 214
Spinat mit Rosinen und Pinien-
kernen 214
Spinatklößchen 80
Spinatnockerln (Variante) 76
Stoccafisso in "potacchio" 142
Stockfisch (Produktinfo) 142
Stockfisch in pikanter Sauce 142
Suppenhuhn in Thunfischsauce 34

Tacchino al latte 192
Tagliatelle al ragù 99
Taleggio (Glossar) 277
Taralli 41
Teigrollen mit Ricotta-Füllung 254
Teigtaschen aus Apulien 40
Thunfisch nach Art der Insel
Favignana 148

Thunfisch nach Art von Syracus
(Variante) 148
Thunfischscheiben, frische, in
Tomatensauce 139
Tintenfisch mit Mangold 124
Tiramisù 239
Tomaten (Produktinfo) 27
Tomaten, Gefüllte 26
Tomaten, gefüllte gebackene 232
Tonno alla Favignana 148
Tonno alla Siracusana (Variante) 148
Tonno fresco in umido 139
Torta agli amaretti (Variante) 252
Torta al mascarpone 268
Torta di mandorle 265
Torta di mele 267
Torta di mele alla ferrarese
(Variante) 267
Torta di pesce 152
Torta di riso 266
Torta di zucca gialla 260
Torta Tarantina 24
Tortellini al prosciutto e panna
(Variante) 90
Tortellini in brodo 54
Tortellini in Fleischbrühe 54
Tortellini mare-orto 90
Tortellini mit Gemüse und Garnelen 90
Tortellini mit Schinken-Sahne-Sauce
(Variante) 90
Tortino di melanzane 214
Tortino di zucchini (Variante) 214
Trenette al pesto genovese 96
Trenette Genueser Art 96
Triglie alla genovese 132
Triglie alla livornese 144
Trippa all'anconetana 176
Trippa alla piacentina (Variante) 176
Trofie al pesto 108
Tronco di bosco 240
Trota in padella 131
Trote affogate 135
Trote all'astigiana (Variante) 135
Trüffel (Produktinfo) 194
Truthahn, geschmorter in Milch 192

Überbackene Goldbrasse mit
Kartoffeln 130
Überbackener Spargel mit Schinken 235

Verdure in intingolo 211
Vermouth (Glossar) 277
Verza alla lombarda (Variante) 232
Verze affogate 232
Vialone-Reis (Glossar) 277
Vin Santo (Produktinfo) 258
Vitello tonnato 158

Wachteln mit Marsala und Trüffel 194
Waldbeeren, gemischte mit
Mascarponecreme (Variante) 268
Weinwegweiser 270
Weißbrot, geröstetes, mit
Hühnerlebercreme 38
Weiße Bohnen mit Salbei 208
Wildschwein-Koteletts 196
Wirsingkohl auf lombardische Art
(Variante) 232
Wirsingkohl in Wein gedünstet 232
Wirsingsuppe mit Brot und Käse 56

Zampone (Glossar) 277
Zucchine a scapece 36
Zucchini (Produktinfo) 28
Zucchini al guanciale 219
Zucchini mit Speck und Tomaten 219
Zucchini, gratinierte (Variante) 214
Zucchini, marinierte 36
Zucchiniblüten, fritierte (Variante) 28
Zucchiniblüten, gefüllte 28
Zuccotto 244
Zuppa (Glossar) 277
Zuppa alla pavese (Variante) 50
Zuppa alla Valdostana 56
Zuppa di cozze 121
Zuppa di finocchi 61
Zuppa di lenticchie 61
Zuppa di peoci e peverazze
(Variante) 121
Zuppa inglese della mamma 238
Zwiebeln, gefüllte 230
Zwiebelsuppe 50

Rezept- und Sachregister

Der vorliegende Band ist ein Sammelband aus 3 Werken der Reihe »Küchen der Welt«.

Die Autoren

Miranda Alberti

ist in der Emilia-Romagna geboren und in der Toskana aufgewachsen. Von Kindheit an lernte sie die verschiedenen Traditionen der italienischen Küche kennen. Sie studierte Literatur und Philosophie an der Universität von Florenz. Heute lebt sie als freie Autorin in München. Die leidenschaftliche Köchin verrät in diesem Buch mündlich überlieferte Rezepte ihrer Familie.

Loretta Cavalieri

wurde in Rom geboren. Ihre Mutter, eine Deutsche, lebte mit ihrem Mann, einem gebürtigen Sizilianer, in Rom, wo er als Beamter arbeitete. Nach dem frühen Tod ihres Vaters kehrte sie mit der Mutter nach Deutschland zurück, ging im Rheinland zur Schule und wurde Journalistin. Dem italienischen Zweig ihrer Familie, vor allem der geliebten Küche ihres Geburtslandes, blieb sie bis heute eng verbunden.

Marieluise Christl-Licosa

wurde in Tirol geboren und ist dort aufgewachsen. Mit ihrem Mann und ihren vier Söhnen lebte sie viele Jahre in Mailand und konnte dort die italienische Küche an ihren Quellen studieren. Auf zahlreichen Reisen und bei langen Ferienaufenthalten in allen Regionen Italiens gewann sie einen Überblick über die wichtigsten Regionalküchen. Seitdem ist die Arbeit am Herd ihr Hobby.

Michael Brauner, Food Fotografie

Nach Abschluß der Fotoschule in Berlin arbeitete Michael Brauner als Fotoassistent bei namhaften Fotografen in Frankreich sowie Deutschland und machte sich 1984 selbständig. Sein individueller, atmosphärereicher Stil ist überall geschätzt: in der Werbung und in vielen bekannten Verlagen. In seinem Studio in Karlsruhe setzte er die Rezepte der drei Italien-Titel der Reihe »Küchen der Welt« stimmungsvoll ins Bild.

Bildnachweis:

Alle Fotos von Michael Brauner, Food Fotografie, außer:

Titelfoto: FoodPhotography Eising: Penne all' arrabbiata (S. 94).
S. 4/5: Capo del Falcone (oben links): Gerhard P. Müller; Mädchen mit Katze in der Toskana (oben rechts): Thomas Stankiewicz; Trachtenfest in Arpino, Latium (Mitte) und Italienerin in mittelalterlicher Tracht auf dem Frühlingsfest in Assisi (unten links): Martin Thomas; Terrasse in Ravello (unten Mitte): Franz Frei; Gondeln auf dem Canale Grande in Venedig (unten rechts): N. Hein/jd Bildagentur.
S. 8: Portovenere: Martin Thomas.
S. 9: Theater in Taormina: Franz Frei.
Kapitelaufmacher: S. 10/11: Bar Puccini, S. 23: Oliven im Netz: real grün Klaus D. Neumann. S. 27: getrocknete Tomaten: Erika Casparek-Türkkan.
S. 47: Oregano: Martin Thomas.
S. 48/49: Markt in Neapel: Erika Lansner/Das Fotoarchiv. S. 62: Reisfelder: Herbert Hartmann. S. 86/87: Pasta-Geschäft: Wolf Heider-Sawall.
S. 91: Rucola, S. 97: Basilikum: Fotostudio Teubner. S. 110: Peperoncini: Rainer Hackenberg. S. 116/117: Fischmarkt: Wolf Heider-Sawall.
S. 128: Schwertfisch: Taneli Türkkan.
S. 150: Muschelmarkt: Martin Thomas.
S. 154/155: Butteri mit Rindern,

Maremma: Peter Hollenbach/Das Fotoarchiv. S. 157: Salbeistrauch, S. 158: Kapern: Fotostudio Teubner. S. 194: Trüffel, S. 198: Rosmarin: Hermann Rademacker.
S. 202/203: Markt in Cesenatico: Andreas Riedmiller/Das Fotoarchiv.
S. 236/237: Messe für Eiskonditoren: Thomas Mayer/Das Fotoarchiv.
S. 275: Schäfer mit Lämmern: Martin Thomas. S. 276: Parmaschinken: Andreas Riedmiller/Das Fotoarchiv.
S. 270-272: Weintabelle: Dr. Eckhard Supp.

Impressum

© 1998 Gräfe und Unzer Verlag GmbH, München

Alle Rechte vorbehalten. Nachdruck, auch auszugsweise, sowie Verbreitung durch Film, Funk und Fernsehen, durch fotomechanische Wiedergabe, Tonträger und Datenverarbeitungssysteme jeder Art nur mit schriftlicher Genehmigung des Verlages.

Redaktion: Dr. Stephanie v. Werz-Kovacs, Kathrin Gritschneder
Lektorat: Monika Arndt, Petra Bachmann, Angela Hermann-Heene
Illustrationen: Kathrin Gaus (S. 1), Susanne Straßmann (S. 6/7)
Herstellung: Bettina Fäth
Gestaltung: Independent Medien Design, Claudia Fillmann; Konstantin Kern; Johanna Borde
Satz (DTP): Design-Typo-Print GmbH, Ismaning
Reproduktion: Fotolito Longo, Bozen
Druck und Bindung: A. Mondadori Editore, Verona

ISBN 3-7742-3665-8

Auflage	5	4	3	2	
Jahr	2002	2001	2000	99	98